Österreichisches Institut
für internationale Politik
**Austrian Institute for
International Affairs**

Wiener Schriften
zur Internationalen Politik

Band 5

Gerhard Mangott (Hrsg.)

Zur Demokratisierung Russlands

Band 2:
Leadership, Parteien, Regionen und Zivilgesellschaft

Nomos Verlagsgesellschaft
Baden-Baden

Die Deutsche Bibliothek – CIP-Einheitsaufnahme
Die Deutsche Bibliothek – CIP Cataloguing-in-Publication-Data

Ein Titeldatensatz für diese Publikation ist bei
Der Deutschen Bibliothek erhältlich. (http://www.ddb.de)

A catalogue record for this publication is available from
Die Deutsche Bibliothek. (http://www.ddb.de)

ISBN 3-7890-7974-X

1. Auflage 2002
© Nomos Verlagsgesellschaft, Baden-Baden 2002. Printed in Germany. Alle Rechte,
auch die des Nachdrucks von Auszügen, der photomechanischen Wiedergabe und der
Übersetzung, vorbehalten. Gedruckt auf alterungsbeständigem Papier.

Inhaltsverzeichnis

Verzeichnis der Tabellen

Dr. Galina Michaleva (Luchterhandt)

Die Entwicklung der Parteien und des Parteiensystems
im postsowjetischen Russland

Vorwort

Das vorliegende Buch ist der Band 2 der zweibändigen Studie „Zur Demokratisierung Russlands". Die Studie ist das Ergebnis eines zweijährigen Forschungsprojektes am Österreichischen Institut für Internationale Politik, das durch die großzügige Finanzierung durch den Jubiläumsfonds der Oesterreichischen Nationalbank (Projektnummer 8535) ermöglicht wurde.

Der vorliegende Band 2 untersucht die Führungsstile der Präsidenten El'cin und Putin, die Parteien und das Parteiensystem Russlands, die föderalen Strukturen und die zivilgesellschaftlichen Entwicklungslinien.

Der Band 1 trägt den Titel „Zur Demokratisierung Russlands. Russland als defekte Demokratie", verfasst von Gerhard Mangott und ist ebenfalls bei Nomos erschienen. Darin werden Elemente defekter demokratischer Herrschaft in Verfassungsrecht und Verfassungswirklichkeit Russlands im Zeitraum 1990–2002 untersucht.

Juni 2002   Gerhard Mangott

Lilia Shevtsova

Leadership in Postcommunist Russia

Lilia Shevtsova

Leadership in Postcommunist Russia

Among the various aspects of and factors contributing to the postcommunist transition in Russia – which includes institution-building, democratization, the evolution of public opinion, the formation of civil society, economic reform and the interrelationship between the center and the periphery – the institution of political leadership plays a particularly significant role. In societies in transition the role of leadership is all the more important because the leader compensates for the lack of sound institutions, increased struggle and weakened social stability.

The historical tradition of autocracy and the personification of power in Russia have turned leadership in the country into the most important of factors for change. Moreover, whether the transformation of Russia is ultimately successful will depend on a paradox for the leadership: being the main political institution, it must lay the ground for the formation of other political institutions, which in turn will weaken its exclusive hold on leadership. We shall attempt to answer several questions concerning the makeup and character of leadership in postcommunist Russia, and the circumstances that have helped shape it.

1. Criteria for Transformational Leadership

Every historical stage and every society has determined and continues to determine in its own way the type and makeup of leadership. But there are common functions and characteristic roles that have turned out to be necessary for the realization of leadership and government at a given stage of decision making. For example, the leader is expected to know how to coordinate various interests and resolve conflicts, put forward strategies of development to society, guarantee its stability, mobilize existing institutions and spur their reform if they lose their flexibility and effectiveness. Every society determines for itself the task of how to make the institution of leadership a factor that should stimulate social development, especially where there is stagnation, but at the same time not let the leadership go beyond the institutional framework of checks and balances and give in to Napoleonic ambitions.

By strengthening institutions of liberal democracy political leadership has freed itself from elements of chiefdom, within an authoritarian or totalitarian framework. With a stable path of development, the activities of the leaders begin to be limited to adjusting to the current course of events and assuring smooth relations between institutions. Leaders gradually begin to lose their significance as moving forces of politics.

Even in the framework of liberal democracy, however, situations arise in which the system requires substantial "airing out" and renewal, and the role of leaders at such moments turns out to be critical for future development. At such times, leaders constitute not only a new vector of movement, but also reformat the system itself. Even in the framework of sufficiently deep institutionalization and structuring of policies, leaders have begun to "make history." Franklin Roosevelt and Charles De Gaulle played precisely such a role at critical moments for their countries. De Gaulle's role was even more significant, for he accomplished not only economic reform, but also formed a new political regime – the Fifth Republic.

When communism collapsed, the cold war came to an end and a new geopolitical balance of forces came into being, an essential role was played by a generation of leaders who knew how to take responsibility for unusual decisions on an international scale: Gorbachev, Reagan, Thatcher and Kohl. David Walsh has written in this context: "It is not by coincidence that the last decades of the twentieth century have experienced both a major political change and notable political leaders – the two developments are related."[1]

The role of the leaders in periods of transition – in the course of transition from one regime to another, and what is more from one system to another – is all the more essential. In such situations the leadership plays the role not only of an instrument for breaking with the past and getting beyond the bounds of the old order, but also of an extremely important means for consolidating society on the basis of new rules of the game.

The complexity of the problem of transformational societies, with a set of challenges and tasks, the multiplicity of conflicts and upheavals makes it very difficult to define the essence of transformational leadership. One could devote a maximum or minimum of treatment to such a leader. The maximalists view transformational leadership as the success of a leader in carrying out several of his immediate tasks – the destruction of old rules of the game, formation of a new system and consolidation of society on the basis of new principles. It should be recognized that it is very difficult to find leaders who could successfully fulfil all the above-mentioned tasks. It is not even a matter of the personal limitations and weaknesses of leaders, but rather the various and often incompatible demands that are put on leadership at various stages of the transition and the complexity of transforming any kind of leader depending on the needs of a certain phase of development. It could very well turn out – and be shown – that the success of the transition requires a change of leader at separate stages.

From a minimalist viewpoint it is possible to consider a leader to be transformational if he has achieved at least one of the above-mentioned objectives. It seems entirely reasonable to reach a compromise between both views, according to which the leader would fulfil a transformational role if he succeeds not only in demolishing previous rules of the game, but also takes several irreversible steps toward the attainment of new values and principles. If breaking from the old order has already been accomplished, then one could expect the transformational leader to be able to decisively strengthen liberal-democratic structures.

---

1   David F. Walsh, Paul J. Best and Kul B. Rai, Governing through Turbulence: Leadership and Change in the Late Twentieth Century, Praeger, Westport, Connecticut, London, 1995, p. 2.

What are the criteria for a successful leader in a period of transition?[2] What is it that makes a leader a leader at this stage? George Breslauer was absolutely right when he wrote that "evaluation is both a normative and an analytic exercise, and it is always risky to mix the two."[3] Breslauer also rightly put the question of what should be the basis for evaluating leadership: is it the degree to which the situation has changed in the process of carrying out certain leadership or the extent to which our expectations or those of the leader are met?[4] Indeed, we often judge leaders precisely on the basis of our own hopes, and we therefore draw conclusions about one leader or another based on emotion and not an objective measurement of goals, results and possibilities for action by the leader.

It appears that in the given context, Breslauer has proposed the most effective measurement for evaluating political leadership, taking into account the specificity of Russia and the particular characteristics of its political development. He attempted to analyze the activities of Gorbachev and Yeltsin, putting the following questions: what are the goals that these leaders set; what means do they have at their disposal to attain these goals; and, thus, what is the price of their reforms; and, finally, are there alternatives that would enable a given leader to reach his goals at a lower cost?[5]

I believe that among the many criteria that go into making a transformational leader what is decisive is his ability to resolve the basic task that at a concrete historical moment of transition is before society (revolution and extrication from the old system, reform, the formation of new institutions, or the stabilization of a new order), with the least social damage and the greatest public support, and, moreover, to provide guarantees that the changes he is carrying out are irreversible. A leader who makes a final dash and destroys the old system but is unable even to form the basis of a new order and whose achievements are rolled back once he leaves power could hardly be called transformational. Transformational traits can be found, however, in a leader who, given a situation of intense struggle and in unfavorable circumstances, although he may not move ahead much with the reform process, still manages to strengthen and consolidate society on the basis of new values and prevents the forces of restoration from turning back the clock to the beginning and allowing society to become disenchanted with reform. In such a situation, the leader who follows has the opportunity to renew reforms, using the potential of his predecessor.

Furthermore, an essential criterion for effective leadership in a period of reform is the factor of missed opportunities. If circumstances allow the leader to further the reform process, but he does not take advantage of this, this clearly diminishes his level of success and effectiveness of his leadership. Therefore, it would be useful to evaluate the activities of, say, Gorbachev, Yeltsin and Putin not only on the basis of what each of them

---

2   In my analysis of leaders of transition in the new Russia, I am using the conclusions that were drawn in the collective work Gorbachev, Yeltsin, Putin: Political Leadership in Russia's Transition, Ed. by Archie Brown and Lilia Shevtsova, Carnegie Endowment for International Peace, Washington, 2001.
3   George W. Breslauer, "Evaluating Gorbachev as Leader," Soviet Economy, 1989, 5, 4, pp. 299.
4   Ibid, p. 300.
5   George W. Breslauer, "Evaluating Gorbachev and Yeltsin as Leaders," in Gorbachev, Yeltsin, Putin, Ibidem, pp. 46–49.

has done compared to their predecessors but also what they could have done and did not do.

Martin Bull was absolutely right to tie the attainment of leadership with the logic of transition, for each of its phases requires its own set of measures for governing, its priorities and even style of governing. The most difficult phase for a leader can end up being the consolidation of a new regime and new rules of the game, the success of which very often requires the timely withdrawal of the leader from the scene. As Bull points out, "the very changes generated can undermine the leader's power base, and the benefits of the transition may not come immediately. Consequently, as the transition phase beings to close, it can take its leader with it."[6] Moreover, it should even be stressed that the next phase of transition could begin only with the stepping down of the reformist leader who carried out the previous reforms. Thus, for example, the radical economic reforms at the start of the 1990s could begin only after Gorbachev had left the scene. The renewal of these economic reforms at the start of the '90s was possible only with the exit of Yeltsin. Therefore, the criteria for successful leadership can be the ability of a leader to recognize when the time has come for him to step down and not put it off.

Furthermore, the dramatic effect of the transformational leader often involves one who does not succeed in achieving positive results through his reforms and who leaves office in defeat, having lost the support of the majority. And it is only his successor, having avoided taking unpopular measures, who can reap the benefits of the dirty work that was done by his predecessor.

Of course, what is important is the issue of what precisely are the factors that affect the formation and realization of leadership. Timothy Colton puts forward several determining factors of leadership that influence its nature, in particular, the personal qualities of the leader, his ability to form effective structures, the cultural framework and the limits within which the leader functions.[7]

The transition requires of leaders that they show special traits: the ability to foresee and form a strategy; the capability of simultaneously taking decisive action and reaching compromises. One of the most important qualities of a leader is his ability to foresee the consequences of the steps he takes and control their unintended consequences.

Analysis of the activities of leaders who have promoted a successful transition shows that in such periods that what is called for is a demonstration of firm will, decisiveness, consistency, the ability to know what is most important and an understanding of how to measure the public mood. For his part, Martin Westlake singles out luck, skill and judgment as the most important components of the psychological makeup of leaders of transition.[8]

Charisma is usually counted among the qualities necessary for a transformational leader. Indeed, when institutions are either unstable or weak or there is a period of social stagnation, charisma enables the leader to unite the masses on the basis of hopes, emotions and trust. In countries that are accustomed to authoritarian leadership, it would

---

6   Leaders of Transition, Ed. by Martin Westlake, St. Martin's Press, NY, London, 2000, p. 169.
7   Timothy Colton, Introduction in Patterns in Post-Soviet Leadership, Ed. by Timothy Colton and Robert Tucker, Westview Press, Boulder, San Francisco, Oxford, 1995, p. 2.
8   Leaders of Transition, ibid., p. 158.

be difficult to carry out a painful phase of transition without a charismatic leader. Thus, it is difficult to imagine a non-charismatic leader during the first stage of reform in Russia.[9]

It must be said, however, that a charismatic leader such as Yeltsin or Walesa, who have the opportunity to emotionally influence society, nonetheless eventually fall into the trap of their own ambitions and authoritarian inclinations. The charisma of a leader in the wake of a totalitarian regime seldom turns out to be a substantial obstacle to the building of liberal-democratic institutions.

What role do the motivations play in the establishment and development of a transformational leader? Of course, what is significant is to what extent the leader has consciously chosen to take reformist measures, he has understood their consequences and striven to control them. Did the leader take up reforms, trying only to increase his hold on power, or think about the future of society? In the final analysis, however, the motives for why a leader acts in a certain way remain, as a rule, his secret, and we can only guess at the many impulses that made Gorbachev launch perestroika and Yeltsin begin economic reform or consciously destroy the Soviet empire.

Without a doubt, the most important factor that influences the makeup of leadership is the whole of social needs and challenges that society comes up against. It is these challenges before society that form leadership and force the leader to behave in extraordinary ways and break with stereotypes, including about his leadership. It is unlikely that Gorbachev would have managed to carry out perestroika if Russian society had not already been prepared for change, and a significant part of the nomenklatura would not have aspired to owning property and turning themselves into a capitalist class. Yeltsin would never have come to power if he had not intuitively understood that Russia was ready for a more decisive dash to overcome the limits of communism. To ensure that Gorbachev and Yeltsin became "revolutionary leaders," ("breakthrough leaders") however, it was of course necessary that they understood not only the challenges they faced, but also knew how to continue to respond to these challenges.

The world has already offered models of successful transformational leaders. It has been shown that during the necessary conduct of deep structural reforms what is effective is the model of dual leadership, in the framework of which the political leader – the prime minister or president – takes responsibility for carrying out political reforms, building economic institutions and guaranteeing national stability, and the prime minister or minister of economics or finance implements the more painful part of the reforms, while neutralizing the dissatisfaction at the activities of the political leader. Such a model of dual leadership was used during the transition in Spain under Juan Carlos and Adolfo Suarez, in Germany under Konrad Adenauer and Ludwig Erhard, in Poland under Lech Walesa and Leszek Balcerowicz and in Czechoslovakia under Vaclav Havel and Vaclav Klaus. In Russia, the dual-leadership model was also used to carry out the necessary political and economic reforms through distributing the roles between Boris Yeltsin and

---

9   Take, for example, the Hungarian transition of the 1990s. It can hardly be said that the reformist Hungarian leaders were charismatic, but the Hungarians were nevertheless able to carry out a successful transition. Thus, charisma can be replaced by the competence of a leader to carry out dialogue during a transition and to build institutions.

Yegor Gaidar. The division of responsibilities between the political and economic leaders facilitated the formation in Russia of a political base for the new regime and lessened the painfulness of the shock.

For a transformational leader it is extremely important that several tasks are accomplished – getting rid of the old, quelling resistance by the conservative part of the elite and society that are not ready for these new rules of the game and consolidating society on the basis of new principles. Usually, carrying out such tasks requires not only firmness but also the ability to compromise for the sake of reaching strategic objectives. In practice elsewhere in the world, transformational leaders have demonstrated that the optimal leader for achieving such tasks is one who comes out of the ranks of the old elite and manages to get beyond it and recognize the new task before the country. At the same time, he can neutralize resistance on the part of the old elite and serve as a bridge for an alternative elite. "The reformers most likely to succeed are those who came from the heart of the old system they wish to reform,"[10] wrote Martin Westlake. In this context, the Spanish prime minister Adolfo Suarez was a classic example of successful transformational leadership, having come from the ranks of the Franco elite, he consolidated society on the basis of new principles. But the task of consolidating a new order should usually be accomplished by representatives of the new, alternative elite. If this does not happen, it often means that society will not get past the revolutionary stage of development and break once and for all with the past.

2. Russia in Search of New Leadership

The evolution of postcommunist leadership in Russia has its own dramatic canvas. The complexity and dynamics of this leadership is conditioned by the fact that in the given case the first transformational leader had to simultaneously respond to several challenges: transform the state from superpower status into a new state, create a more democratic political regime and carry out economic reform. Gorbachev, Yeltsin and Putin have all been responsible for various parts of this process and have filled various roles, albeit with different degrees of effectiveness. Moreover, it is still too early to make a definitive assessment of Putin's leadership.

On the outside, all three leaders acted in various historical circumstances and social and geopolitical contexts. Gorbachev was ruling over the last empire during its decline. He was essentially a reformer who tried to give socialism a human face while not, however, changing the previous rules of the game. He virtually tried to do what reformers were unable to do in Czechoslovakia in 1968. But Gorbachev unwittingly brought about revolutionary changes and became a victim of them as a politician.

Yeltsin outwardly was a revolutionary terminator who had decided to destroy the old state. It soon turned out, however, that sometimes revolutionary fervor, and above all destructive rhetoric, can be used to ensure continuity. Having destroyed the empire and communism, Yeltsin perhaps thus saved the nomenklatura (with the exception of its

---

10   Martin Westlake, "Vision and Will" in Leaders in Transition, p. 164.

orthodox wing, which was unable to adopt to the new realities) and gave it the go-ahead to pursue capitalism.

Putin, on the contrary, at first tried to bring the Yeltsin revolution safely to shore and stabilize the situation. His Thermidor behavior, however, was fraught with internal conflicts. Putin cannot but realize that stabilizing an unfinished transition is very difficult and perhaps even impossible. In the final analysis, at the beginning of 2001, not having fully brought about stability, Putin was forced to begin a new economic experiment. Therefore, the logic of the next stage of transition requires of Putin that he go beyond the limits of stabilization, a need that had brought him to power.

The personalities of these leaders are also different from one another. Gorbachev tended to be careful and open to compromise and siding with various parties; he was garrulous and charming and rather gentle on the outside. Yeltsin was far more severe and authoritarian, more uncouth and straightforward. Putin is cold and rational, and hardly charismatic. They are all clearly absolutely different kinds of people and political personalities. But for all their differences and the various tasks that they have faced and continue to face, these politicians do share common traits in their leadership and general inclinations.

It should first be noted that they have all governed by instinct rather than by a detailed program and logically worked out map. They have acted, and Putin continues to act, instinctively, relying on their life experiences, their feelings and their companions in arms. They can be defined as intuitive leaders.

Moreover, it is not even a matter of their personalities, opportunities and tendencies. It is above all about the objective reality surrounding them, which had forced and forces them to constantly improvise, confound principles or forget them, experiment and rely on their instincts. This was all reflected in the spontaneity of their activities, unexpected fits and starts and unpredictable shakeups. The haphazard quality of their leadership often gave them a forum for a tactical struggle and facilitated the achievement of concrete goals, but complicated the movement of society toward strategic objectives.

Yet another characteristic of these politicians was and still remains their orientation toward the state and not the individual. True, through perestroika, Gorbachev took a step toward strengthening the role of individuals. But he did not succeed in carrying through with this process. The other leaders thought more about strengthening the state – and understanding the state to be above all a power regime.

All these politicians belong, and Putin continues to belong, to the Soviet nomenklatura, although to varying degrees, they embody certain stereotypes and moods that are characteristic of the elite that was formed in the Soviet period. Even the leader most pragmatic and inclined to act rationally and respond to new requirements, Putin, still shows a typically Soviet tendency to rely on the support of corporate bodies and the back corridors of power to make decisions.

All three leaders, albeit in their own way, were forced to define their relationship with the state-empire and great-power status of Russia. And not one of them could renounce attempts at maintaining it. It cannot be ruled out, however, that great-power statism for Russia, given the collapse of former consolidating factors such as religion, force, party affiliation and ideology, is the last factor that is holding Russia and its present borders together and preventing a process of disintegration.

But the most important factor is that by relying on instinct, tradition and feeling for the country, they could not set for themselves the task of creating a system of institutions that could eliminate or minimize the possibility of personality-driven politics. Not one of the three leaders knew how – could not, did not wish, dared not risk? – to go beyond the limits of the traditional Russian paradigm of monolithic and indivisible authority. True, Putin still has the opportunity to demonstrate how attached he is to old patterns, and how ready he is to extricate Russia from traditional methods of leadership.

What was Gorbachev able to accomplish if we look back on his leadership 10 years after he left the Kremlin?[11] Gorbachev was the first among Soviet leaders who reached an understanding that the Soviet system had exhausted its resources and that deep modernization was necessary. Moreover, it is important to note that he came to this conclusion when the system could still, for some time to come, continue its stagnant rhythm, and when the power of Gorbachev himself was not threatened by anything. The fact that Gorbachev decided to introduce perestroika without any selfish motives of maintaining his own power without a doubt lends his leadership transformational qualities. True, he still believed in the possibility of maintaining the principles of socialism. Archie Brown was right when he wrote: "Gorbachev came to power in 1985 as a communist reformer, believing that the system could be substantially improved."[12]

But what is really involved here is that the essence of the Soviet system was such that any attempt to reform it had to cause a domino effect and the stormy process of its disintegration. Gorbachev did not even expect, as did many others, that the reform of the state-empire, refusing to resort to increased coercion, was equivalent to his signing his own death warrant. In this situation, Gorbachev turned out to be the pilot of a plane who risks taking off but does not know how to land. He began a process that he was unable to control and swept him out of existence.

To the very end, Gorbachev did not know how to extricate himself from the role of modernizer, i.e. a leader who only adapts to and renews a system. Gorbachev potentially could have gone further if he had tried to break with the Soviet Communist Party in time and create new and more radical sources of support for himself. But instead he relied on centrist policies and began to try to stem the waves of unrest that were caused by them. But centrism in conditions in which the transformations have not been completed and the most dynamic sectors of society have wanted more meant the end of the leader as a conservative. This was all the more inevitable with the arrival of a more radical leader – Boris Yeltsin - who sensed the mood of the masses and who placed his stakes on his revolutionary role. Furthermore, having tumbled one domino, Gorbachev already had limited possibilities for choosing alternative strategies. He would lessen somewhat the process of disintegration that he caused, but he could not stop it. Thus, among the modernizers, he was a destroyer only because the system did not give in to modernization.

But Gorbachev nonetheless made a hugely constructive breakthrough – whether or not it was conscious does not matter much. He was the first leader to achieve and stimulate pluralism in Russia and gave impetus to the spontaneous development of civil soci-

---

11   See Brown and Breslauer, Gorbachev, Yeltsin, Putin: Political Leadership in Russia's Transition.
12   Archie Brown, "Transformational Leaders Compared: Mikhail Gorbachev and Boris Yeltsin" ibid.,
       p. 13.

ety, i.e. he narrowed the scope of activity of the state, and by doing so began a movement outside the framework of the traditional Russian paradigm of civilization. He ended the cold war with the West, and by doing so refused the factor that traditionally has been important for the consolidation of Russia – that of the constant threat of war and the existence of an external enemy. In essence, Russia has never existed for relatively long periods in which there was an absence of external threats – whether imaginary or real. Having renounced the cold war, Gorbachev was the first to force both society and the ruling class to seek other forms of consolidation and unification. Under Gorbachev, Russia grew accustomed to a peaceful approach to development.

In historical context, Gorbachev remains a great leader if you proceed from his influence on the path of international development and the fate of the Soviet state and from the earth-shattering changes he made. Gorbachev will remain one of the most dramatic leaders if you consider that he embodies today to the greatest extent possible the logic of unintended consequences. This means that in the wake of his activities, events occurred not according to the scenario that he envisaged, and many of these consequences were apparently unexpected and deeply traumatic for him.[13]

Andrei Grachev, the author of one of the books of memoirs about Gorbachev, has written: "Beginning in 1985 from the assumption that he could "do everything," Gorbachev finished in December 1991 believing he could do virtually nothing. Those who slander him for having "squandered" the power he attained do not take into account that his initial power was all-encompassing, based on party dictatorship, and that it is precisely its destruction that was part of his designs."[14]

As a person and as a politician, Gorbachev lost: he was swept from the stage by his very own reforms. But this loss from the point of view of the logic of power can mean his victory from the point of view of History. Gorbachev was the first to start the process of destruction of the Russian formula of autocracy and its desanctification and the first to introduce democratic principles, however limited at the start, and democratic legitimacy. But he paid for this break with the past with his own power, and the consequent period of political humiliation and oblivion.

Let this sound paradoxical, but having demonstrated the limits of his reforms and moderation, Gorbachev made Yeltsin's appearance on the scene inevitable. Gorbachev the modernizer gave rise to Yeltsin the revolutionary and set him on the inevitable course of destroying the Soviet Union, which was the only option for Yeltsin's coming to power. Yeltsin continued the work that Gorbachev had begun, if we speak about the inevitability of the logic of accomplishing the process that was started by Gorbachev. Yeltsin formally dotted all the "i's" and achieved a peaceful exit of society from the Soviet phase, and also laid the ground for a new order, i.e. he did what Gorbachev himself was unable to do.

Gorbachev can be defined as an unwitting transformational leader and unwitting transformer. He not only did not foresee the consequences of his transformation, but during

---

13 Archie Brown writes, comparing Gorbachev with Yeltsin, "From this comparison, Gorbachev emerges as the much more significant transformational leader of the two. It was he who broke the Soviet mold and had the courage to embark on far-reaching reform." p. 35.
14 Andrei Grachev, Gorbachev, Vagrius, Moscow, p. 441.

the final stage of his rule, he was apparently prepared to block the process of arbitrary transformation that he himself had begun. Therefore the transformational qualities of his leadership were inevitably limited.

3. Yeltsin:Drama of Revolutionary Who Failed to Finish Revolution

The distance that separates the period of Yeltsin's rule from the recognition of the consequences of this rule is becoming more and more tangible, as are the makeup of this leadership and these factors and limitations that were brought to bear on its formation.[15] It is the factors that enabled Yeltsin to become the leader of postcommunist Russia and seize power from Gorbachev that are thus absolutely evident. Yeltsin was simultaneously a product of the previous system and old ruling class and a politician who became a rebel and rose up against the old system. This enabled him to unite at the first stage of transformation an overwhelming part of society – those who aspired to preserving continuity as well as those who were prepared for more abrupt change. Gorbachev, who to a large extent symbolized continuity, was unable to become a synthetic consolidator of the opposing social groups and political forces.

Yeltsin knew how to combine within himself the qualities of a revolutionary and a reformer. On the one hand, he became the initiator of the fall of communism and the old state-empire. At the same time, he headed the transition from a planned to a market economy and by doing so deserves the right to be called a revolutionary. On the other hand, he kept in power a large part of the old nomenklatura and the traditional form of Russia authority – the Monsubject that stands above society and finds expression in the personification of leadership. True, Yeltsin was nonetheless able to lend this authority democratic legitimacy. Thus, on the whole, he deserves the right to be called a reformer if we take reform to mean adapting the old to new conditions.[16]

In the final analysis, Yeltsin left a complex legacy that is characterized by interweaving often irreconcilable tendencies and elements. On the international scene, Yeltsin left a state with a clearly pro-Western inclination and the potential to become one of the poles of Western civilization. Neither Yeltsin nor the ruling class, however, managed to find the ways and means of entering Russia into Western civilization. As a result of Yeltsin's Russia, it remained "on the threshold," depending on either external or internal circumstances, while trying to get back if not its role as a superpower then that of a great power with a "special role" to play and claims to function as a bridge between the West and East.

As a leader, Yeltsin did not himself know how to shed the vestiges of imperial and great-power thinking. In this sense, however, he is flesh and blood of the Russian ruling class and a significant part of society, which view the superpower status of Russia as the most important factor for consolidation. Unfortunately, the Russian elite during the Yeltsin period was unable to break from a traditional understanding of great powers, as great-

---

15   See Lilia Shevtsova, *Yeltsin's Russia: Myths and Reality*, Carnegie Endowment for International Peace, Washington, D.C. 1999.
16   On Yeltsin's revolutionary function see: Michael McFaul,

ness based above all on historical traditions, memory, nostalgia for the past and stress on force and spheres of influence. The great-power orientation has complicated Russia's further rapprochement with the West. But there are serious doubts as to whether Russia was ready during the Yeltsin period to voluntarily and permanently renounce all claims to precisely such a form of great power – for this, the fall of communism and the old state were not enough. What would have been needed for this is an understanding of the historical defeat of the Russian empire and its claims to playing a role in world civilization, but this was not to occur in Russia.

In the field of economics, Yeltsin left a rather chaotic but market-based structure given the way it is directed, with rudimentary elements of a middle class and guarantees that the changes are irreversible. To turn back to a planned and centralized economy after Yeltsin has already become impossible. Moreover, it is to Yeltsin's credit that he not only understood the need to break with the planned economy in 1991 but that he afforded the possibility of a relatively free development of economic processes in the future.

At the same time, however, it was Yeltsin who contributed his share in the formation of oligarchic, robber capitalism that has taken shape in Russia, in the final analysis, and is very difficult to replace. In essence, Yeltsin and his team of liberals made a deal – in exchange for support, particularly during the presidential election of 1996, they gave oligarchs the opportunity for unprecedented enrichment, through such schemes as "loans for shares," and also for influence on the authorities. Moreover, even without the loans for shares, Yeltsin's leadership would inevitably have given rise to the merger of power and business. The main reason for this was Yeltsin's reliance on the shadowy interest groups, favoritism and nepotism rather than legitimate institutions. Given these conditions, the corruption of power and its merger with business in Russia was inevitable.

In the sphere of politics, the result of Yeltsin's rule was a hybrid regime that can be provisionally defined using the metaphor of "elected monarchy" – a regime that is embodied in the indivisible power of the leader, but one that nonetheless enjoys electoral legitimacy. True, Yeltsin's authority rests on the significant decentralization of powers and the existence of many shadowy decision-making centers that balance off one another. Yeltsin was able to maintain his power as arbiter thanks to the fact that he paid for this by expending sources of authority and privatizing the state itself.

Yeltsin succeeded in furthering the process of spontaneous development in Russia, gave the opportunity to part of society to come out from the shadow of the state and find independent paths for survival, which was a serious blow to Russian paternalism. But at the same time it was namely Yeltsin who contributed to the degradation of democratic institutions and discrediting of liberal democracy by laying the ground for society to long for more authoritarian forms of order.

Can Yeltsin's leadership be viewed as having transformational traits? Without a doubt, they were clear at the first stage of his rule, when he began economic reform. He had flashes of transformational thinking into the future, but these were only glimmers. To consider Yeltsin as an entirely transformational leader would be a mistake, if only because he discredited many liberal-democratic principles. Nevertheless, he did not erase the general vector for Russia's development towards Western civilization. Yeltsin was a transformer to the degree to which he stopped interfering with reality and let it develop along its own path. After 1992, Russia's transformation developed more thanks to Yeltsin's non-interference than to his interference.

It should be pointed out that Yeltsin turned out to be no less a dramatic figure than Gorbachev. Adored by Russia at the start of the 1990s, Yeltsin became a politician whose exit from power during the last years of his rule was eagerly awaited. He left power a broken, inadequate and even laughable man who inspired a mixture of feelings: pity, contempt, compassion and even hatred. He survived his time, not knowing when it was necessary to finish his work and step down with dignity.

Whether the transformational character of Yeltsin was greater or lesser than that of Gorbachev is hard to say – it was both more and less so. Yeltsin confronted different challenges and obstacles from those of Gorbachev. Gorbachev give rise to more hopes and left a period in which Russia was still striving for change. Yeltsin caused more disappointment and aspirations to stop the transformations taking place. Therefore, the potential that Gorbachev left to transform the country, in any case, on an emotional level – the potential for hope – was far more evident than the transformational potential that Yeltsin conferred on his successor.

At the same time, thanks to his policies, or absolutely independent of them, during the period of Yeltsin's rule there arose certain structural prerequisites for building a new society, in particular, the basis for a middle class, the ability of part of society to live by market principles and become accustomed to freedom and the understanding of the need for several democratic institutions. Therefore, together with tendencies of decay, Yeltsin left behind a certain degree of inertia favoring liberal-democratic feelings and interests.

Our evaluation of the leadership of Gorbachev and Yeltsin is somewhat subjective, and it is based in many ways on a comparison of feelings about their rule, which has a strong emotional rather than rational context. It is for this reason that any definitive assessment of the effectiveness of the leadership of Yeltsin and Gorbachev can only be possible with the end of a certain era, when the possibility arises of distancing ourselves from their times and forgetting about emotional complicity or relinquishing the syndrome of being an observer. Objective analysis requires an absolutely neutral and cold position.

4. Vladimir Putin: From Successor to Liquidator

Vladimir Putin became the new master of the Kremlin by using the contradictory aspirations of Russian society for change and continuity at the same time.[17] On one hand, at the end of Yeltsin's rule Russia tried to close the chapter on Yeltsin once and for all. But, on the other hand, Russia was apprehensive about new shocks and the unexpected, and therefore wanted to extricate itself from its revolutionary cycle and to secure

---

17 See Putin's own curious account of himself in the book of interviews which was meant to acquaint Russian society with the personality of Yeltsin's successor. – Ot piervogo litsa. Razgovory s Vladimirom Putinym,Moscow , Vargius, 2000. Available in English as Vladimir Putin. First Person: An Astonishingly Frank Self-Portrait by Russia's President, Vladimir Putin, trans. Catherine Fitzpatrick, New York, Public Affaires, 2001.

stability at any cost. Putin virtually repeated the formula for coming to power that had been successfully tested by Boris Yeltsin in 1991, when Yeltsin used society's yearning for more radical reforms as well as the desire to put an end to the uncertainty and zigzags of Gorbachev's rule in his struggle against him.. Putin's coming to power thus potentially entailed an opportunity for Russia to move towards both stabilization and change.

In addition, an important role in Putin's rise was undoubtedly played by the overwhelming longing for stability on the part of Russian society in the second half of 1999, which was a natural reaction of the population to the worsening situation in the North Caucasus and the explosives that were detonated in several Russian cities, including Moscow, resulting in hundreds of victims. Russian society, which not long before this tended to support as Yeltsin's successor the moderate, elderly and famously conservative bureaucrat with a solid Soviet background, Yevgeny Primakov, now suddenly made an abrupt about-face and turned to Putin, who had not been known to anyone until then. The "coercive" credentials of Putin, who began his career as a KGB officer, was in the eyes of many Russian citizens a guarantee that he could deal with the threat of instability and strengthen the state. The very obscurity of the new prime minister, Yeltsin's chosen successor, and his lack of a political biography paradoxically also played in Putin's favor: everyone could hope that Putin would precisely fulfill his expectations and aspirations.

The very coming to power of Putin in the role of the appointee of the Yeltsin family only reaffirmed the essence of the regime that had emerged in Russia at this stage of Yeltsin's rule: the "elected monarchy." After 15 years of transformation (if the period of Gorbachev's perestroika is included) Russia was still allowing for political succession to be determined by appointment, however one requiring electoral legitimacy, given that all the remaining means of legitimizing authority in Russia during its historical development (through monarchic succession, ideology, party structures and force) had been exhausted.

The process of the transfer of power from Yeltsin to Putin and the consequent affirmation of this transfer through presidential elections, on the one hand, demonstrated that the nature of the authorities themselves, in the form of a Monosubject, had still not changed in Russia. But at the same time the relationship between this authority and society underwent substantial changes, for the powers that be could no longer reproduce themselves since they had not paid any attention to society. The authorities needed society for their own survival. True, the Russian authorities found the means to control public aspirations and the electoral process itself by introducing manipulative procedures into it. But even in this sense, the deeply rooted idea in Russian society that the authorities are not a self-reproducing factor had an enormous influence on the future evolution of Russia.

Having come to power as Yeltsin's appointed successor, Putin at first behaved rather cautiously, which was only natural for someone who did not have any other source of authority – either his own base of support in society or economic levers. Putin tried as far as he could to remain in the shadows of the Yeltsin circle, which was the only means for his survival before the elections. But having obtained legitimate power at the presidential elections in March 2000, Putin already had the opportunity to work out future plans for his rule. He could follow the tradition of tsarist rule and preserve the influence of the Yeltsin clans. But he could also, relying on the support of society, begin to build his political regime and base of support for his authority and put forth his own agenda. Putin understood that true power must have its own reserves. Having received electoral support, he began to play his own game.

The new president practically began re-fashioning the Yeltsin regime, by taking apart its most important principles. Instead of the Yeltsin principle of mutual connivance, shadowy checks and balances, tolerance for opposition and the maintenance of power by redistributing and decentralizing it and provoking constant revolutionary shocks, Putin turned to the principle of subordination, hierarchical submission, quelling opposition, control over alternative ways of thinking of the elite, centralization of the Federation and the strengthening of its unitarian character. In essence, Putin began to build a regime that can be defined as a "transmission belt" regime.

President Putin truly managed to accomplish a lot in a very short time. It is unlikely that anyone could have predicted that after 15 years of pluralistic and relatively free development the Russian political and economic class would agree so quickly to limit its own ambitions and would reconcile itself to Putin's "vertical" structure of power. At the end of 2001, without any particular outside pressure, by using only the tactic of fear and administrative pressure, Putin was able to neutralize the Federation Council and Duma, subordinate regional barons and oligarchs, crush resistance of the independent media and limit the opposition of political movements and parties. The readiness of the political elite to subordinate themselves and express their loyalty to the president was a consequence of the continued spirit of servility of the Soviet era and a reflection of the yearning and ability to survive by abiding by the constantly changing rules of the game. An important consequence of such submissiveness on the political scene in the Kremlin was the astonishing popularity rating of Putin (between 65 and 70 percent), which left him to maneuver freely without any opponents: how can you oppose, much less fight, Putin when the overwhelming majority of society supports him?!

Putin was quite able for a person who did not have any political experience or ability to engage in complex intrigues to put forward the image of a leader who could at once reflect among all sectors of society and political groups – the image of an Everyman. It is precisely this image that helped him form rather broad-based social and political support for the new regime, and various elements of this base of support expected that the president would carry out various objectives that until now had been mutually exclusive.

The president tried to get beyond the limits of Yeltsin's reliance on oligarchs and regional feudal subjects and instead set the goal of depending on the federal bureaucracy and coercive organs. He was sufficiently flexible, however, and tried not to become hostage to them, which to a large extent he succeeded in doing.

The new president confirmed that he would govern pragmatically and without any particular kind of ideology. Depending on the circumstances, Putin engaged in dialogue and made compromise with the communists and with the right-wing or nationalists, if this helped him consolidate power. The lack of ideology was a trademark of Putin's rule. It helped him neutralize the opposition: indeed, how could you find opposition in the Kremlin if at any moment the president could invite you to cooperate with him? At one time, Yeltsin was able to carry out such a policy of compromises with all political forces.

But in his policy of give and take there was one exception: Yeltsin tried not to engage in dialogue with the communists and he remained anticommunist until the end. Putin's omnivorousness and his ideological pragmatism corresponded as far as possible to the new period of stabilization and calm. At the same time, however, the lack of distinct principles and priorities complicated the formation of strategies and obscured the objectives of the new presidency, for what was more important – simply surviving or making a breakthrough, and if the latter, in which direction?

5. Putin Demonstrates that Power Is Not an End in Itself

During 2000 it became clear that the support of the authorities from various corners and the attempt by Putin to appeal to all social groups was enough to consolidate power and gather together all levers of power, but it was not enough for conducting constructive policies. Putin had to figure out why he had been given unlimited power and a super-presidency.

Moreover, there were signs that gradually made it clear that having everything in the palm of his hand, he still could not fully control the situation in Russia. The failure of the Kremlin's attempts to "impose" their people at the gubernatorial elections in Nizhny Novgorod and Vladivostok was only the clearest proof of the limits of the Kremlin's ability to rule society. There were signs that officials and interest groups, while demonstrating their outward loyalty, nonetheless continued to wait for something else. They had at their disposal a powerful weapon that could interfere with the plans of the central authorities – sabotage and quiet resistance.

It was not only the superficially loyal but also those members of the political class who were expecting something that posed a challenge to Putin. In August 2001, Putin had his first dramatic experience when the Russian Navy's atomic submarine Kursk sank, and the president at that moment of truth for society could not show his leadership and did not know how to organize a rescue mission. It turned out that Putin did not know how to cope with crises, was not prepared for the reaction to this extraordinary situation, and did not even know how to react to the misfortune that the country was undergoing. This required not only experience but also a special kind of intuition and feeling, and even sentimentality. The cold, rational, pragmatic president did not fit at all into the canvas of Russian life and its splashes of emotion, survival mechanisms, tragedies and the need to know how to react emotionally. In this sense, Yeltsin, for all his psychological imbalance and unpredictability, was a far more Russian leader than the cold and self-restrained Putin.

True, Putin soon drew lessons from his "Kursk syndrome." He began to address the people more often. When he decided to raise the sunken Kursk, this became for him a matter of honor. He attempted on his own to change the way he related to the nation, became more unbuttoned and began to act more humanely. In the final analysis, Putin was forgiven for his lack of feeling during the tragedy. For Russia needed a leader on whom it could count. Society was overcome with a need for paternalistic authority and the yearning to have a leader who would be a guardian of order and guarantee at least relative peace. It was as if Russia sensed that during this period of instability and uncertainty in which many problems could not be solved, it could not become disenchanted with its leader. Putin was beyond criticism. And something paradoxical occurred: the standing of his cabinet and all other institutions fell in public opinion, yet Putin's popularity remained incredibly high, as if he were high above the world in a balloon. Society saved Putin from criticism and disenchantment, for it needed at least some element of stability, even if all that was consistent was his popularity ratings. Having lost somewhere between 8 to 10 percent of his popularity during the Kursk tragedy, Putin soon regained the ground he had lost and over the past half year continued to maintain his popularity between 70 and 75 percent, which would be the envy of all his predecessors, including Gorbachev and Yeltsin.

Despite the huge support he enjoyed in 2000-2001, however, it soon became clear that only 15 to 20 percent of those polled believed that the president was coping with the functions entrusted to him and even achieving some success. The rest of those polled believed that the economic situation of the country, security and the conduct of the war in Chechnya were not improving. This was testimony to the provisional support that Putin enjoyed at this time in Russian society and to the fact that his support was based on hopes rather than real achievements.[18] This was already an alarming symptom that revealed the vulnerable position of the new presidency.

The president and his team at the end of 2000 apparently realized that in Russia it is impossible to rule through direct hierarchical means, by giving orders from the top down and relying only on subordination. Putin had now started to pursue policies of give and take and political barter. True, he maintained a policy of barter within a certain, old framework, not allowing interest groups to usurp too much power. Thus, the present style of presidency alternates between fear and pressure, on the one hand, and compromise, on the other.

Furthermore, with the exception of two situations – the suppression of separatists in Chechnya and the struggle with the media empire of Vladimir Gusinsky – Putin tried to avoid taking extreme measures. It seemed that direct and severe force was in no way seen by him as the main instrument for ruling. Coming from the organs of coercion and structures of the KGB, Putin nevertheless preferred roundabout maneuvers, temporizing, scare tactics and pressure while avoiding extreme measures. As for the war in Chechnya and struggle with Gusinsky, in those cases his stubbornness and desire to do away with opponents apparently can be explained above all by the fact that in both cases he saw victory as an extremely important proof of his ability to be a leader. He apparently felt that he could not retreat, give up or make compromises, for this would have meant that he was a weak leader and have put his power under threat.

Finally, in the spring 2001 President Putin showed that for him power is not an end in itself but a means to modernize Russia. Putin proposed a package of new market reforms to society that would include long-awaited judicial reform, a land code, economic deregulatory measures and a new labor code. The Duma, whose support of Putin was

---

18   See Yury Levada, Chto schitayem po oseni, NG-Scenarii, 15 November 2000; Leonid Sedov Social-
      political situation in July 2001, VTSIOM na Polit.ru August 7, 2001

indisputable, endorsed the Kremlin's main proposals. Russia was thus once again returning to economic reforms.

The tragic attack on the United States of 11 September 2001 pushed the Russian president to define himself in the sphere of foreign policy. Putin acted immediately, offering his support to the United States and making Russia part of the Western anti-terrorist alliance. Putin's sincere pro-Western turn was unexpected for many observers. Moreover, it had occurred at a time when a significant part of Russian society was taking a "wait and see" approach and anti-Western and, more specifically, anti-American sentiments were relatively strong among the political class.[19] Russian observers began to accuse Putin of repeating the "Gorbachev syndrome," i.e. opening up too much to the West and making too many concessions without receiving anything in return.

Moreover, the pro-Western orientation of Putin should not have come as a surprise if one considers the nature of the policies he has carried out and the goals he has set. For Putin, apparently, it was important to strengthen Russia and return it to the ranks of great powers. And he must have understood that without the support of the West and Western resources it would be impossible to attain such a goal. From this stems his careful but tangible movement toward the West, which began from the moment he arrived in power. Even during the period of increased tension between Moscow and Washington at the end of 1999 and start of 2000, Putin did not do anything that could have had irreversible consequences for Russian-American relations. He tried to wait it out and avoid all tight corners. If Yeltsin had once allowed the Foreign Minister Yevgeny Primakov to speak about a multipolar world and scare the West with the possibility of an alliance with China, Putin never played with such ideas and was clearly not going to make Russia into a pole for an alternative alliance. This tentative position clearly resulted not so much from the recognition and voluntary adoption by Putin of the rules of the game and an understanding of the advantages of Western civilization as much as from a realistic evaluation of Russia's limited possibilities.

At the end of 2001, there was some basis to draw preliminary conclusions about the character of the evolution of Putin's leadership, his goals and his agenda on politics, the economy and foreign relations. Putin showed himself at this stage to be a classic Russian modernizer. He attempted to confer on Russia the rule of a great, albeit regional power. He tried to pull Russia out from its decline and economic stagnation. In the area of economic relations he acted like a liberal who understands the inevitable need for stronger market relations. But he also believed that reforms in Russia should be carried out from above, as they have always been in the country. He clearly did not trust society and the main political forces. He treated democracy and pluralism with suspicion, and therefore believed that the sole and optimal instrument for carrying out modernization could only be the state, or more precisely, a presidential regime based on one-person management. The way Putin behaved as a leader allows us to conclude that his was essentially a politics of liberal authoritarianism. But because he clearly could not con-

---

19   During the anti-terrorist war in September 2001, 54 percent of those Russians polled preferred Russia
      to be neutral; 20 percent were in favor of the Taliban; and 28 percent supported the inclusion of
      Russia in the military activities against terrorists. – VTSIOM na Polit.ru, October 8, 2001

solidate all the means of power in his hands and sensed inertia and sabotage, it turned out that his authoritarianism took on a very mild form. The political system that Putin created at this stage can be defined as a semi-authoritarian bureaucratic regime, if you take into account that the basis of this authority was still the federal bureaucracy.

In the final analysis, Vladimir Putin was unable to fully eliminate the influence of oligarchs he disliked and decisively neutralize the regional feudal lords. Given the weakness of political institutions, which under his rule became even more unaccountable than under Yeltsin, Putin was forced to maintain the role of shadowy checks and balances. But he tried to incorporate them, i.e. fit the main political forces and interest groups into separate compartments that could be controlled by the presidential administration. Thus, the regional barons were now governed by the Federation Council and State Council. The manageable parties were lodged in the Duma. Here an already formed presidential majority existed (on the basis of the presidential movement Unity and the Fatherland movement that previously supported Luzhkov and Primakov), which guaranteed that presidential draft laws would be adopted. Another step was soon taken towards simplifying the Russian political scene: a unified pro-Kremlin movement was formed in which former opponents – Unity and Fatherland – both entered. The news media was organized into a newly formed MediaSoyuz, or MediaUnion, which was also governed from above. The oligarchs together with the former state industry directors were organized into the Russian Union of Industrialists and Entrepreneurs, which was put under the effective rule of one person – Arkady Volsky.

In short, in a brief period of time a leveraged system of manipulative or imitation democracy was established in Russia. There existed on the outside all the institutions and organizations that belong to Western society. But the difference was that they were formed from the top down and controlled by a presidential team.

Soon the creators of the new democracy set out to form a civil society loyal to Putin by organizing in the fall of 2001 a Civic Forum and tried to build within their ranks civil rights defenders and official channels of relations between the people and the authorities. It is difficult to say what Putin himself thought about this – did he believe in the effectiveness of such a political system created from above? In any case, nothing could take place without his approval. Consequently, Putin fully supported the idea of a manageable society and controllable system.Grigory Yavlinsky in this context wrote: "There is much in our politics today that is reminiscent not of yesterday but of the day before yesterday. We are returning to the "familiar things" of the days gone by: the renunciation of freedom of speech, the renunciation of freedoms in general, the renunciation of the principle that the army should not be used in internal conflicts, the renunciation of private initiative, the renunciation of enterprise, the renunciation of truth-telling, and the expectation that benefits will be distributed from above…What we have in our country is artificial, formal, sham democracy".[20]

True, the president tried to distance himself from attempts by his team to create a completely manageable political scene. In a speech at the Civic Forum, Putin emphasized that you should not try to control everything from above and that civil society

---

20   Grigory Yavlinsky, Going Backwards, Journal of Democracy, Vol. 12, N4, October 2001, p. 81.

always develops spontaneously. At the unification session of Unity and Fatherland, Putin rather sharply spoke out against calling the movement a ruling one. This was a proviso showing that the cautious Putin preserved the right to distance himself from the initiatives of his team. If it suddenly turned out to be unsuccessful, Putin would still have his hands free and would not be tied to any political obligations. After all, he had learned something from Yeltsin.

As for foreign policy, having ceased to waver, Putin made a choice in favor of the West. His conduct during the period of anti-terrorist operations by the West against the Taliban, his desire to have Russia join the World Trade Organization and pave the way for cooperation with NATO is testimony to the fact that this is more than just a tactical change: this was a conscious choice, however forced on him it may have been, in favor of the West. For Putin and the political class, however, it still remained an open question as to the forms of dialogue with the West Russia might adopt and finally what were the conditions in which Russia could unite with and integrate itself in the West. Neither Russia nor the West at the end of 2001 were yet completely ready to carry out dialogue concretely and talk specifically about the makeup of their new interrelationship. There was a feeling of residual suspicion that had been found at a previous stage. There were still areas in which the interests of Russia and the West and of Russia and the United States did not correspond. The participation of Russia in the anti-terrorist coalition was still not enough for Russia to be considered a full-fledge member of Western society.

Analyzing Russian foreign policy under Putin Robert Legvold pointed out that "at a tactical level Putin has set priorities and pursued them with consistency." But Putin's team lacked "conceptual ballast" and this might make foreign policy "merely the echo of what many see as Putin's domestic operandi-the attempt to be all things to all people. Or, at the tactical level, the attempt to have one's cake and eat it too". As for the US policy towards Russia "little or no effort is made to struggle with the hard problems at the core of the relationship.The realistic alternative to benign neglect is malign neglect".[21]

Moreover, there were soon signs that even the existence of a mutual enemy of Russia and the West in the form of international terrorism would not neutralize the current difference of views over anti-ballistic weapons,, nonproliferation of nuclear arms, dialogue with NATO and the political settlement in Afghanistan. These differences could very well shore up the position of Russian conservatives and influence Putin's position, forcing him to turn back to great-power rhetoric. But what was important is that in the fall 2001 there was the opportunity to make not only a rhetorical breakthrough, but also to put relations between Russia and the West on a new footing. The emergence of the idea of a union between NATO and Russia could be just such a breakthrough. Whether or not such a breakthrough is possible will depend on two variables: on Putin, on his pragmatism and at the same time his ability to see new prospects, and on the ability on the part of the West to offer coherent strategy of integrating Russia into Western civilization.

---

21 Robert Legvold, Russian Foreign Policy Ten Years After the Fall, – in: Russia under Putin and US-Russia relations, 26 Conference, The Aspen Institute, August 19–26, 2001, pp. 10–11

6. The moderate modernizer

On the surface, during the first stage of his rule, Putin met the main challenges confronting Russia. At least compared to the period of Yeltsin's rule, there appeared to be some predictability in Russia's development between 2000-2001. What became clear was the direction Putin himself could move in, what he was prepared to compromise over and with whom and also for the sake of what. Putin clearly established greater order, stabilized the situation, removed the old fear in society of the unknown and set to rights the lives of ordinary people. One could sense advances in the economic sphere and there were signs of economic growth. Pensions and wages began to be paid regularly, which had enormous significance for normalizing the situation in Russian society.[22]

At the same time, you could not help seeing that Putin stopped the prior degradation of power and society by not making radical structural changes. In many ways, fate simply smiled upon him: he was able to stabilize the situation in the country on the basis of two factors: the high price of oil and the devaluation of the ruble, which allowed for Russian industry to produce competitively. Putin also used the crisis of trust of the population in all politicians of the Yeltsin period and politics in general, and also the lack of serious competitors and alternatives. There was the impression that in order to attain the results that he had attained, he simply had to avoid the extreme follies and take a series of rational steps.

If we were to do a brief analysis of Putin's main reforms at this stage, we would come to the conclusion that in the final analysis they were designed to maintain the status quo in the framework of formulas of development traditional for Russia rather than bring about change. Therefore, the Putin regime of the "transmission belt," despite many decisive actions, nonetheless did not get beyond the previous models of Russian monolithic power. Putin simply increased this monolithic character and rationalized it. He changed the style of ruling rather than its essence, going from tsarist rule to ruling like a CEO. But he preserved his personality-based leadership with the support of obscure structures instead of institutions.

The content of many basic reforms of Putin at that stage enables us to draw the conclusion that despite many liberal breakthroughs, in the final analysis, they led to strengthening the role of the federal bureaucracy. If we speak of judicial reform, then the limitation of the influence that prosecutors and regional authorities had on the courts can be considered a positive step. But on the whole, the judicial powers now depend to a greater extent than before on the central authorities. Of course, the federal bureaucracy in Russia looks far more civilized than the bureaucratic officials in the provinces. But the very fact of the increased dependence of the courts on the federal authorities does not make the court system much more effective.

If we take the package of measures to deregulate the economy, then entrepreneurs have received a breath of fresh air, for the number of licenses that were necessary for

---

22   At the beginning of 2002 it became evident that again wages and pension arrears began to pile up in the regions.

opening and conducting businesses has been limited. But the number of officials has not diminished (in Russia there are some 1.8 million federal and local officials) and they need something with which to occupy themselves, and will inevitably find a way of influencing business. Now it is precisely the authorities that have become the main element of this relationship, having subordinated capital and forced it to play by their rules of the game. But these rules remain obscure, which continues to lay the ground for the corruption of power.

The president has yet to take any measures to reform the so-called natural monopolies that own vast resources – Gazprom, United Energy Systems of Russia (UES) and the railways. True, he put his own people at the head of Gazprom and gave Anatoly Chubais, the director of UES, the chance to begin restructuring it. For, first of all, the change in leadership at Gazprom rather looked like an attempt of the new team to control the flows of the gas empire, but without attempting to transform it or introduce principles of transparency. As for Chubais's reforms, given his previous activities, one could have expected that the restructuring of UES would take on a certain form of apparat-like privatization run by a narrow group of his companions in arms.

If we consider the oligarchic empire, then Putin to this point has not risked creating a competitive environment for them. He is still restricted by the political interests of the oligarchs. But in the new policies of the Kremlin regarding the oligarchs, there are signs of a new favoritism and those within the Kremlin's orbit have their own oligarchs in their pockets, exploiting their acquaintance with Putin.[23] Furthermore, however hard the president tried to balance the oligarchs against one another, the rise of new forms of favoritism was inevitable because of the lack of strong institutions and given an executive branch that is forced to rely on groups of influence.

Moreover, instead of the long-awaited increased competition and pluralism in the economic sphere, which was so necessary to give reform a new boost, observers began to note the rise in what they termed "Russian chaebols" analogous to the gigantic South Korean monopolies. The rising oligarchic dynasties began to expand their influence, monopolizing entire branches of industry and destroying competition. They soon began to convert their economic power into political power in the regions. The Kremlin could still feel safe, for the Russian chaebols behaved peacefully and did not try to impose their interests on the central authorities. But it was clear that if the process of chaebolization of the Russian economy were not stopped, then sooner or later the oligarchic giants would begin to attack the central political authorities. Thus, paradoxically, instead of eliminating the political influence of oligarchy on Putin's policies, this leads to a greater threat of enslavement by oligarchs in conditions in which the authorities literally created a political desert and removed counterbalances on the path to possible strengthening of economic giants.

---

23   The Russian press at the end of 2001 had begun to circulate rumors that the new "gray cardinal" of the Kremlin was the St. Petersburg banker Sergei Puchachev, who was a longstanding acquaintance of Putin and who had become the ideologist for forming a new oligarchy.

7. Limitations to Russia's New Modernization

The policy of moderate modernization with the backing of the central bureaucracy and the semi-authoritarian government, and with continued cautious economic reform and the pro-Western orientation of foreign policy, could be a guarantee of stability of Russia society and certain economic growth. It cannot be ruled out that such modernization can in the future create the basis for structural reform. But the course of moderate modernization can be successful only if there is a combination of several favorable circumstances: the lack of political struggle and deep conflicts in society; the maintenance of a propitious economic environment (above all high prices for oil); the readiness of principal groups – the bureaucracy and oligarchic empires – to support the regime in future economic reform and to curb their appetites; the political will on the part of the center to truly limit corruption and take steps to separate capital from power; and the readiness to extract business from obscurity.

Moreover, Russian Gaullism, as several observers have sometimes defined the course of moderate modernization, can only be a transitional stage in the transformation of Russia. It can help overcome the disenchantment with the Yeltsin stage and give rise to several conditions for growth of the middle class and the sectors that are interested in reformist development. But this policy has its limits and could at any time impede Russia's transition to fundamental transformation. The fact is that Russian Gaullism is designed to keep Russia within the framework of a traditional paradigm of development, the essence of which is "reform from above" and the maintenance of a monolithic and indivisible power. At any moment, this paradigm could facilitate the concentration on problems of modernization and consolidating power. But, this course will complicate the resolution of transformational tasks of a new kind, which are linked with Russia's movement towards firm liberal democracy.

Moreover, Putin inevitably must confront other obstacles in carrying out his policy of modernization. One such obstacle is certainly the Russian bureaucracy. For the time being, it follows the lead of the president and even supports his reforms, as long as they do not threaten its standing and enable higher-ups to control those who are lower in rank. But sooner or later, the bureaucracy will sabotage Putin's policies, if the president steps up his efforts to fulfil the transformational tasks.

Objectively, the policy of modernization should run counter to the interests of the biggest oligarchic empires of Russia, especially those groups that deal with raw materials. They attempt to preserve their privileges and the current emphasis of the country on raw materials. These groups are set against clear rules of the game; they are interested in preserving murky rules and maintaining their influence in the corridors of power. In principle, these forces are interested in continued stagnant development and a weak leader who would not get in the way of their pursuing their oligarchic interests. But in times of the threat of crisis, they are perfectly capable of supporting dictatorship if this will help them hold on to their positions. In any case, oligarchic interest groups are not concerned about principles of liberal democracy and transition to institutionalized policies.

Sooner or later Putin must decide whether to accept the role of a representative of big capital and central bureaucracy or try to limit their influence. But if the latter is to occur, he must either rebuild his base of support and orient himself toward more dynamic but still weak forces – the intelligentsia, small and mid-sized business and capital with an interest in liberal rules of the game – or call on the people to create a populist regime. The first option is rather complex: the democratic part of society is still weak and un-structured. The second threatens to prepare the ground for a repressive regime and de-stroy remaining freedoms. Moreover, Putin is hardly ready for such a turn of events, for he is not yet clearly inclined – for the time being! – towards coercive Bonapartist action. At the same time, the likelihood that such a turn of events will take place cannot be entirely ruled out, for the authorities themselves still do not know how they would react to the possible worsening of the situation and crises.

Among the situational obstacles that Putin has confronted at the end of 2001, it is possible to point to the struggle that has been launched in his own entourage – between the remnants of the Yeltsin team and those who came with the president from Petersburg and between the hardliners and the liberals from among this Petersburg group. In princi-ple, the political struggle surrounding and within the authorities is a natural process. It is of concern that this struggle is being carried out in the back corridors of power and is amounting to a confrontation between groups of favorites for the distribution of re-sources and leading to the further privatization of the Russian state.[24]

It is also a matter of concern that in the struggle for influence over Putin and the redistribution of resources at least one of the competing teams has called on the help of the prosecutor's office and the court system, which is being used as a political instru-ment.[25] This introduces repressive elements into Russian political life. Up until now, Putin has treated the struggle around him with condescension, and this very fact has lead to its further worsening.

There are also structural factors in Russian development that will make more difficult the implementation of Putin's policies of modernization. It is above all a matter of the fact that the transition to a post-industrial transformation and modernization requires society to participate in the process. World experience has shown that while, in condi-tions of authoritarianism, modernization of an agricultural country and solving the task of bringing it to the level of industrialized countries are still possible, solving post-industrial tasks is hardly possible, especially in a society that is relatively pluralistic and has already grown accustomed to several democratic freedoms. The modernization of the new kind requires society's increased recognition of the need for and widespread participation in economic reforms.

The current political regime in Russia, which is strictly based on a hierarchical or vertical power structure, might turned out to be more vulnerable and unstable than the

---

24   Russian observers at the end of 2001 also showed that the initiators of the increased struggle in Putin's entourage were representatives of the coercive organs and the prosecutor's office, who not only strove for full control over the president, but also tried to seize all levers of power, including economic ones, that could substantially change the essence of the power regime and strengthen au-thoritarian or totalitarian elements within it.

25   During several regional elections, first of all in Yakutia, General prosecutor's office became a loose cannon that began to manipulate with elections and pursue its own interests and this fact created the danger when repressive by nature institutions might get free of the executive control and turned into independent political force.

previous regime of Boris Yeltsin. Indeed, having concentrated all levers of power in his hands, Putin became a leader who shouldered all the responsibility for the activities in the ranks of his administration. Consequently, he also bears responsibility for their mistakes and blunders. And this is the most direct path toward losing legitimacy of the president's power.

It should be noted that the economic situation in Russia at the end of 2001 and beginning of 2002 has become more difficult and economic growth has shown signs of slowing down, including in connection with the world recession. The fall in prices of world oil has also restricted the field for maneuvering of the Russian government in the economy. However, this could become a spur for more serious reform, for reforms have never been carried out during prosperous times. They are always compulsory steps taken when continuing with the former situation is no longer possible.

A time will soon come when Putin must answer the following question: should he try to preserve stability, even under the threat of stagnation, or should he begin a new spiral of reforms of an already different quality that could draw society into the process of transformation? If Putin decides to change the base of his support and reorient himself toward the part of society that is prepared for more decisive movement toward the West and liberal democracy, he could fail and lose power. The position of the conservative, hardline majority and forces interested in maintaining stagnant development is still strong in Russia.

If Putin chooses stability, he could fully assure his re-election at the next presidential elections and preserve his present base of support – the bureaucracy, oligarchs and part of the population that is used to following the lead of the executive authorities. But the continued stagnation in store could turn into a serious crisis and mean the decline of power. At the time of writing these remarks, President Putin has yet to consider his priorities and preferences. His position is rather secure, and he continues to have control over the situation. Therefore, he has not felt the urgent need to renounce the paradigm of "Russian Gaullism." Moreover, neither society nor the elite has brought any pressure to bear for a more decisive way out from the previous formula of development. This means that at the given time the model of moderate, bureaucratic modernization of Russia has still not exhausted itself altogether.

8. Can a modernizer become a transformer?

If you proceed from the assumption that the basic task at the current stage of development of Russia is the strengthening of the state and the consolidation of power, then President Vladimir Putin has been entirely successful in dealing with these challenges. Putin is dealing with yet another task – the cautious reform of the Russian economy and entry of Russia into dialogue with Western societies. If you take into account the means at Putin's disposal for reaching his goals, then he can be considered to be entirely moderate, i.e. the price of Putin's policies is perhaps fully acceptable. The president showed that he clearly was not aspiring to a dictator-like style of rule. Thus, the current Russian leader is rather effectively fulfilling his function in the framework of modernizing formulas of development.

But if the main tasks before Russia are not simply viewed as ensuring order in the framework of previous models of development and modernization, but rather the establishment of a developed economy and liberal democracy (i.e. going beyond the bounds of the previous model), then Putin's leadership is hardly likely to advance Russia in the direction of these objectives. The creation of a rather severe "vertical" structure of presidential power and establishment of imitation democracy could for a long time make more difficult the realization in Russian society of genuine rather than imitation principles of liberal democracy. The way out of the system of power that arose under Putin, which is being safeguarded by the bureaucracy and coercive organs, could entail quite a lot of effort and tense political struggle. It cannot be ruled out that the use by the authorities of several instruments of repression, in particular, the prosecutor's office and the coercive departments, could make this struggle openly repressive. Without a doubt, the withdrawal from the war in Chechnya, which facilitated Putin's rise to power, was painful, and later apparently became a personal drama for the Russian president.

Thus, if Russia is to aspire to joining the circle of post-industrial states, then it will have to go beyond the limits of the policies of moderate modernization. And this solution will come at a high cost, which will substantially change the positive evaluation of the course Putin is pursuing. Were there other policy options? Could Putin have acted otherwise after he came to power? Russian development still has many options. I believe that, given the support of the population that Putin now enjoys and the continued traditional belief of Russian society in the leader, he had the opportunity to pursue several options. He could have attempted to build a more democratic and solid base of support and made more resolute progress, if not in all direction, then at least in the area of fighting corruption, distancing himself from oligarchic interests and promoting free enterprise, military reforms and reform of the organs of coercion. Putin himself undoubtedly would have felt far more sure of himself if he had maintained the independence of institutions and not been forced to rely on the loyalty of those around him.

At the end of 2001 for the first time Putin acquired a new quality of popularity – this time based not only on hopes but achievements as well. In November 2001 Putin's approval rating reached 80%. 72% of respondents (against 20%) were convinced that Putin had strengthened international role of Russia; 51% (against 43%) that he stabilized the situation in the country and brought order. Putin in the view of respondents so far failed to achieve two goals – to guarantee economic growth and to find a solution in the Chechen war – 39% of respondents were in favor of positive evaluation of Putin's economic activity (against 5% who were against) and only 24% of respondents were convinced that the president had reached political; solution in Chechnya (against 64% who thought otherwise).[26] Overall positive perception of Putin's achievements created for him field for political maneuver and allowed him to distance himself from all major political forces around the Kremlin.

In short, there were and there continue to be options for the establishment of other objectives and for the use of other means for implementing them. The present leadership

---

26   L.Sedov, Evaluation of the Political Situation in Russia in November, 2001, Vtsiom na Polit.ru, December 12, 2001

in Russia has not used the chances and window of opportunity that it has at hand, from a liberal-democratic viewpoint.

Could Putin take a more resolute liberal and pro-Western turn? It cannot be excluded. Apparently, he understands both the limitations of the bureaucracy and the danger coming from the coercive structures. But it is still not clear whether he will risk changing his course before the elections in 2004. Furthermore, given the aggravation of economic problems, he could, on the contrary, wish to pursue more traditional forms of Russian leadership, i.e. great-power rule and open authoritarianism.[27]

For the time being, on the basis of mid-term summing up of his performance, his leadership could be defined as one of a modernizer with transformational potential. But this potential can be tapped only under two circumstances: if there is serious pressure for reform on the part of society; and if the Kremlin itself turns out to be in a situation in which continuing the former course of modernization becomes impossible and only deepens critical problems. At the end of 2001, we did not see such circumstances. Consequently, if he continues his present course, there will be a good chance that Putin will go down in history only as a modernizer. True, in this capacity, he could take certain transformational steps if he tries to establish in society an inclination toward liberation democracy and facilitates the strengthening of democratic forces in the country. But this requires of President Putin that he revise his views on power, politics and democracy, which is something he has yet to profess. Time will tell whether he is capable of – or will risk – doing so or not.

---

27   Steven Fish suggests a formula for democratic reversal which might under some circumstances be applied to Russia as well. Fish writes: "The agent of degradation was the president. He usually enjoyed the status of a national farther figure, the hero of independence and democracy. He typically enjoyed success in a plebiscitary moment, which provided him with an endorsement of popular confidence and a signal that he could scarcely do wrong in the eyes of the people. The three conditions that enabled the chief executive to operate in a manner that degraded democracy were: superpresidentialism – that is , an institutional environment that created few hard constraints on presidential highhandedness; a week domestic opposition; and the presence of a powerful external patron." – M.Steven Fish, The Dynamics Of Democratic Erosion, in: PostCommunism and The Theory of Democracy. Princeton University Press, Princeton and Oxford, 2001, p. 75

Dr. Galina Michaleva (Luchterhandt)

Die Entwicklung der Parteien und des Parteiensystems im postsowjetischen Russland

Dr. Galina Michaleva (Luchterhandt)

Die Entwicklung der Parteien und des Parteiensystems im postsowjetischen Russland

1. Allgemeine Charakteristika

In der Entstehung und Entwicklung der politischen Parteien und Bewegungen spiegeln sich die einzelnen Phasen der Systemtransformation seit der Perestrojka wider. Wichtige Wendepunkte und Ereignisse in der russischen Politik stimulierten dabei die Herausbildung des gegenwärtigen Spektrums. Andererseits gehören die Parteien selbst zu jenen Faktoren, die den Transformationsprozess des politischen Systems beschleunigten und inspirierten. Jedoch kann immer noch nicht von einem voll ausgebildeten und stabilen Parteiensystem in Russland die Rede sein. (Luchterhandt 2000b).

Bis zur Verabschiedung des Parteiengesetzes im Sommer 2001 befanden sich die Parteien in einem „grauen Rechtsfeld". Sachliche Widersprüche existieren jedoch weiter, solange die Änderung des Wahlgesetzes noch aussteht, das als Wahlsubjekte nicht die Parteien selbst, sondern Wahlvereinigungen und Blöcke nennt. Änderungsbedarf besteht auch für das Rahmengesetz über die Wahlrechte der Bürger.

Bei weitem nicht alle Organisationen, die das Ziel verfolgen, sich an den Wahlen zu beteiligen, die Politik der Regierung zu beeinflussen, und die nach Ämtern in der Regierung streben (Golosov 1999), bezeichneten und bezeichnen sich selbst als Parteien; manche verneinen sogar ihren politischen Charakter. In Artikel 32 des Gesetzes über die „Wahlen der Abgeordneten in die Staatsduma der Föderalen Versammlung der Russländischen Föderation" wird (anders als im Gesetz über die Grundlegenden Garantien des Wahlrechts) von Parteien gesprochen, ohne dass jedoch grundlegende Unterschiede zwischen den Parteien und anderen Typen von Wahlvereinigungen gemacht werden: „Wahlvereinigungen sind gesamtrussländische politische gesellschaftliche Vereinigungen (politische Parteien, andere politische Organisationen, politische Bewegungen), die [...] entsprechend den gesetzlichen föderalen Regelungen beim Justizminister registriert worden sind." Da in den meisten Regionen mehrere Regionalwahl-Zyklen nacheinander ausschließlich als Direktwahlen durchgeführt wurden, kam es zu keinem Abbau der Fragmentierung und zu keiner Stabilisierung des politischen Spektrums in Russland.

Einige Parteien, die in der Staatsduma vertreten sind, konnten im gesamten Land und selbst in kleinen Ortschaften Grundeinheiten aufbauen und verfügen über eine klare Struktur, eine einigermaßen deutliche Programmatik und eine eigene Wählerschaft. Doch die meisten Parteien sind klein und wenig stabil und bei weitem nicht in allen Regionen vertreten.

Zu den Faktoren, die die Instabilität des Parteienspektrums (Urban/Gel'man 1997: 175 ff.) bzw. die Fragmentierung des Parteiensystems begünstigen, gehören:

❑ die mangelhafte verfassungsrechtliche Basis, da nicht die Parteien, sondern die „Wahlvereinigungen" die eigentlichen Subjekte des Wahlrechts sind;

❑ die Unvollständigkeit der rechtlichen Basis für die Aktivitäten der Parteien, wobei sowohl „vertikale" (zwischen dem Zentrum, Regionen und Kommunen) als auch horizontale (zwischen unterschiedlichen „Rechtssparten") Widersprüche auftreten; (Luchterhandt/Luchterhandt 1994: 167 ff; 313 ff.);

❑ der komplizierte und widersprüchliche Staatsaufbau mit stark auseinander driftenden politischen Systemen und Regimen in den Subjekten der Föderation (Luchterhandt/ Ryšenkov 2000);

❑ die asynchrone Entwicklung der „föderalen" d. h. landesweiten parlamentarischen Parteien im Zentrum und in den Subjekten der Föderation, wobei die Regionen sich auf unterschiedlichen Etappen der Herausbildung des Parteiensystems befinden.

Auch wenn die Gestaltung des neuen politischen Systems in Russland als in seinen Grundzügen abgeschlossen gelten kann, sind viele Fragen des Staatsaufbaus, insbesondere im Bereich der Beziehungen zwischen den Subjekten der Föderation und dem Zentrum, noch nicht endgültig entschieden. Deswegen sieht das Parteienspektrum je nach Region unterschiedlich aus; neben den „föderalen", d. h. landesweiten Parteien spielten bis Mitte 2001 in der regionalen Politik auch die regionalen politischen Parteien und Bewegungen eine wichtige und in manchen Regionen sogar die dominierende Rolle. Weit gehende Regionalisierung der politischen Prozesse, unterschiedliche regionale Wahlsysteme und große Zeitunterschiede bei der Wahl der regionalen Parlamente und Leiter der Exekutive zwischen den einzelnen Subjekten der Föderation führten zur vertikalen Fragmentierung des Parteiensystems. Beispielsweise wird im Gebiet Sverdlovsk die untere Kammer des regionalen Parlaments über Parteilisten gewählt, weshalb das regionale Parteiensystem eine wichtige Rolle in der Politik spielt; während in manch anderen Regionen nur kleine Zellen der föderalen Parteien existieren und in noch anderen noch nicht einmal das ganze Spektrum.

Trotz der fortgeschrittenen Ausdifferenzierung von Interessengruppen und der Entstehung von Organisationen, die die politischen und wirtschaftlichen Interessen der „neuen" und „alten" sozialen Gruppen der Gesellschaft bündeln und vertreten wollen, haben nur wenige Gruppen realen Einfluss auf den politischen Willensbildungsprozess. Zu ihnen zählen die Unternehmer und Bankiers bzw. die „Neureichen", die sich direkt in den Parteien und Bewegungen oder indirekt über deren Finanzierung am politischen Prozess beteiligen. Eine bedeutende Rolle spielen weiterhin die Leiter der Agrar- und der Energieindustrie. Eine zunehmende Kriminalisierung der Gesellschaft und der Politik geht auch an den Parteien nicht vorbei; mancher Parteipolitiker sichert sich seinen Weg zu einem Abgeordnetenmandat mit Unterstützung krimineller oder halbkrimineller Gruppen.

Die Mehrzahl der Parteien nimmt für sich in Anspruch, die Interessen großer Teile der Bevölkerung zu vertreten, die ihrerseits jedoch passiv bleiben. Es gibt nur wenige Interessengruppen, die sich eindeutig von Parteien vertreten sehen. Obwohl, wie für fragmentierte Mehrparteiensysteme typisch (Budge and Farlie, 1983; Hinich and Munder, 1994), allgemeine ideologische Muster für die Unterscheidung der Parteien eine große Rolle spielen, sind die sachlichen Trennlinien zwischen ihnen häufig nicht deutlich auszumachen; immer noch spielen Führerfiguren eine bedeutende Rolle. Auch die für alle

Transformationsländer typische Bestrebung, „bürokratische" bzw. „administrative" Parteien zu gründen, die nur als Instrument der regierenden Elite dienen, keineswegs aber als ein verbindendes Glied zwischen dem Staat und der Gesellschaft betrachtet werden können, wiederholt sich bei jedem Wahlzyklus auf Föderationsebene wie auch in den Regionen.

Die Entwicklung des Parteiensystems in Russland ist in seinen wesentlichen Zügen nicht mit entsprechenden westlichen Entwicklungen (Pey 1958, Lijphart 1977) zu vergleichen. Bis jetzt hat Russland ein unterentwickeltes und fragmentiertes Mehrparteiensystem, eine Mischung aus mehr oder weniger „richtigen" Parteien, aus administrativen Parteien mit „Fassadencharakter", die Aktivitäten lediglich imitieren, und aus Protoparteien, die jedoch auf verschiedenen Ebenen an den Wahlen teilnehmen.

Die Rolle der Parteien auf föderaler Ebene ist im Verlauf von drei Wahlzyklen zwischen 1993 und 1995 eindeutig gewachsen; während der Vorbereitung zu den Wahlen für die Staatduma von 1999 und den Präsidentenwahlen von 1996 und 2000 hat sich das Parteiensystem stabilisiert und konsolidiert. Grund dafür waren die einigermaßen stabilen Normen des Wahlrechts, allem voran die Wahl der Hälfte (225) der Staatsdumaabgeordneten nach dem Listenprinzip. Neben neuen Wahlblöcken und Parteien nahmen an den Wahlen in den Regionen und an den Wahlen in die örtliche Selbstverwaltung nach wie vor die so genannten „parlamentarischen" Parteien, wie KPRF, LDPR und JABLOKO, teil. Diese Parteien sind nicht nur seit 1993 in der Staatsduma vertreten, sie haben eigene Regionalorganisationen aufgebaut und einen Zuwachs an Mitgliedern zu verzeichnen.

Von der wachsenden Rolle der Parteien im politischen Leben zeugen auch die Wahlen der Leiter der Exekutive auf allen Ebenen, von den Präsidentenwahlen über die Wahl der Gouverneure und Präsidenten der nationalen Republiken bis hin zu den Leitern der örtlichen Selbstverwaltung. Eine Partei ist weniger ein wichtiges politisches „Zeichen", das die ideologische bzw. programmatische Position des Kandidaten markiert, als eine extrem wichtige Organisationsressource, die ihrem Kandidaten einen ökonomischen und effektiven Wahlkampf zu führen hilft.

Mit der Verabschiedung des Parteiengesetzes im Sommer 2001 wurde der institutionelle Rahmen geschaffen, der die „horizontale" und „vertikale" Stabilisierung und Konsolidierung der Parteien befördern sowie ihre Basis in der Gesellschaft erweitern soll. Wenn im weiteren das Wahlrecht entsprechend dem Parteiengesetz geändert wird, wenn auf regionaler Ebene Listenwahlen eingeführt und die Wahlsysteme in den Subjekten der Föderation vereinheitlicht werden, dann ist der erforderliche institutionelle Rahmen für die Weiterentwicklung des Parteiensystems in Russland geschaffen.

Zu den institutionellen Faktoren, die die Etablierung des Parteiensystems behindern, gehört vor allem das Präsidialsystem, das die politische Willensbildung auf die Person des Präsidenten fokussiert und konzentriert (Golosov 1999). Der Sieg bei den Präsidentschaftswahlen wird zum höchsten politischen Ziel, um die wichtigsten Kandidaten bilden sich breite Koalitionen. Die Parteien sind dabei gezwungen, auf ihre spezifische Forderungen zu verzichten und eine für die Wähler glaubwürdige Strategie auszuarbeiten; denn die wichtigsten politischen Ziele sind nur in der Exekutive erreichbar, die Legislative spielt eine zweitrangige Rolle. Diese Situation wird auf der regionalen Ebene noch deutlicher, wo die Regionalparlamente in der Regel eine untergeordnete Rolle spielen. In nur wenigen Regionen hat der Gouverneur einen starken politischen Gegenspieler in der Position des Bürgermeisters der Hauptstadt, so dass im günstigen Fall zwei von ihnen geführte Regionalparteien oder von ihnen genutzte Regionalorganisationen der föderalen Parteien miteinander konkurrieren.

Zu den im Positiven wie im Negativen wichtigen politischen Faktoren für die Konsolidierung der Parteien gehören der Typus des politischen Regimes und der Verlauf der Transition (Karl/Schmitter 1991; Gelman/Ryšenkov/Brie 2000). In vielen Regionen Russlands existieren monozentrische Regime, in denen die Leiter der Exekutive, die Gouverneure oder die Präsidenten der Republiken die einzigen nennenswerten Akteure sind. Solche Regime begünstigen die Entwicklung der Parteien kaum; wenn Parteien existieren, dann haben sie entweder einen „Fassadencharakter" und werden von dem Gouverneur als reine Wahlkampfinstrumente benutzt, oder aber sie schrumpfen auf den Stand von Protoparteien und unterscheiden sich wenig von den Vereinen der Briefmarkensammler oder Kaninchenzüchter.

Ähnliche Prozesse sind seit der Wahl von Vladimir Putin zum Präsidenten auch auf der föderalen Ebene zu beobachten. Ein Teil der Parteien in der Staatsduma sind „administrativ" zu nennen, d. h. sie sind Instrumente zur Unterstützung der Regierungspolitik und haben keine wirkliche Verbindung zu den Bürgern, andere wagen kaum, im Ernstfall gegen den Präsidenten aufzutreten.

Weitere, die Entwicklung der Parteien bremsende Faktoren sind in allgemeinen sozialen Gründen zu suchen, die sich aus der schwach entwickelten Sozialstruktur der Gesellschaft und einer entsprechend undeutlichen Artikulation der Gruppeninteressen ergeben.

Obwohl die Verabschiedung des Parteiengesetzes die Bedingungen für die Konsolidierung des Parteiensystems weitgehend verbessert hat, sind unverändert zwei widersprüchliche Tendenzen zu beobachten. Parallel zu einander entwickeln sich so genannte „richtige" Parteien, die daran arbeiten, die Gesellschaft und den Staat miteinander zu verbinden, die Interessen der Bürger zu bündeln und zu artikulieren, als auch „administrative" Parteien, deren einziges Ziel darin besteht, bestimmten Elitegruppen führende Positionen zu sichern, und die eine darüber hinausgehende Interessenvertretung lediglich imitieren.

2. Die rechtliche Stellung der Parteien

Die Etablierung der Parteien nach den *founding elections* von 1993 und ihre wachsende Bedeutung im politischen Leben Russlands ging selbst nach weiteren zwei Parlaments- und Präsidentschaftswahlen noch nicht mit einer Stärkung ihrer Stellung durch die Gesetzgebung einher. (Awak´jan, 1996, Luchterhandt/Luchterhandt, 1994)

Bis zum Sommer 2001 wurde die Rechtsstellung der Parteien unverändert durch das 1995 verabschiedete Gesetz zu den gesellschaftlichen Vereinigungen definiert (*O vyborach* 1998). Das am 08. 12. 1995 von der Staatsduma verabschiedete Spezialgesetz zu den politischen Parteien wurde am 07. 12. 1997 vom Föderationsrat abgelehnt. Ihre Funktion in Politik und Gesellschaft sowie die Rahmenbedingungen ihrer Tätigkeit waren daher nur ungenügend geregelt. Bis zur endgültigen Verabschiedung eines Parteiengesetzes galt die Definition von „politischen gesellschaftlichen Vereinigungen" nach Artikel 2 des Gesetzes von 1995. Das sind Vereinigungen, zu deren „im Statut verankerten Hauptzielen die Beteiligung am politischen Leben gehört, indem sie auf die politische Willensbildung der Bürger Einfluss nehmen, an den Wahlen zu den staatlichen Machtorganen und den Organen kommunaler Selbstverwaltung mit eigenen Kandidaten teilnehmen, Wahlkämpfe organisieren und sich an der Tätigkeit dieser Organe beteiligen".

Die am 12. 12. 1993 verabschiedete neue Verfassung der Russländischen Föderation erwähnt nur indirekt die Existenz von Parteien in Artikel 13, Absatz 3: „Die Russländische Föderation erkennt politische Vielfalt und Parteienpluralismus (russ.: *многопартийность*) an." An anderen Stellen der Verfassung ist durchweg lediglich von „gesellschaftlichen Vereinigungen" die Rede. Die Betätigung von gesellschaftlichen Vereinigungen wird durch Artikel 13, Absatz 5 eingeschränkt: „Verboten ist die Gründung und Tätigkeit gesellschaftlicher Vereinigungen, deren Aktivitäten die gewaltsame Änderung der Grundlagen der Verfassungsordnung, die Verletzung der Integrität der Russländischen Föderation, die Untergrabung der Sicherheit des Staates, die Schaffung von bewaffneten Formationen und das Schüren sozial, rassistisch, national oder religiös begründeter Feindschaft zum Ziel hat."

Parteien konnten – wie gesellschaftliche Vereinigungen – im äußersten Fall verboten werden, wenn ihre Tätigkeit gegen den oben zitierten Verfassungsvorbehalt verstößt. Zuständig dafür ist allein das Gericht (allgemeiner Kompetenz). Eine Bereitschaft der Strafverfolgungsbehörden, diesen Vorbehalt gegenüber den offenkundig verfassungswidrig agierenden diversen faschistischen Parteien geltend zu machen, war bisher nicht erkennbar.

Im Föderationsgesetz über die Grundgarantien der Wahlrechte der Bürger aus 1994 wurden Parteien nicht einmal erwähnt. Subjekte des Wahlprozesses sind Wählervereinigungen und Wahlblöcke, zu denen ursprünglich auch Gewerkschaften gehören konnten. Bedingung für die Zulassung zu den Wahlen ist neben der offiziellen Registrierung ein Passus in den Statuten – die mindestens 6 Monate vor der offiziellen Erklärung des Wahlkampfes vorliegen müssen –, in dem Wahlbeteiligung als ein Ziel der Vereinigung angegeben wird. Auch in den beiden Gesetzen über die Wahl des Präsidenten der Russländischen Föderation vom 17. 05. 1995 und über die Wahl zur Staatsduma der Föderalen Versammlung der Russländischen Föderation vom 21. 06. 1995 ist nur von gesellschaftlichen Vereinigungen, nicht aber von Parteien die Rede.

Der Grund für die bis Mitte 2001 in diesem Bereich vorhandene „normative Lücke" wurde von Fachleuten unterschiedlich gedeutet. Evident war jedoch, dass die politischen Akteure kaum an klaren normenrechtlichen Regelungen ihrer Tätigkeit interessiert waren, weil diese auch Einschränkungen beinhalten würden. So blieben die Beziehungen zwischen der parlamentarischen Mehrheit und der Opposition, der Mechanismus der Einflussnahme der Parteien auf die Regierungspolitik sowie die Tätigkeit der Fraktionen einschließlich der Frage des imperativen Mandats in einer rechtlichen Grauzone. Der Begriff „Partei" war also nicht klar definiert. Zwar bezeichnen Politiker, Wissenschaftler und Publizisten die politischen gesellschaftlichen Vereinigungen, die im Parlament vertreten sind oder danach streben und über entsprechende Ressourcen verfügen, in der Umgangssprache als Parteien. Formal jedoch waren nur zwei von vier der in der zweiten Duma und sieben der in der dritten Duma vertretenen und über eigene Fraktionen verfügenden Parteien als solche registriert (KPRF und LDPR).

Erst nach der Wahl von Putin zum Präsidenten und der Etablierung der „neuen Staatlichkeit", die auf der anhaltend breiten Unterstützung des Präsidenten durch das Volk und auf der Loyalität der Eliten beruht, wurde es möglich, den Willen der Gegner des Gesetztes zu brechen und das Parteiengesetz schnell zu verabschieden (21. 06. 2001) sowie vom Föderationsrat billigen zu lassen (29. 06. 2001) *(Federal'nyj 2001)*. Seit den ersten Diskussionen über eine neue Konzeption des Parteiengesetzes und seiner Unterzeichung durch den Präsidenten verging weniger als ein Jahr.

Obwohl das neue Gesetz in den Medien als Präsidentenversion oder Putins Gesetz bezeichnet wurde, stammte es im Wesentlichen von der Zentralen Wahlkommission.[1] Viele Gegner des Gesetzes, vor allem aus der Reihen der kleinen Parteien und den regionalen Elite, konnten dem Druck der Administration des Präsidenten nicht Stand halten, auch wenn es bei allen drei Lesungen in der Duma zu heftigen Debatten kam. Den demokratischen Fraktionen (SPS/*Sojuz Pravych Sil* und JABLOKO) gelang es, einige vorgesehene Maßnahmen administrativen Drucks aus dem Gesetzentwurf zu entfernen.

Die Grundsteine der Konzeption des Gesetzes, die dieses von allen früheren Versionen des Parteiengesetzes, auch der von 1995, unterscheiden, sind folgende:

❑ es gibt ausschließlich individuelle Mitgliedschaften in einer Partei;

❑ die Parteien sind die einzigen Subjekte des Wahlrechts auf föderaler Ebene;

❑ Parteien müssen sich als landesweite (föderale) Parteien etablieren;

❑ Parteien müssen eine relativ große Mitgliederzahl vorweisen;

❑ die Parteien müssen die Ernsthaftigkeit ihrer Ziele durch reguläre Wahlbeteiligung unter Beweis stellen;

❑ die Parteien werden vom Staat unterstützt.

Zwar enthält das Gesetz einige Normen aus der Novelle von 1995, ist aber in seiner Gesamtkonzeption, die sich an den europäischen Regelungen orientiert, völlig neu.

Art. 3 enthält die Definition der politischen Partei und die Beschreibung des Parteiaufbaus.

Eine politische Partei wird als eine gesellschaftliche Vereinigung verstanden, deren Ziel es ist, die Bürger am politischen Leben der Gesellschaft durch die Formierung und Artikulation ihres politischen Willens zu beteiligen; sie kann an anderen gesellschaftlichen und politischen Aktionen teilnehmen sowie die Bürgerinteressen in den Organen des Staatsmacht und der kommunalen Selbstverwaltung vertreten.

---

1   Zur Leiterin der Arbeitsgruppe, die aus den Vertretern der Parlamentsfraktionen und den Partien sowie aus Wissenschaftlern bestand, wurde das Mitglied der Zentralen Wahlkommission Elena Dubrovina ernannt. Dubrovina, Mitglied von JABLOKO, hat bei der Ausarbeitung des Gesetzes eine hervorragende Rolle gespielt. Jedoch traf bei der Ausarbeitung der endgültigen Variante des Entwurfes die Administration des Präsidenten die letzten Entscheidungen.

Eine politische Partei soll folgenden Forderungen entsprechen:
Sie soll mit Regionalorganisationen in mehr als der Hälfte der Subjekte der Russländischen Föderation vertreten sein und insgesamt nicht weniger als 10.000 Mitglieder haben; die Regionalorganisationen müssen in der Hälfte der Föderationssubjekte mindestens 100, in allen weiteren mindestens 50 Mitglieder haben.

Zu den wichtigsten Zielen der Partei gehören die Formierung der öffentlichen Meinung, die politische Bildung und Erziehung der Bürger, die Artikulation von Bürgermeinungen zu einschlägigen Fragen des gesellschaftlichen Lebens gegenüber der Öffentlichkeit sowie den Organen der Staatsmacht, die Nominierung von Kandidaten und die Beteiligung an den Wahlen auf allen Ebenen.

Art. 9 definiert die Schranken für die Tätigkeit auf der Grundlage von Art. 13 der Verfassung; die Gründung von Parteien nach professionellen, religiösen, ethnisch-nationalen oder rassischen Kriterien wird ausgeschlossen. Neu an dieser Regelung ist das Verbot der Gründung von „professionellen" Partien: Damit haben die diversen „Bauernparteien", „Parteien der Anwälte", „Parteien der Kommunalarbeiter", die sich bisher an Wahlen beteiligten, keine Zukunft mehr.

Die Parteien dürfen sich lediglich territorial, nicht aber in Betrieben oder Bildungsinstitutionen organisieren; außerdem ist die Tätigkeit der Parteien in den Verwaltungsorganen sowie in der Armee und weiteren Staatsorganen nicht zulässig. Nicht zulässig ist auch die Tätigkeit ausländischer Parteien auf russländischem Territorium.

Die Beziehung zwischen dem Staat und den Parteien regelt Art. 10; verboten ist die Einmischung der Machtorgane oder ihrer Vertreter in die Tätigkeit der Parteien wie auch umgekehrt die Einmischung von Parteien in staatliche Tätigkeiten, auch von einzelnen Staatsvertretern. Diese können, mit Ausnahme der Abgeordneten aller Ebenen, in ihrer Tätigkeit nicht durch Parteiverpflichtungen gebunden werden. Dem Präsidenten ist, sofern er einer Partei angehört, freigestellt, in ihr zu bleiben oder die Mitgliedschaft ruhen zu lassen. Dieser Artikel spiegelt die Kompromisse bezüglich der Normen des Gesetzes und die aus ihnen resultierenden Widersprüche wider: Einerseits lässt das Gesetz die Möglichkeit der Parteizugehörigkeit des Präsidenten zu, andererseits schließt es den Einfluss der Parteien auf die Tätigkeit ihrer Mitglieder in der Exekutive aus, was im Übrigen völlig unrealistisch ist.

Das Gesetz regelt ausführlich die Umregistrierung der ehemaligen politischen Vereinigungen sowie die Neugründung von Parteien, wobei für die schon existierenden politischen Vereinigungen die Prozedur spürbar einfacher ist. Das Staatsorgan, das für die Registrierung der Parteien zuständig ist (Art. 19), soll die Informationen über neugegründete oder aufgelöste Parteien sowie die Liste der registrierten Parteien jährlich veröffentlichen. Der Antrag einer Partei auf Registrierung kann nur bei Verstoß gegen die Verfassung oder das Gesetz abgelehnt und vor dem Gericht angefochten werden.

Nach Art. 21 und 22 muss die Partei eine ausführliche Satzung, die den Innenaufbau der Partei festlegt, und ein Programm, das die Prinzipien der politischen Tätigkeit, die Ziele, die Aufgaben und die Methoden der Umsetzung dieser Ziele bestimmt, vorlegen.

Nach Art. 23 kann ein Bürger nur in einer Partei Mitglied werden; aus seiner Mitgliedschaft dürfen ihm von Seiten des Staates weder Einschränkungen seiner Rechte noch Begünstigungen erwachsen. Die Einschränkung des Rechts auf Parteimitgliedschaft für einen bestimmten Personenkreis (s. o.) soll durch ein Gesetz geregelt werden.

Demokratische Gebote für das Parteileben sind in Art. 24 und 25 zu finden, die ausführlich die innere Ordnung der Parteien bis hin zur Art der Abstimmungen bei der Wahl des Vorstandes und der kontrollierenden Organe regeln.

Kapitel V definiert die Rechte und Pflichten der Parteien. Nach Art. 26 kann eine Partei frei über ihre Tätigkeit informieren, an der Ausarbeitung von Verwaltungsentscheidungen, Wahlen und Referenden teilnehmen, Grund- und Regionalorganisationen (als juristische Personen) gründen, umorganisieren und auflösen, Versammlungen, Kundgebungen, Mahnwachen und andere öffentliche Veranstaltungen durchführen, Verlage, Medien und Bildungsinstitutionen gründen, nach einem festgelegten Schlüssel staatliche und kommunale Medien nutzen, Bündnisse mit anderen Parteien und gesellschaftlichen Vereinigungen eingehen, eigene Rechte und die Rechte ihrer Mitglieder verteidigen, internationale Verbindungen aufbauen und sich unternehmerisch betätigen.

In dieser Liste gibt es einige bemerkenswerte Punkte. Der Gesetzgeber bestätigt das Recht der Parteien auf Zugang zu den Medien, kann dieses aber nicht garantieren, obwohl Wahlerfolge gegenwärtig entscheidend davon abhängen. Das Recht, Grundorganisationen und regionale Einheiten aufzulösen, kann von führenden Organen einer Partei dazu benutzt werden, sich „rebellischer" Untereinheiten einfach zu entledigen. Unklar, insbesondere in Verbindung mit den anderen Artikeln, ist die Erlaubnis für die Parteien, sich an der Ausarbeitung von Verwaltungsentscheidungen zu beteiligen. Außerdem ist eine Partei verpflichtet, offiziellen Vertretern der Exekutive zu ihren Versammlungen Zugang gewähren und die Öffentlichkeit über ihre finanziellen Verhältnisse sowie über ihre Beteiligung an Wahlen sowie deren Ergebnisse zu informieren.

Die wirtschaftliche Aktivitäten einer Partei müssen mit ihrer Satzung übereinstimmen und gesetzeskonform sein. (Art. 28)

Die Einkünfte einer Partei entstammen Spenden (Art. 30), wirtschaftlicher Tätigkeit (Art. 31) und staatlichen Zuwendungen (Kap. VI). Nicht zulässig sind Spenden von ausländischen Personen und Organisationen, von juristischen Personen mit ausländischer Beteiligung sowie von Verwaltungsorganen, Armee- und Polizeiabteilungen, gemeinnützigen und religiösen Organisationen wie auch anonyme Spenden. Juristische Personen müssen bereits ein Jahr existiert haben, bevor sie spenden können; Spenden von Einzelpersonen sind auf 10 Minimallöhne pro Jahr begrenzt (2001: ca. 150 Euro). Das Gesamt-Spendenvolumen pro Jahr darf 100.000 Minimallöhne (ca. 1.000.000 Euro) nicht überschreiten.

Der Staat unterstützt die Parteien nach dem Bonus-Prinzip, wenn eine Parteiliste bei der Wahl zur Staatsduma 3 % der Wählerstimmen und mehr bekommen hat; wenn zwölf oder mehr von der Partei nominierte Direktkandidaten in die Staatsduma gewählt wurden; wenn bei der Präsidentschaftswahl der Kandidat der Partei mindestens 3 % der Stimmen erhalten hat. Jede Wählerstimme wird mit 0,005 Prozent des Minimallohnes (2001: ca. 3 Cent) berechnet. Im Übrigen kann eine politische Partei auf die staatliche Unterstützung verzichten.[2]

---

2   Auf diese Normenregelung bestand vor allem JABLOKO, es ist der Fraktion gelungen, diese durchzusetzen.

Selbstverständlich hat die Partei jährlich alle Finanzdaten zu veröffentlichen, die Finanzberichte der Parteien werden von der Steuerbehörde geprüft.

Diese Regelungen, so gut sie gemeint waren, bringen die Parteien gegenwärtig in eine sehr schwierige Situation. Die realen Kosten der Wahlkämpfe übersteigen bei weitem die vorgesehenen Finanzierungsmöglichkeiten. Grigorij Javlinskij, der bei der Präsidentschaftswahl 2000 ca. 4 Mio. Stimmen auf sich vereinigte, erhielt eine staatliche Kompensation von 120.000 Euro. Diese Summe entspricht etwa den Kosten für einen Parteitag. Nach vielen Einschätzungen lagen die Wahlkampfkosten eines Direktkandidaten bei der Staatsdumawahl 1999 bei ca. 200.000 US Dollar. Die im Gesetz vorgesehenen Summen sind nicht realistisch, insbesondere im Fall von oppositionellen Parteien, die über keine administrativen Ressourcen verfügen und im Wahlkampf nicht kostenlos in den Medien agieren können. Außerdem werden sie im Fall staatlicher Alimentierung schärfer von der Steuerbehörde (Steuerinspektion und Steuerpolizei) geprüft.

Breite Kontrollfunktionen sind für die zuständigen Staatsorgane im Art. 38 vorgesehen. Wenn eine Partei oder ihre regionale Einheit gegen das Gesetz verstoßen haben, können sie auf Grund der Beschwerde des registrierenden Organs durch einen Gerichtsentscheid zeitweilig suspendiert werden. (Art. 39). Die Auflösung einer Partei kann laut Art. 41 nur auf Beschluss des Obersten Gerichts erfolgen.

Mit der Verabschiedung des Gesetzes, mit welchen Mängeln auch immer, begann eine neue Etappe der Parteienbildung, wobei die größten Parteien zur Konsolidierung und zur Rekrutierung neuer Mitgliedern gezwungen sind und die kleinen Protoparteien keine Überlebenschance mehr haben.

3. Etappen der Parteienbildung

Die Parteienbildung in Russland lässt sich zeitlich in fünf Phasen beschreiben, in denen sich zunächst soziale „Regenschirm"- bzw. Protestbewegungen und aus ihnen politische Parteien entwickelten. Jede dieser Phasen war in der fortschreitenden Transformation des politischen Systems verankert. Ihre allgemeinen Merkmale galten jeweils sowohl für das Moskauer Zentrum als auch für die Peripherie.

1. Die Perestrojka (März 1985 bis August 1991).

Diese Periode war einerseits durch Versuche geprägt, das politische System zu modernisieren, ohne dabei die Macht der KPdSU völlig aufzugeben, und andererseits durch das Aufkommen immer neuer politischer Akteure und einen hohen Partizipationsgrad der Bevölkerung (Luchterhandt 1993).

2. Die Übergangsperiode mit einer „Doppelherrschaft", die von August 1991 bis Herbst 1993 dauerte.

Parallel zur Zerstörung des alten Systems und dem Aufbau einer Reihe von neuen politischen Institutionen erfolgten Wirtschaftsreformen und eine soziale Umstrukturierung der Gesellschaft. Politische Parteien und Bewegungen wurden allmählich zu einem festen Bestandteil des politischen Systems.

3. Die Zeit der El'cin-Herrschaft, die mit dem Verfassungsreferendum am 12. 12. 1993 und der Einführung von neuen Wahlsystemen beginnt und sich bis 1999 über drei Wahlzyklen auf der föderalen und zwei auf der regionalen und kommunalen Ebene erstreckte.

In dieser Zeit sind einerseits die wichtigsten institutionellen Elemente des politischen Systems eingeführt worden, die einen im Großen und Ganzen demokratischen Charakter haben. Andererseits nahmen die Privatisierung des Staates, die Regionalisierung und sogar die Feudalisierung des regionalen politischen Lebens zu, politische Konflikte wurden meistens auf informelle Weise gelöst und politische Entscheidungen in der engsten Umgebung des kranken Präsidenten und von den „Oligarchen" getroffen. In dieser Phase wuchs die politische Instabilität beständig und äußerte sich in mehreren Regierungswechseln. Der Absetzung von Viktor Černomyrdin folgten die nur kurzen Regierungszeiten von Sergej Kirijenko, Evgenij Primakov und Sergej Stepašin. Begleitet wurde dies von hektischen Aktivitäten des Präsidenten El'cin im Wechsel mit krankheits- und schwächebedingten Abwesenheiten. Eine tiefe Finanzkrise 1998 vervollständigte das Bild.

Den Parteien und Bewegungen brachte diese Periode einerseits eine gewisse Stärkung auf föderaler Ebene, andererseits jedoch eine Schwächung auf regionaler und lokaler Ebene. Die zweiten Parlamentswahlen am 17. 12. 1995 markierten die veränderte Rolle der Parteien als eines nunmehr strukturbildenden Elements des politischen Systems. Für die Machtelite wurden Parteien zu einem wichtigen Instrument der Mobilisierung von Wählerstimmen, die ihre tatsächliche Machtposition nachträglich legitimieren sollten. Gleichzeitig begann eine gewisse Konsolidierung des politischen Spektrums, eine Tendenz, die sich im Vorfeld der Präsidentschaftswahl im Sommer 1996 verstärkte und auch im Verlaufe der Gouverneurswahlen im Herbst 1996 sowie mehrerer regionaler Parlamentswahlen anhielt.

4. Von der Vorbereitungsphase zur Parlamentswahl 1999 über die Staatsdumawahl und die Präsidentschaftswahl 2000 bis Mitte 2001.

Diese Periode bestimmen der Machtwechsel und die Festigung der Macht des Präsidenten zwischen 2000 und 2001. Die Ernennung Putins zum Regierungsvorsitzenden im August 1999 bestimmt maßgeblich die weiteren politischen Ereignisse. Nach der Staatsdumawahl im Dezember 2000 war das Ergebnis der Präsidentenwahl vorhersehbar. Nach der Wahl Putins haben stabile Machtverhältnisse und sein wachsender Einfluss die heftigen Konflikte der El'cin-Zeit abgelöst. Das Parteienspektrum wurde durch die veränderten politischen Kräfteverhältnisse stark beeinflusst. Neben der Tendenz zu einer deutlichen Konsolidierung der starken Parteien kam es zur Umstrukturierung und zu Neugründungen, wobei die Rolle der administrativen Parteien deutlich zunahm.

5. Beginnend mit der Verabschiedung des Parteiengesetzes Mitte 2001.

Das Parteiengesetz hat einen weitgehend neuen institutionellen Rahmen für die Parteien geschaffen und zwangsläufig zu Veränderungen des Parteienspektrums geführt. Die „alten" parlamentarischen Parteien und in der Staatsduma vertretenen politischen Vereinigungen waren gezwungen, (Neu-)Gründungskongresse durchzuführen. Gleichzeitig startete schon die Vorbereitungskampagne zu den neuen Wahlen und brachte Umstrukturierungen im Lager der administrativen Parteien und eine Reihe von Neugründungen mit sich. Zu beobachten ist eine starke Konsolidierung sowohl der Bevölkerung[3] als auch der politischen Eliten um den Präsidenten, begleitet von der Verbesserung der ökonomischen Lage und einem, wenn auch geringen Zuwachs an Einkommen. Hierauf reagiert die Administration mit der Neugründung und Unterstützung von administrativen Parteien und dem Versuch, auch die Bürgerorganisationen zu kontrollieren. Eine korporative Organisation der Gesellschaft scheint der politischen Elite der beste Weg zum Wirtschaftserfolg zu sein.

Im Rückblick ist es richtig, in der ersten Etappe lediglich von Protoparteien und von „Regenschirm-Bewegungen" zu sprechen. (Luchterhandt 1993)

In der zweiten Etappe entstand nach dem Verbot der KPdSU und der Legalisierung der Parteien eine Vielzahl von neuen Parteien und politischen Bewegungen, sie zeichnet sich durch große Fragmentierung aus. Das politische Leben konzentrierte sich weitgehend in den staatlichen Institutionen, in denen die verschiedenen Gewalten und ihre Protagonisten auf einer schwankenden verfassungsrechtlichen Grundlage miteinander um die Macht kämpften und andere gesellschaftliche Kräfte einschließlich der Parteien je nach Bedarf hinzuzogen. Die in dieser Phase stetig abnehmende politische Partizipation bedeutete für die Bewegungen und Parteien eine drastische Reduktion des mit ihnen sympathisierenden Umfeldes und damit ihres Mobilisierungspotenzials.

Im Sommer 1993, also am Ende der zweiten Entwicklungsphase, aber noch vor dem Beginn des Verfassungskonfliktes, existierten in Russland drei politische Lager, die im Wesentlichen ähnlich strukturiert waren. Sie bestanden jeweils aus Fraktionen im Kongress der Volksdeputierten bzw. im Obersten Sowjet der RSFSR, teilweise auch in Gebiets- und Stadtsowjets, und aus großen Blöcken oder Bündnissen nach Art der so genannten „Regenschirm"-Bewegungen, die sowohl Parteien als auch typische Protestbewegungen ohne feste Organisationsstruktur umfassten. Zu den großen Blöcken gehörten neben rein politischen Vereinigungen in der Regel auch Interessenverbände.(Sakwa 1993)

Das Parteienspektrum gliederte sich damals folgendermaßen:

1. Die reformorientierten (liberalen) Kräfte, die den Präsidenten und seine Reform unterstützten, umfassten u. a. die ehemals starke Sammelbewegung „*Demokratičeskaja Rossija*" (DR) und die mit dieser organisatorisch und personell stark verflochtene Vereinigung „*Demokratičeskij Vybor*" (DV) unter der Führung von Egor Gajdar.

2. Die „zentristischen" Kräfte vertraten eine langsamere und begrenzte Reform und kritisierten dementsprechend die Regierung und Boris El'cin als Präsidenten. Die wichtigste Rolle spielte in diesem Lager der Block der Bürgerunion, zu der auch die älteste, schon 1990 gegründete DPR *(Demokratičeskaja Partija Rossii)* gehörte.

---

3   Laut den Daten von VCIOM lag die Zahl derjenigen, die die Politik Putin unterstützen, im September 2001 bei 73 % (Sedov 2001).

3. Die „unversöhnliche Opposition" bestand aus Kommunisten und Nationalisten. Der gemeinsame Nenner dieser Gruppe, deren Anhänger extrem unterschiedliche politische Auffassungen vertraten, war die Ablehnung der Demokratie und des "westlichen Wegs". In diesem Bereich des politischen Spektrums existierten mehrere Bündnisse mit mehrfacher (kollektiver und individueller) wechselseitiger Mitgliedschaft. Das Größte unter ihnen war die *Front Nacional'nogo Spasenija* (FNS), das wichtigste die im Februar 1992 (neu) gegründete *Kommunističeskaja Partija Rossijskoj Federacii* (KPRF). Mit dem ehemaligen Mitarbeiter des ZK-Apparats Gennadij Zjuganov an der Spitze (Krotov/Luchterhandt 1994, Luchterhandt 1996, Sakwa 1998) vereinigte die KPRF sowohl viele Mitglieder der nach dem Verbot der KPdSU und der KP der RSFSR entstandenen kommunistischen und sozialistischen Parteien als auch die nun „parteilosen" ehemaligen Mitglieder der KPdSU. Sie wurde schnell zur größten und bestorganisierten politischen Kraft in Russland. Zu diesem Lager gehörte auch die „Zwillingspartei" der KPRF, die APR *(Agrarnaja Partija Rossii)* der „roten Fürsten" vom Lande, der Kolchosvorsitzenden und Sovchosdirektoren. Viele APR-Mitglieder waren gleichzeitig Aktivisten der KPRF.

Abseits von diesem Lager stand unter der Führung von Vladimir Žirinovskij die LDPR *(Liberal'no-Demokratičeskaja Partija Rossii)* mit extrem nationalistischer Ideologie und entsprechenden Parolen. In der Praxis trat sie jedoch nie gegen die Regierung bzw. gegen den Präsidenten auf. (Luchterhandt 1994).

In der Provinz bildete sich ein politisches Spektrum nur mit Verzögerungen heraus; nicht in allen Regionen existierten die oben genannten politischen Kräfte, und die lokalen Gruppierungen waren meist klein und unbedeutend. Die Struktur der wichtigsten Bündnisse stimmte außerdem nicht mit derjenigen überein, die sich im Moskauer Zentrum entwickelt hatte. Das Parteienspektrum in ihnen war viel begrenzter als in Moskau. Nicht selten standen dabei Ziele und Programmatik in direktem Widerspruch zu den Zielen derselben Partei im Zentrum.

Mitte 1993 lag die Zahl der registrierten politischen Parteien bei 35; zum Teil handelte es sich jedoch nur um Zwergparteien. Ermöglicht wurde diese Situation dadurch, dass die noch im Unionsrecht vorgeschriebene Mindestzahl von 5.000 Mitgliedern in Russland nicht galt. Hinzu kamen 15 politische Bewegungen. Einschließlich der Gewerkschaften, die das Recht hatten, an Wahlen teilzunehmen und Kandidaten zu nominieren, waren insgesamt 140 Organisationen registriert. (Vybory 93 1993)

Erst im Laufe der dritten Etappe veränderte sich die Rolle der Wählervereinigungen und Parteien grundlegend, seit sie sich seit 1993 an den Parlamentswahlen beteiligten und in der Duma etablierten. Die „alten" Parteien von 1990/91 und ihre Gründer und Führer verloren zunehmend an Bedeutung. Manche Organisationen verschwanden, indem sie sich auflösten oder in neuen starken Blöcken bzw. Parteien aufgingen. An ihre Stelle traten neue politische Organisationen, die in ihren Grundzügen nicht mehr Protoparteien, sondern echte Parteien waren und entsprechende politische Funktionen wahrnahmen. Drei davon agieren als parlamentarische Parteien auch gegenwärtig noch auf der politischen Bühne: KPRF, LDPR und JABLOKO.

Kurz vor der Dumawahl 1993 wurden zwei demokratisch orientierte Vereinigungen gegründet, JABLOKO und die DVR. Die Wählervereinigung JABLOKO konstituierte sich im Oktober 1993 mit einer Vereinbarung zwischen den prominenten Politikern Grigorij Javlinskij, Jurij Boldyrev und Vladimir Lukin. Der neuen Wählervereinigung traten einige inzwischen geschwächte und gespaltene „alte" demokratische Parteien bei, darunter die Republikanische Partei der Russländischen Föderation und die Sozial-Demokratische Partei Russlands. JABLOKO präsentierte sich als demokratische Opposition und Alternative zur Politik des Präsidenten.

Gleichzeitig entstand die Wählervereinigung VR *(Vybor Rossii)* auf der Basis der Bewegung DV *(Demokratičeskij Vybor)*, die sich später als Partei DVR *(Demokratičeskij Vybor Rossii)* formierte. Auf die DVR, die Demokraten der „ersten Welle" der Liberalisierungsphase vereinigte, setzten die neuen Eliten große Hoffnungen, sie konnte beim Wahlkampf wie später auch die „Parteien der Macht" die administrativen Ressourcen nutzen.

Die Wahlen 1993 kann man als *founding elections* betrachten. Im Verlauf der darauf folgenden regionalen und lokalen Wahlen waren diese im Parlament vertretenen Parteien fast überall präsent, allerdings spielte die Parteizugehörigkeit für den Wahlerfolg eines Kandidaten noch eine gewisse Zeit, insbesondere in den Regionen, eine eher zweitrangige Rolle.

4. Parteien in der I. und der II. Staatsduma

In die erste und die zweite Staatsduma wurde im Dezember 1993 bzw. im Dezember 1995 jeweils die eine Hälfte (225) der Abgeordneten über Parteilisten, die andere Hälfte direkt gewählt; ein Mandatsausgleich zwischen den beiden Wahlformen war nicht vorgesehen.

Mehrmals wiederholte Versuche, ein anderes Verhältnis von Listenwahl und Direktwahl einzuführen, scheiterten in der Staatsduma, da die über Parteilisten gewählten Abgeordneten, unabhängig von den Fraktionen, im bestehenden System mehr Chancen für eine Wiederwahl sahen. Die Parteilisten wurden in einen „zentralen" und einen „regionalen" Teil aufgeteilt. Der „zentrale" Teil sollte auf zwölf auf Föderationsebene agierende Politiker beschränkt bleiben. Diese Norm, die in politischen Kreisen die „Verordnung der 12 Apostel" genannt wurde, sollte den Einfluss der Regionen bzw. der regionalen Eliten auf die Zusammensetzung der Parteilisten erhöhen (Gel′man 1996, 84 ff.). Obwohl die Moskauer Politiker diese Regelung erfolgreich umgingen, indem sie sich in den Regionen nominieren ließen, erhielten 1995 tatsächlich mehr Vertreter der Regionen Abgeordnetenmandate. Der regionale, auch föderal genannte Teil der Parteiliste differierte zwischen den Föderationssubjekten; über ihn entschieden die jeweiligen Regionalorganisationen.

Mit eigenen Listen kandidierten im Jahr 1993 13 und im Jahr 1995 43 Wählervereinigungen und Blöcke. Folgende *Tabelle 1* verdeutlicht die innerhalb von zwei Jahren vollzogenen Veränderungen (*Vybory deputatov* 1995).

Tabelle 1: **Ergebnisse der Listenwahl zur Staatsduma 1993 und 1995** (in Prozent)

Wahlblöcke	1993	1995
NDR	–	10,1
LDPR	22,9	11,2
DV/DVR	15,5	3,9
KPRF	12,4	22,3
APR	7,6	3,8
Ženščiny Rossii	8,1	4,6
JABLOKO	7,9	6,9
PRES	6,7	0,4
DPR	5,5	–
Gesamt-Stimmenanteil der Vereinigungen, die unter 5 % lagen	8,7	46,7

Wenn man die Wahlen zur ersten und zur zweiten Staatsduma miteinander vergleicht, fällt als erstes die enorm gestiegene Aktivität der Wählervereinigungen einschließlich der Parteien auf. 1993 ließ die Zentrale Wahlkommission von 21 Parteien und Blöcken, die mit der Sammlung von Unterschriften begonnen hatten, 13 zu den Wahlen zu. Auf den zentralen und regionalen Listen aller an den Wahlen beteiligten Organisationen kandidierten nicht nur echte Mitglieder der Parteien und Bewegungen, sondern auch Personen, die erst im letzten Moment „gefunden" worden waren und die jeweilige Partei etwa durch ihre Prominenz oder ihren hohen sozialen Status beim Kampf um Stimmen unterstützen sollten. Von den 111 Wählervereinigungen, die sich 1995 zunächst gemeldet hatten, wurden 43 unmittelbar vor der Wahl registriert, 38 davon als „Parteien". Ein zweiter Aspekt, der bei der Betrachtung der Wahlergebnisse auffällt, ist die wachsende Rolle der Parteien: Während 1993 acht von 13 Wählervereinigungen die Fünf-Prozent-Hürde überwinden konnten, verblüfften 1995 die Wahlergebnisse nicht nur die Beobachter, sondern auch die Beteiligten: Nur vier Wählervereinigungen schafften den Sprung über die 5 %; alle vier hatten eine eindeutige parteipolitische Ausrichtung, drei davon waren schon in der ersten Duma vertreten. (Rose R./Tichomirov E. & Mishler 1997 p. 799 ff.; Mikhailovskaya I. 1997, p. 57 ff.; Schejnis V. 1996, S. 1053 ff., Wyman, White, at all, 1998).

Während 1993 einige in letzter Minute gegründete Vereinigungen mit einem noch unklaren politischen Profil zu den Siegerparteien gehörten, hatten 1995 alle Siegerparteien eine relativ eindeutige politische Identität, grenzten sich in bestimmten Fragen für die Wähler erkennbar von anderen ab und wurden von bekannten und populären Politikern geführt. Prominente Parteiführer verkörperten gewissermaßen die ideologischen Markierungen (Mitrochin 1996) des jeweiligen politischen Lagers. Für die KPRF von Gennadij Zjuganov war es die Rückkehr in die stabile Vergangenheit, für die LDPR von Vladimir Žirinovskij eine neue russische Ordnung, für NDR *(Naš Dom Rossija)* von Viktor Černomyrdin die Stabilisierung der gegenwärtigen Situation, für

JABLOKO unter Grigorij Javlinskij die Suche nach einer demokratischen Alternative zur Regierung. Bezeichnend ist in dieser Hinsicht die schwere Niederlage der PRES *(Partija Rossijskogo Edinstva i Soglasija)*. Sie konnte zwischen 1993 und 1995 kein deutliches Profil gewinnen, ihr Begründer und Vorsitzender Sergej Šachraj verlor seinen Posten und verschwand nicht nur aus den Medien, sondern auch aus dem öffentlichen Bewusstsein.

Auch bereits bekannte Vereinigungen wie die „Ženščiny Rossii" (Frauen Russlands) oder sogar die APR erlitten Niederlagen, da sie kein deutliches Profil entwickelt hatten. Die vor den Wahlen neugegründete Partei der Biertrinker, die Assoziation der Rechtsanwälte und mehrere andere hatten überhaupt keine Chance, ihr Anteil lag bei deutlich unter 1 % der Wählerstimmen.

Unter den per Direktwahl in die Staatsduma gelangten Abgeordneten war sowohl 1993 als auch 1995 der größte Teil nicht parteigebunden. Von denen, die von Parteien und Bewegungen nominiert worden waren, trat ein Teil den betreffenden Fraktionen bei, was die Zusammensetzung der Fraktionen wesentlich veränderte. Als Fraktionen (Gruppen) wurden Vereinigungen von Deputierten registriert, wenn sie entweder eine der Parlamentsparteien repräsentierten oder mindestens 35 Mitglieder umfassten.

Die Geschäftsordnung der Duma verstärkte diese Tendenzen zur Straffung der Organisationen nach der zweiten Parlamentswahl. Ein der Fraktion nicht angehörender Abgeordneter hatte praktisch keine Chance, sich politisch zu profilieren, da ihm der Zugang zu den Ressourcen der Fraktionen verwehrt war. Nach der Geschäftsordnung hatten die erst nach der Konstituierung der Duma gegründeten Gruppen im Vergleich zu den Fraktionen der „Siegerparteien" nur begrenzte Möglichkeiten, beispielsweise keinen Anspruch auf Leitungspositionen. Doppelte Mitgliedschaft in Fraktionen und Gruppen wurde ausgeschlossen.

Elf Abgeordnete in der ersten Duma waren Mitglieder von Parteien und Bewegungen, die sich nicht an den Wahlen beteiligt hatten, d. h. von zum Teil wenig bekannten regionalen Organisationen. In der zweiten Duma hatten 23 Wählervereinigungen ihre Vertreter, in zwölf Fällen allerdings nur je einen Abgeordneten. Nur die APR, deren 20 Mitglieder direkt gewählt waren, konnte – freilich mit Hilfe der KPRF, die die fehlenden Deputierten zur Unterstützung der „Bruderpartei" abkommandierte – eine eigene Parlamentsgruppe gründen. Auch die neun direkt gewählten Abgeordneten des ebenfalls kommunistischen Wahlblocks *Vsja Vlast' Narodu* (Alle Macht dem Volke) von Nikolaj Ryžkov wurden von Gleichgesinnten einschließlich der KPRF bei der Gründung der Deputiertengruppe *Narodovlastie* unterstützt. Als weitere direkt gewählte parteigebundene Abgeordnete bildeten die neun Deputierten von DVR und die fünf von KRO jeweils eine nichtregistrierte Gruppe. Alle direkt gewählten Abgeordneten vertraten bekannte politische Vereinigungen mit einem relativ deutlichen politischen Profil.

Bei den Direktkandidaten stieg die Zahl derjenigen, die sich mit politischen Parteien und Bewegungen identifizierten, von 46,8 % im Jahr 1993 bis auf 60 % im Jahr 1995. Die Präferenzen der Wähler lagen eher bei Kandidaten mit eindeutiger Parteizugehörigkeit. 1993 wurden 76, im Jahr 1995 148 „Parteimitglieder" gewählt. (Ovčinnikov 1995) Die meisten direkt gewählten Abgeordneten der zweiten Duma gehörten den vier über die Listenwahl in die Staatsduma gelangten Parteien an, davon 58 der KPRF und zehn der NDR.

Die in die Duma gewählten Parteien hatten im Vergleich zu den anderen deutliche Vorteile: Sie konnten die Möglichkeiten, die die Staatsduma bietet, effektiv für den Parteiaufbau sowie darüber hinaus für den Wahlkampf nutzen. Eine wesentliche Rolle spielte dabei der Mitarbeiterstab der Abgeordneten. Jedem Mandatsträger stehen finanzielle Mittel für die Anstellung von fünf Assistenten zur Verfügung, darunter vier in den Regionen; zudem können 25 Mitarbeiter ohne Bezahlung akkreditiert werden. Dabei genießen sie bestimmte Privilegien, was einer indirekten Bezahlung gleichkommt, angefangen bei der kostenlosen Nutzung von öffentlichen Verkehrsmitteln. Außerdem bietet die Duma Zugang zu materiellen Ressourcen wie Bürotechnik, Kommunikationsmitteln, Information usw.

Die Siegerparteien wurden damit indirekt aus dem Haushalt unterstützt. Somit konnten die Parteien auch ihre Binnenstruktur stärken und ihre Regionalorganisationen aufbauen. Alle drei der 1995 erneut gewählten Parteien – KPRF, LDPR und JABLOKO – nutzten diese Möglichkeiten aktiv, die nicht zuletzt die innerparteiliche Rekrutierung neuer führender Kräfte und neuer Abgeordneter gewährleisteten. Der zweiten Duma gehörten 157 Abgeordnete und 32 Assistenten bzw. Parteiaktivisten aus der ersten Duma an. (*Federal'noe sobranie* 1995, *Federal'noe sobranie* 1996)

Die Antwort auf die Frage, warum nur diese drei Fraktionen die allen offen stehenden Möglichkeiten effektiv nutzen konnten, den anderen Organisationen wie der PRES, der DPR, VR usw. dies aber nicht gelang, ist nicht im Bereich der Organisation zu suchen, sondern im Bereich der Programmatik, d. h. vor allem im Fehlen eines klaren Bildes der Partei in den Augen der Wähler.

Die Fraktionen der Parlamentsparteien bildeten bislang praktisch deren Führungsorgane und bestimmten die Programmatik. Insgesamt waren in der zweiten Duma die Kommunisten die entscheidende Kraft. Ihrem Block fehlten nur wenige Stimmen zur absoluten Mehrheit; daher bereitete die Verabschiedung von Föderationsgesetzen für sie keine Schwierigkeiten. Die Opposition war sowohl in der ersten als auch in der zweiten Staatsduma gut organisiert und diszipliniert. Bei Abstimmungen zeigten ihre Fraktionen und Gruppen eine starke Geschlossenheit. Dasselbe galt für die LDPR. Die Fraktionsdisziplin der Demokraten hingegen war wenig entwickelt; unterschiedliches Abstimmungsverhalten und seltene Beteiligung an den Sitzungen waren die Regel.

5. Das Parteienspektrum vor den dritten Parlamentswahlen

Anfang Januar 1999 veröffentlichte das Justizministerium eine Liste von 141 registrierten gesellschaftlich-politischen Vereinigungen, die landesweit organisiert waren und sich an föderalen Wahlen beteiligen durften. Diese Liste ist kürzer als die von 1995 mit insgesamt 273 Organisationen, sieht aber immer noch reichlich verwirrend aus. 41 Organisationen sind unter den Namen „Partei" registriert. (*Rossijskaja* 1999).

Im Vorfeld der Wahlen kam es zu grundsätzlichen Veränderungen im politischen Spektrum. Ende 1998 gründete der Bürgermeister von Moskau, Jurij Lužkov, mit seinem Kollegen Jurij Jakovlev aus Sankt Petersburg und mit Jevgenij Primakov die Partei *Otečestvo* (Vaterland). Der Kreml sah in dem Gespann von Lužkov und Primakov sofort den wichtigsten Gegner bei den künftigen Staatsduma- und Präsidentschaftswahlen.

Im Frühjahr 1999 wurden von Mitgliedern der zweiten Kammer des Parlaments, des Föderationsrats, zwei weitere „Gouverneursblöcke" bzw. Wählervereinigungen gegründet: *Golos Rossii* (Stimme Russlands) unter der Leitung des Gouverneurs von Samara, Konstantin Titov, und *Vsja Rossija* (Das ganze Russland) zu dem sich die beiden mächtigsten Präsidenten der Nationalrepubliken, Mintimer Šajmiev von Tatarstan und Murtaza Rachimov von Baškortostan sowie weitere 17 Senatoren zusammenschlossen.

Offenkundig wollten sich die Leiter der Föderationssubjekte direkt und nicht über föderale Parteien an den Wahlen beteiligen. Doch stimmten nicht alle Chefs der Regionen in ihren Interessen überein, auch wenn sie sinngemäß erklärten, dass ein neuer Föderalismus aufgebaut werden müsste und dass die Regionen aus Bettlern zu „Herren des Landes" werden sollten. Später folgten Verhandlungen mit Lužkovs *Otečestvo*, da beide Blöcke trotz der Ressourcen eines jeden der Gouverneure nicht sicher sein konnten, die Fünf-Prozent-Hürde zu überwinden. Letztlich kam zu der Bildung des Blocks OVR (*Otečestvo – Vsja Rossija*).

Auch die von El'cin nach der Finanzkrise im August 1998 entlassenen freischwebenden „Jungreformer" (ein Medienetikett, das sie selber übernahmen), der Ex-Regierungsvorsitzende Sergej Kirijenko und sein Stellvertreter Boris Nemcov, gründeten Ende 1998/ Anfang 1999 nach einigen vergeblichen Annäherungsversuchen an JABLOKO ihre eigenen Organisationen. *Rossija Molodaja* (Junges Russland) von Boris Nemcov und *Novaja Sila* (Neue Kraft) von Sergej Kirijenko vereinigten sich später zum Block *Pravoe Delo* (Gerechte Sache), dem sich neben Boris Fëdorov, einem anderen „Reformer", Konstantin Titov und weitere kleine Parteien anschlossen. Diese Vereinigungen bildeten kurz vor den Wahlen den Block SPS (*Sojuz Pravych Sil*/Union der Rechten Kräfte), er sollte unter anderen die Interessen von Großunternehmern verteidigen.

Wichtigstes Ereignis war Ende September 1999 die Gründung des Überregionalen Blocks *Edinstvo* (*Medved'*)/„Einheit" („Der Bär") als eines neuen regierungstreuen Wahlblocks und als neue Variante der „Partei der Macht". Der überhastete Aufbau dieses Blocks mit den üblichen administrativen Methoden hatte zwei Ziele: Er sollte der neuen starken Gouverneurskoalition „Vaterland – Das ganze Russland" Wählerstimmen abjagen und im Fall des Erfolgs Vladimir Putin in der Staatsduma sowie in den Regionen als Kandidat für die Präsidentschaftswahl unterstützen. Die Neugründung einer Partei des Kreml war wünschenswert geworden, weil ihre Vorgängerin NDR zersplittert und geschwächt war und bei der Wahl wenig Erfolgsaussichten hatte.

Von Anfang an wurde die neue Partei der Macht *Edinstvo* vor allem als Medienereignis inszeniert und weniger sorgfältig aufgebaut als ihre Vorläuferinnen PRES, DVR und NDR. Ihre geistigen Väter gehörten zur „Familie", dem engsten Kreis um Boris El'cin: der Oligarch Boris Berezovskij, der Leiter der Präsidialadministration, Aleksandr Vološin, sowie der bekannte Experte für „politische Technologie" Gleb Pavlovskij. Von Anfang an wurde die Entscheidung getroffen, einen eher symbolischen Wahlkampf zu führen, für den man weder starke politische Persönlichkeiten noch eine Parteibasis noch ein klares Programm brauchte. Als wichtigste Ressourcen erwiesen sich die Unterstützung von *Edinstvo* durch Putin und die zwei landesweit ausstrahlenden Fernsehkanäle ORT und RTR. Unter den drei Führern des Blocks gab es nur eine einigermaßen glaubwürdige politische Figur, den Notstandsminister Sergej Šojgu. Die offiziell als Gründer auftretenden Parteien und Vereinigungen waren völlig unbekannt; manche existierten nur auf dem Papier.

Den Anstoß zur Gründung hatten 39 Gouverneure gegeben, die in einem offenen Brief ihre Unzufriedenheit mit dem Wahlkampf zur Dumawahl äußerten. Unter den Autoren waren u. a. El'cins hartnäckige Rivalen Evgenyj Nazdratenko (Kraj Primorje) und Aleksandr Ruckoj (Gebiet Kursk); andere Autoren gehörten ursprünglich zum Block „Stimme Russlands" von Konstantin Titov (Samara).

Zu den offiziellen Gründungsorganisationen des Blocks gehörten einige Zwergparteien: die *Vserossijskij Souz malych i srednich predprijatij* (Gesamtrussländische Union der kleinen und mittleren Unternehmen), die *Ob'edinenie podderžki nezavisimych deputatov* (Vereinigung zur Unterstützung unabhängiger Abgeordneter), die *Vserossijskoe obščestvenno-političeskoe dviženie Moja sem'ja* (Gesamtrussländische gesellschaftliche politische Bewegung „Meine Familie"), die *Patriotičeskaja Narodnaja Partija* (Patriotische Volkspartei), die Bewegung *Pokolenie Svobody* (Generation der Freiheit), die Gesellschaftliche politische Bewegung *Refach* und die *Rossijskaja Christiansko-Demokratičeskaja Partija* (Russländische Christlich-Demokratische Partei).

Im Unterschied zu früheren Gründungen administrativer Parteien bemühte sich diesmal niemand mehr darum, wenigstens den Anschein von Demokratie zu wahren.

In den Programmthesen der neuen Bewegung konnte man genau wie in denen des Wahlblocks eine widersprüchliche Mischung aus „universellen Prinzipien der Marktwirtschaft" und „patriotischem Konservatismus" finden. Zur wichtigsten Voraussetzung für die „Wiedergeburt" des Landes wurde ein starker Staat erklärt. Vorhanden war auch die übliche Triade von „Patriotismus", „Großmacht" und „traditionellen Werten", der sich nur wenig von ihrer klassischen Vorläuferin „Orthodoxie, Selbstherrschaft, Volkstümlichkeit" aus der Zarenzeit unterscheidet. Ihr Vorbild sieht *Edinstvo* laut Šojgu in der Liberal-Demokratischen Partei Japans.

Gleichzeitig aktivierten sich die radikal-nationalistischen außerparlamentarischen Organisationen, die sich bis dahin an der Peripherie des politischen Lebens befanden. Die sich an den „Idealen" des Nationalsozialismus orientierende RNE (*Russkoe Nacional'noe Edinstvo*/Russische Nationale Einheit) unter Aleksandr Barkašov war bereits in mehreren Regionen registriert und wurde zu einer der beststrukturierten und handlungsfähigsten politischen Organisationen.

Typisch für diese Phase waren die Bemühungen der schwächeren Parteien, sich mit den stärkeren zu Koalitionen zusammenzuschließen, während die „alten" und noch starken Parlamentsparteien daran nicht interessiert waren.

Von Ende 1993 an war die Regionalisierung des politischen Lebens von Versuchen der regionalen Eliten begleitet gewesen, eigene spezifisch regionale administrative Parteien zu gründen; in vielen Regionen war dies gelungen. Diese Parteien verhielten sich unterschiedlich; manche gingen eine Koalition mit „föderalen" Parteien ein, manche zogen es vor, selbstständig zu agieren.

Gemessen an ihrer Haltung zur Regierungspolitik lassen sich folgende Parteiengruppen unterscheiden:

1. Parteien, die voll oder eingeschränkt hinter der Regierung stehen:
   Edinstvo wurde von Anfang an als eine Regierungspartei bzw. als Partei von Putin konzipiert. Die SPS stand, im Unterschied zu ihrer Vorgängerorganisation bei den Wahlen 1995, voll hinter Putins „antiterroristischer Operation" in Čečnja. Mit ihrer gegen die „verräterische Politik" von JABLOKO gerichteten Kritik wollte SPS neue demokratisch orientierte Wähler, die jedoch den Krieg gegen die rebellische Republik befürworten, gewinnen, was auch gelang.

   Mit gemäßigter Kritik, die jedoch den zentralen Punkt des Krieges aussparte, traten die alten und die neuen administrativen Parteien NDR und der Block OVR (*Otečestvo – Vsja Rossija*) auf. Obwohl die gesamte Propagandamaschine des Staates gegen Lužkov und Primakov zu Felde zog, enthielten diese sich der Kritik an Putin persönlich.

   Zu den kleinen Parteien, die ebenfalls die Politik von Putin voll und ganz unterstützten, gehörten Rybkins SPR (*Socialističeskaja Partija Rossii*/Sozialistische Partei Russlands), die Ökologische Partei *Kedr* („Zeder") der für den Umweltschutz zuständigen Beamten sowie die beiden Frauenparteien mit *Ženščiny Rossii* (Frauen Russlands), die als Nachfolgeorganisation der Union der Sowjetfrauen auf föderaler Ebene agiert, und der *Rossijskaja Partija Zaščity ženščin* (Russländischen Partei zum Schutz der Frauen), die überwiegend in Moskau tätig ist. Zu den Stützen der Regierung gehören außerdem der Block von Nikolaev und Fëdorov, in dem neben den Zwergparteien der Blockführer noch vier weitere völlig unbekannte Parteien vereinigt sind, die Bewegung *Za graždanskoe Dostoinstvo* („Für die Bürgerwürde") von Ella Pamfilova und traditionell auch Žirinovskij mit seiner LDPR, die unter dem Namen *Blok Žirinovskogo* („Žirinovskij-Block") kandidierte.

2. Die kleine Opposition gegen die Regierungspolitik besteht lediglich aus JABLOKO mit Kritik an der Wirtschaftschaftspolitik, der Kriminalisierung des Staates und vor allem am Krieg in Čečnja.

3. Eine weitere Gruppe bilden alle anderen wichtigen Parteien und Blöcke, die die Regierungspolitik nur allgemein und pauschal kritisieren und sich in der Regel „gegen alle Reformer" bzw. „gegen El'cin" aussprechen. Zu diesem Lager gehören sowohl wichtige Akteure wie die KPRF als auch eine Reihe von kleinen und unbekannten Wählervereinigungen.

Quer zu dieser Konfliktlinie verläuft die traditionelle Richtungsgruppierung von „links" nach „rechts", die sich vorrangig an Prinzipien der Wirtschaft, gekoppelt mit unterschiedlicher Priorität der so genannten nationalen Werte, festmacht.

Hier stehen ganz „links" zuerst die radikalen Kommunisten. Die ersten drei Namen auf der Liste des *Stalinskij Blok – Za SSSR* („Stalinistischer Block – Für die UdSSR"), der neben *Trudovaja Rossija* („Werktätiges Russland") und dem *Sojuz Oficerov* („Bund der Offiziere") zwei weitere Organisationen umfasste, waren Viktor Anpilov, Stanislav Terechov und Stalins Enkel Evgenyj Dzugašvili. Den Block *Kommunisty, Trudovaja Rossija za Sovjetskij Sojuz* („Kommunisten, Werktätige Russlands für die Sowjetunion") aus RKRP (Russländische Kommunistische Arbeiterpartei) und zwei weiteren Organisationen führte der RKPR-Vorsitzende, Viktor Tjulkin, an. In dasselbe Lager gehört auch die „Partei für Frieden und Einheit", deren Listenführerin Saši Umalatova als eine der aktivsten kommunistischen Deputierten des Volkskongresses der UdSSR bekannt war.

Unter den wichtigsten Akteuren des linken Spektrums ist die KPRF zu nennen, die bei dieser Wahl den linken Flügel der gespaltenen Agrarierpartei unter Nikolaj Charitonov aufgenommen hatte. Der rechte Flügel mit Michail Lapšin landete bei „Vaterland". An der Spitze der KPRF-Liste standen Gennadij Zjuganov, Gennadij Seleznëv, der Vorsitzende der Staatsduma, und der Gouverneur von Tula, Vassilij Starodubcev.

Als ihren programmatischen Aussagen nach sozialdemokratisch lassen sich folgende Parteien einschätzen:

Der Block von Nikolaev und Fëdorov, Rybkins SPR und die Sozial-Demokraten, die kandidieren, um schlicht nicht vergessen zu werden. Obwohl dem Namen nach hierzu auch die *Rossijskaja Socialističeskaja Partija* (Russische Sozialistische Partei) des Pharmazie-Magnaten und ehemaligen Präsidentschaftskandidaten Vladimir Bryncalov zählt, gehört diese eigentlich in eine eigene Sparte, in die der korporativen oder nur zum Zweck der Reklame ihrer Führer kandidierenden Gruppen.

Zu den sozialliberal und liberal orientierten Gruppen gehören JABLOKO und SPS; für beide sind Marktwirtschaft und Rechtsstaat die Eckpfeiler ihrer Ideologie.

Die „Zentristen" charakterisiert eine widersprüchliche Mischung aus liberal-demokratischen, etatistischen und nationalistischen Prinzipien. In diesem „Lager" sind mit *Edinstvo*, OVR und NDR fast alle administrativen Parteien zu finden; hinzu kommen so genannte Satelliten-Vereinigungen der Regierung wie die beiden Frauenparteien und Pamfilovas *Za graždanskoe Dostoinstvo*.

Die Nationalpatrioten bzw. Großmachtanhänger waren bei diesen Parlamentswahlen mit sieben Listen, von den gemäßigten bis hin zu den radikalen Nationalisten, noch breiter vertreten als 1995. Der radikalste Block, die Bewegung *Spas* („Erretter"), wurde von dem ehemaligen Novosibirsker LDPR-Mitglied Vladimir Davidenko gegründet; hier stand der bekannte Führer der national-sozialistischen RNE, Aleksandr Barkašov, auf dem Spitzenplatz. Erst kurz vor der Wahl wurde diesem Block von der Zentralen Wahlkommission die Wahlzulassung entzogen, er musste in den lokalen Wahlkommissionen von den schon gedruckten Stimmzetteln gestrichen werden. Die weniger radikale Gesamtrussländische Bewegung *Za poderžku armii* („Für die Unterstützung der Armee") wurde vom Vorsitzenden des Staatsdumaausschusses für Sicherheitsfragen, Viktor Iljuchin, und von dem für seine antisemitischen Äußerungen bekannten linksradikalen General Albert Makašov angeführt. Auf einer Kundgebung schlug Makašov vor, diese Bewegung in „Bewegung zur Bekämpfung der Juden" umzubenennen, und fand breite Zustimmung dafür in den eigenen Reihen.

Die Russische Gesamtnationale Union von Sergej Baburin hat eine schon relativ lange, aber wenig bedeutende Geschichte. Im Block *Russkoe delo* („Russische Sache") vereinigten sich einige wenig bekannte national-patriotisch orientierte Gruppen unterschiedlicher Couleur von konservativ bis links mit der Union *Otečestvo* und, ohne dass dies veröffentlicht wurde, auch einer Gruppe *Černaja Sotnja* („Schwarzhunderter"); zur Führung gehörte der ehemalige Leiter des präsidialen Sicherheitsdienstes, Aleksandr Koržakov.

Zu den gemäßigten „Patrioten" kann man den KRO (*Kongres Russkich Obščin/* „Kongress Russischer Gemeinden") in Union mit Jurij Boldyrev zählen. Letzterer hatte vergeblich versucht, beispielsweise mit Nikolaev und Fëdorov eine Allianz einzugehen. Weiter gehört hierzu die Gruppe *Duchovnoe Nasledie* („Geistiges Erbe") von Aleksej Podberëzkin, der ursprünglich seine Partei bei Lužkovs *Otečestvo* unterbringen wollte.

Zur Staatsdumawahl vom Dezember 1999 ergab sich folgendes Bild: Die administrativen Parteien waren bei diesen Wahlen viel breiter vertreten als 1995. Während zwei Jahre zuvor nur NDR und Rybkins Block direkt zu ihnen gerechnet werden konnten, zählten dieses Mal die Regierungspartei *Edinstvo*, eine an Einfluss und Mitgliedern erheblich geschwächte NDR und der Block OVR dazu. Alle drei verfügten über erhebliche administrative und finanzielle Ressourcen sowie eigene Medien. Die Parteien, die nicht nur eine einigermaßen klare Programmatik haben, sondern auch regionale Grundorganisationen mit real existierenden Mitgliedern, sind die KPRF, JABLOKO und, in sehr geringem Umfang, SPS.

Außerhalb der genannten Kategorisierungen stehen die „Parteien" und Blöcke ohne konkrete politische Orientierung, die entweder korporative Interessen formulierten oder schlicht zu Reklamezwecken gegründet wurden. In der Regel waren sie wenig oder gar nicht bekannt und rechneten selber nicht einmal mit 1 % der Stimmen. Bei dieser Wahl gab es sechs solcher Parteien, von denen die Russische Konservative Unternehmerpartei, in der sich Mitarbeiter privater Sicherheitsdienste vereinigt hatten, wenige Tage vor der Wahl von den Stimmzetteln gestrichen wurde. In der populistischen Bewegung *Mir. Trud. Maj* („Frieden. Arbeit. Mai") unter der Leitung von Aleksandr Burkov, die erfolgreich bei den Regionalwahlen im Gebiet Sverdlovsk auftrat, hatten sich eine Gruppe *Naše Otečestvo* („Unser Vaterland") aus Krasnodar und die nationalistische Bewegung *Slavjanskij Sobor* („Slawische Volksversammlung") aus der ersten Generation zusammengeschlossen. Die *Partija Pensionerov* (Partei der Rentner) war von dem millionenschweren Unternehmer Sergej Artošenko aus Tjumen ins Leben gerufen. Als *Vserossijskaja političeskaja Narodnaja Partija* (Gesamtrussländische Politische Volkspartei) trat die *Assoziacija XXI vek* („Assoziation 21. Jahrhundert") auf, die ursprünglich der später ermordete „Pate" Otar Kvantrišvili leitete. Die Konservative Bewegung ist eine der Zwergparteien des ehemaligen Dissidenten Lev Uboško, der sich mit verschiedensten Gründungen an sämtlichen Wahlen beteiligt.

6. Wahlkampf und Wahlergebnisse der Dumawahl 1999

Der Wahlkampf zeichnete sich durch eine erfolgreiche Offensive des Kreml gegen diejenigen Politiker nebst dazugehörigen Parteien aus, von denen angenommen wurde, dass sie bei der Präsidentschaftswahl gegen Putin antreten würden. Als schwere Artillerie dienten die beiden landesweit ausstrahlenden Fernsehkanäle. Der Oligarch Boris Berezovskij beschrieb die Kämpfe später so: „Vor den Parlamentswahlen im Dezember 1999 gab es zwei Gruppierungen. Jede hatte ein riesiges Medienimperium. An der Seite des Moskauer Bürgermeisters Jurij Lužkov und des ehemaligen Premiers Evgenyj

Primakov stand der Privatsender NTV. Auf unserer Seite, der des Kreml, standen ORT und RTR. [...] Noch im Sommer zweifelte niemand daran, dass Primakov der nächste Präsident wird. Doch eigentlich wollten die Leute ihn nicht. Man musste das damals spüren und der Gesellschaft helfen, an sich zu glauben. Das Instrument dazu war der TV-Sender ORT." (Sengling/Voswinkel 2000). Lužkov und Primakov wurden beinahe täglich als Kommunisten hingestellt, Lužkov wurden Verbindungen zu Mafia-Kreisen, Primakov Spionage vorgeworfen. Man spekulierte über ihre Verwandten und Bekannten und über beider Gesundheit; sogar Röntgenaufnahmen von Primakov wurden in einer ORT-Sendung gezeigt. Nebenher kritisierte man JABLOKO und Javlinskij als ewige Oppositionelle ohne praktische Regierungserfahrung.

Die Möglichkeiten, sich dagegen zu verteidigen, waren eher begrenzt. Den Privatsender NTV, der neutral aufzutreten versuchte, aber erkennbare Sympathien für JABLOKO sowie für Lužkov und Primakov hatte, konnte man bei weitem nicht an jedem Ort Russlands empfangen, sein Einfluss war auf die Großstädte begrenzt. Der von Lužkov kontrollierte Fernsehsender _TV-Centr_ bediente nur die Stadt Moskau und das Moskauer Gebiet. Außerdem verfolgte der Sender keine wirklich offensive, sondern eine eher defensive, schwache und wenig überzeugende Strategie. Das positive Image von Šojgu, dem besten Freund von Putin, wurde mit einer Fülle großer und kleiner Plakate über die Kanäle der Administrationen im ganzen Land verbreitet.

Die KPRF führte ihren traditionellen billigen Wahlkampf von Tür zu Tür und mit den üblichen kommunistischen Zeitungen, die die Parteimitglieder kostenlos verbreiteten. OVR warb mit großer und teurer Wand- und Straßenreklame und rechnete auf die Unterstützung der sympathisierenden Gouverneure und Bürgermeister. SPS startete die Wahlwerbung schon früh und richtete sie vor allem an junge Wähler; an Rockkonzerten und Diskos nahmen Boris Nemcov und Irina Chakamada jugendlich verkleidet teil und tanzten und sangen. Der Wahlkampf wurde nach dem bewährten Muster des Präsidentschaftswahlkampfes von 1996 nach dem Motto „Wähle, oder du verlierst!" organisiert. Dem Žirinovskij-Block halfen einerseits seine üblichen skandalösen Auftritte und andererseits sein zeitweiser Ausschluss von der Wahl mit nachfolgenden Gerichtsprozessen gegen die Zentrale Wahlkommission und Neuregistrierung. JABLOKO führte den Wahlkampf sowohl in den Medien als auch mit Hilfe der Parteimitglieder, die die Wähler auf der Straße agitierten und bescheidene Plakate klebten. Die anderen Parteien waren nur in den Medien und dort fast nur an den ihnen kostenlos eingeräumten Plätzen präsent.

Am 31. 12. 1999 veröffentlichte die Zentrale Wahlkommission die offiziellen Wahlergebnisse (siehe _Tabelle 2_).

Die nicht genannten 14 Parteien bekamen jeweils weniger als 1 % der Wählerstimmen; am besten schnitten in dieser Gruppe die _Rossijskaja Partija Zaščity Zenščin_ (Russländische Partei zum Schutz der Frauen) (0,8 %), am schlechtesten Rybkins SPR (0,09 %) und die Sozial-Demokraten (0,08 %) ab.

Die KPRF bekam über ihre Parteiliste 67 Mandate, _Edinstvo_ 65, OVR 37, SPS 24, der Žirinovskij-Block 17 und JABLOKO 16 Mandate.

Die Ergebnisse der Direktwahl veränderten das Bild: die KPRF schickte 46, _Edinstvo_ 9, OVR 37, SPS 24, JABLOKO 4 direkt gewählte Abgeordnete in die Staatsduma. Žirinovskij konnte kein einziges Direktmandat erringen.

Tabelle 2: **Wahlergebnisse der Wahlen der Abgeordneten der Staatsduma
vom 19. 12. 1999**
(Parteilisten, in Prozent)

Wählervereinigungen, Wahlblöcke	Prozent der Stimmen
KPRF	24,24
Edinstvo	23,32
OVR	13,33
SPS	8,52
Blok Žirinovskogo	5,98
JABLOKO	5,93
An der 5-Prozent-Klausel gescheitert:	
Kommunisty, Trudovaja Rossija za Sovetskij Sojuz	2,22
Ženščiny Rossii	2,04
Partija Pensionerov	1,95
NDR	1,19
Stimmabgabe: Gegen alle Kandidaten	3,3
Wahlbeteiligung	61,85

Die Folgen dieser Wahlen für die Weiterentwicklung des Parteiensystems waren ein-
schneidend. Zu den Wichtigsten davon gehören die Folgenden:

❏ Die Zahl der an dieser Wahl beteiligten Akteure ging dank des veränderten Wahlgesetzes von 43 auf 26 zurück.

❏ Obwohl acht statt vorher vier Parteien die 5 %-Hürde überwanden, ging die Fragmentierung der Stimmen zurück: Bei den vorangegangenen Wahlen war beinahe die
Hälfte der abgegebenen Stimmen verloren gegangen, da diese auf die kleinen Partei-
en verteilt waren, wobei fünf Parteien dicht an die 5 %-Hürde herangekommen waren. 1999 lag der Anteil der im Parlament repräsentierten Stimmen bei 75,39 %.

❏ Die Bedeutung der Legislative[4] und damit der parlamentarischen Parteien nahm deutlich zu. Vier ehemalige Ministerpräsidenten standen an führender Stelle auf den Parteilisten, drei von ihnen – Primakov, Kirijenko und Černomyrdin – hatten ihre „eigenen" Parteien. Černomyrdin, der direkt gewählt wurde, trat in die Fraktion *Edinstvo*
ein. Stepašin war die Nummer zwei auf der Liste von JABLOKO, wollte aber der
Partei nicht beitreten, weil er ausdrücklich Putin unterstützte.

❏ Die Sympathie der Wähler genossen vor allem die administrativen bzw. die „zentristischen" Parteien, die bereits über Macht verfügten.

---

4   Bezeichnend ist die Tatsache, dass Boris Berezovskij und Roman Abramovič, die beiden bedeu-
    tendsten Oligarchen, die der Kreml-„Familie" nahe standen und und bis vor der Wahl des neuen
    Präsidenten weitgehend die politischen Entscheidungen bestimmten, es für nötig hielten, bei dieser
    Wahl zu kandidieren, und auch gewählt wurden.

❏ Die Wählerschaft der KPRF wuchs von 15,4 Mio. auf 16,2 Mio. an; dafür bekamen die radikal-kommunistischen Gruppen weniger Stimmen.

❏ Die sechs kleinen national-patriotisch orientierten Wählervereinigungen hatten 1995 zusammen etwas mehr als 5 % der Stimmen, die vier kandidierenden Gruppierungen von 1999 dagegen etwas mehr als 1 % erhalten.

❏ Die Wählerschaft der LDPR schrumpfte von 7,7 Mio. auf ca. 4 Mio. – ein weiterer Abstieg des scheinradikalen Patrioten Žirinovskij, der bisher noch jede Regierung unterstützte.

❏ Die demokratisch orientierte Wählerschaft wuchs von 7,5 Mio. auf 9,7 Mio., wobei die demokratische Opposition JABLOKO über achthunderttausend Stimmen verlor.

Die Staatsdumawahlen waren eine Art Vorwahl für den künftigen Präsidenten Putin. Die Wählersympathien konzentrierten sich auf ihn in erster Linie aus einer negativen Haltung heraus, aus der Angst vor tschetschenischen Terroranschlägen und dem Wunsch, die rebellische Republik zu befrieden, mit welchen Mitteln auch immer. Die vermeintlichen Siege im Zweiten Tschetschenienkrieg kompensierten das bittere Gefühl, das eine Reihe von nationalen Niederlagen (wie der Zerfall der UdSSR, der Verlust des Großmachtstatus, der nicht siegreich beendete Erste Tschetschenienkrieg) hervorgerufen hatten, und weckten die Hoffnung auf einen tatkräftigen Präsidenten, der Ordnung schaffen kann. Wie SPS benutzten auch andere Parteien ihre Unterstützung für Putin als Trumpf im Wahlkampf. „Einheit" wurde als Putins eigene Partei angesehen. Kritik an Putin und am Krieg kostete dagegen Stimmen, was die Verluste von JABLOKO erklärt. Die Bevölkerung war bereit, jede beliebige Kraft oder Persönlichkeit zu unterstützen, die die Hoffnung auf eine nationale Wiedergeburt wecken konnte.

Die Zusammensetzung der neuen Staatsduma (Duma 1999) korrigierte die früheren Wahlergebnisse zu Gunsten des Kreml (siehe *Tabelle 3*).

Die dritte Staatsduma ist nicht mehr rot gefärbt. Sicher verfügt die kommunistische Opposition lediglich über die 90 Stimmen ihrer Fraktionsangehörigen, zu denen jedoch eine Anzahl aus der Agroindustriellen Gruppe und von den sog. „Volksdeputierten" hinzukommen kann; Regierungsvorschläge zu blockieren ist ihr nicht mehr möglich. Von Anfang an waren die Kommunisten zu Kompromissen bereit, zumal ihr Vertreter Seleznëv auf seinem Posten als Parlamentsvorsitzender belassen wurde. Die erste ernsthafte Krise entwickelte sich im Januar und Februar 2000, als *Edinstvo* und KPRF alle wichtigen Positionen unter sich zu verteilen versuchten, ohne die anderen Fraktionen zu berücksichtigen. Als OVR, SPS und JABLOKO die Plenarsitzungen eine Zeit lang boykottierten, war die Mehrheit gezwungen, auf ihre Forderungen einzugehen. Nemcov und Lukin wurden zu stellvertretenden Parlamentsvorsitzenden gewählt, alle drei Fraktionen bekamen Vorsitze in Ausschüssen.

In dieser Legislaturperiode hatte die Administration des Präsidenten keine Schwierigkeiten, sämtliche wichtige Gesetze, sowohl für das politische Leben in den Regionen als auch für die Positionen der politischen Elite im Zentrum, durchzusetzen. Stellvertretend hierfür kann man den „Landkodex" nennen, der trotz des Widerstands der Kommunisten, die ihre Anhänger für Demonstrationen mobilisieren konnten, verabschiedet wurde. Von nicht geringerem Gewicht sind die Gesetze, die die Ecksteine der Putinschen

Tabelle 3: **Zusammensetzung der Fraktionen und Abgeordentengruppen in der II. und in der III. Staatsduma**

Fraktionen	1996	2000
KPRF	147	90
Edinstvo	–	82
OVR		45
SPS		32
LDPR	51	17
JABLOKO	46	21
NDR	66	–
Registrierte Gruppen		
APR/*Agroindustrial'naja Gruppa* (Agroindustrielle Gruppe)	37	39
Narodovlastie („Volksmacht")	37	–
Narodnyj deputat („Volksdeputierter")	–	56
Regiony Rossii (Russlands Regionen), Union unabhängiger Abgeordneter	42	42
Nichtregistrierte Gruppen		
DVR	9	–
Fraktionslose Abgeordnete	16	16

föderativen Reform bilden und die Gouverneure in ihren Kompetenzen stark begrenzen (Heinemann-Grüder 2000, Luchterhandt-Michalewa 2001). Ein anderes gutes Beispiel ist die Verabschiedung des Parteiengesetzes.

Taktisch agieren die präsidententreuen Fraktionen und Gruppen dennoch unterschiedlich. *Edinstvo* stimmt ohne Bedenken allen Vorschlägen des Präsidenten und der Regierung zu. OVR änderte seine Einstellung nach der politischen „Vermählung" mit *Edinstvo* im Sommer 2001 (dazu unten) und ging von seiner eher kritischen Position zu unbedingter Unterstützung über. Das Abstimmungsverhalten der KPRF liegt nur dann quer zur Position der Exekutive, wenn es um ihre Grundprinzipien geht, wie z. B. bei der Frage des Eigentums an Grund und Boden. Ansonsten unterstützt die KPRF nach einigen Verhandlungen die Gesetzesentwürfe der Regierung bzw. des Präsidenten, das Budget, die Kandidatur des Regierungsvorsitzenden usw. Die Fraktion der LDPR übt sich in radikalen Parolen und Äußerungen, stimmt jedoch immer für die Entwürfe der Exekutive.

In der Staatsduma funktioniert die „weiche Koalition" von JABLOKO und der SPS sehr gut; nach regelmäßigen Beratungen werden gemeinsam die wichtigsten Änderungen durchgesetzt. Es gibt aber Bereiche, in denen sich die beiden Fraktionen aus prinzipiellen Gründen nicht einigen können, beispielsweise in der Frage der Einfuhr von Atommüll, die JABLOKO entschieden ablehnt. Unterschiedliche Antworten werden auch zum Krieg in Čečnja oder zur Armeereform gegeben.

Im Unterschied zu vorangegangenen Legislaturperioden gibt es in dieser Staatsduma keine Fraktion, die Verhandlungen mit der Administration des Präsidenten ablehnen würde.

Die Wahlergebnisse von 1999 beeinflussten die weiteren politischen Ereignisse, die zur Wahl von Vladimir Putin zum Präsidenten führten.

Es muss hervorgehoben werden, dass alle ernst zu nehmenden Kandidaten einschließlich des Favoriten ihre „eigene" Partei hatten. KPRF (Zjuganov), *Edinstvo* (Putin), LDPR (Žirinovskij) und JABLOKO (Javlinskij) organisierten die Verteilung von Agitationsmaterial, entsandten ihre Mitglieder in die Wahlkommissionen aller Ebenen und organisierten die Wahlbeobachtung. Sogar Aman-Geldy Tuleev gründete im Juni 1999 seine eigene landesweite Bewegung *Vozroždenie i Edinstvo* („Wiedergeburt und Einheit"), die als eine Abspaltung der KPRF eingeschätzt wird. Konstantin Titov von SPS konnte in den eigenen Reihen keine Unterstützung finden; ein Teil der führenden Mitglieder (Kirijenko, Čubajs, Gajdar) waren für Putin, die anderen (Nemcov und Chakamada) traten öffentlich für Javlinskij ein. Der ehemalige stellvertretende Vorsitzende der Präsidentenadministration (1996–1998), Evgenij Savostjanov, einer der Demokraten der ersten Welle, zog während einer Fernsehsendung bei NTV öffentlich seine Kandidatur ebenfalls zu Gunsten von Javlinskij zurück.

Wenn wir die Unterstützung der Führer und ihrer Parteien miteinander vergleichen, bekommen wir ein ungleichmäßiges Bild. Die Autorität der Führer real existierender und in der Bevölkerung verankerter Parteien ist größer als die der Parteien selbst. Zjuganow erhielt 4 Mio. Stimmen mehr, Javlinskij fast 400.000 Stimmen mehr als ihre jeweiligen Parteilisten bei der Staatsdumawahl. Für Žirinovskij stimmten dagegen fast zwei Mio. Menschen weniger als vorher für seinen Block. Es verwundert nicht, dass der Präsident 2,6-mal mehr Stimmen bekam als seine Partei. Dies waren die ersten Präsidentschaftswahlen, bei denen der unbestrittene Favorit eine Partei hatte, die direkt mit ihm identifiziert wurde.

7. Die Parteien in den Regionen

Der Prozess der Umstrukturierung des politischen Spektrums und der wachsenden Bedeutung der Parteien im politischen Leben setzte in der Provinz zu einem späteren Zeitpunkt ein als im Zentrum, in der Regel erst im Vorfeld der zweiten regionalen Parlamentswahlen, und war von Region zu Region äußerst unterschiedlich.

Einen ersten Entwicklungstyp bilden die Regionen, die mit etwas Verspätung und einigen regionalen Besonderheiten den gleichen Prozess durchliefen wie das Zentrum. Zum wichtigsten Faktor des Parteienbildungsprozesses wurden die Ressourcen, die die Föderationsparteizentralen in dieser Region mobilisieren konnten, seien es die KPRF mit ihren KPdSU-Veteranen oder die administrativen Parteien NDR, „Einheit" und „Vaterland", die sich auf mehr oder weniger loyale Machteliten stützen konnten.

Einen zweiten Entwicklungstyp bilden die vom Zentrum politisch relativ emanzipierten Regionen, wie das Gebiet Sverdlovsk und einige Republiken, in denen parallel zum zögerlichen Erstarken der Basisorganisationen der Föderationsparteien die regionalen politischen Vereinigungen zunehmend an Bedeutung gewannen.

Bei den regionalen und den lokalen Wahlen, die seit 1994 in den verschiedenen Subjekten der Föderation asynchron stattfanden, wurde in vielen Regionen die Zugehörigkeit zu einer Partei für die Kandidaten zunehmend unentbehrlicher, ob es sich um Abgeordnete der Stadtdumen, der Gebietsparlamente oder um Gouverneure und Bürgermeister handelte. In einigen Regionen verzichtete man sogar auf die Direktwahl zu Gunsten der Listenwahl, so bei den Wahlen zum Unterhaus, d. h. zur Gebietsduma im Gebiet Sverdlovsk. In anderen Regionen wird lediglich ein bestimmter Teil des Gebietsparlaments über Parteilisten gewählt, in Krasnojarsk beispielsweise ein Drittel der Abgeordneten.

Unter den landesweit vertretenen Parteien waren in erster Linie die Parlamentsparteien in den Regionen aktiv; dabei nahm der Anteil der parteilich gebundenen Kandidaten mit jedem Wahlzyklus zu. Unter den Abgeordneten der regionalen Parlamente stieg der Anteil der Mitglieder föderaler Parteien nach dem zweiten Wahlzyklus zwischen 1996 und 1998 von 14 % auf 19,7 %. (Filippov 2000). Die größte und effektivste Partei auf regionaler Ebene blieb die KPRF. Der Anteil der Kommunisten in den Vertretungsorganen war regional sehr unterschiedlich und korrelierte mit der Stärke der kommunistischen Wählerschaft, die vor allem in den Kleinstädten und auf dem Land sehr ausgeprägt war und zudem den „roten Gürtel", das Volga-Gebiet und den Nord-Kaukasus bildete. In einigen Regionen erreichte der Anteil der Kommunisten an den Mandaten 20 %. In den Gebieten Vladimir, Astrachan und in der Republik Čuvašija erhielten Kommunisten in der ersten Legislaturperiode sogar den Vorsitzenden der Vertretungsorgane. (Golosov 2000).

In Volgograd stellte die KPRF 1998 23 von 32 Abgeordneten des Statdparlaments. In 38 Regionen konnte KPRF über bedeutsame Wahlerfolge sprechen. (Sliska 2001) Insgesamt war sie in der Legislaturperiode zwischen 1995 und 1998 in 55 regionalen Parlamenten vertreten (Galkin u. a. 2001, 157). Nach dem zweiten Wahlzyklus verfügten die KPRF bzw. die NPSR (Patriotische Volksunion Russlands) in 38 Regionen über die größten Gruppen von Mitgliedern und Anhängern in den Regionalparlamenten. In 30 stellten diese die Parlamentsvorsitzenden. (Šavšukova 1998).

Die Kommunisten waren praktisch in allen regionalen und lokalen Parlamenten aktiv und gut organisiert. In den Regionen, in denen die Gouverneure nicht der KPRF angehörten, bemühten sie sich um die Begrenzung der Machtkompetenzen der Exekutive auf regionaler wie kommunaler Ebene. Angesichts der sehr geringen Machtkompetenzen der regionalen Vertretungsorgane war dies tatsächlich eine wichtige Aufgabe. Damit agierte die KPRF in den Regionen, nach einer treffenden Beobachtung von Vladimir Gelman (Gelman, 1996a), nicht nur im Rahmen der demokratischen Institutionen bzw. nach demokratischen Regeln; ihre Tätigkeit trug objektiv zur Festigung der demokratischen Verfassungsordnung vor allem im Bereich der Gewaltenteilung bei.

Für die Parlamentsparteien wurden auch die Gouverneurswahlen zu einem extrem wichtigen politischen Feld; fast überall stellten sie eigene Kandidaten auf.

Bei den Wahlen zu den Führungen der Exekutiven unterstützte die KPRF im ersten Wahlzyklus zwischen 1996 und 1997 in zwölf Regionen unabhängige Kandidaten. In den Gebieten Sverdlovsk und Novgorod erlitten ihre Kandidaten schwere Niederlagen, in den Gebieten Tambov und Novosibirsk konnten die ehemaligen Gebietsparteisekretäre A. Rjabov und V. Mucha die Wahlen gewinnen, die jedoch nicht bereit waren, sich mit

der KPRF zu identifizieren. Insgesamt wurden 18 Kandidaten der Patriotischen Volksunion zu Gouverneuren gewählt. Die ersten Schritte der neuen Gouverneure aber zeigten, dass sie kaum gewillt waren, ihre Verwaltungen nach dem Parteiprinzip zu bilden.
Eher war es umgekehrt: Sie bemühten sich um demonstrative Loyalität gegenüber dem
Zentrum bzw. der föderalen Regierung und stellten ihre Parteibindung zurück. So erklärte der neue Gouverneur von Kursk, Aleksandr Ruckoj, dass er seine Parteiposten in
der NPSR sowie in der Bewegung „Großmacht" aufgeben wolle und im Übrigen die
Vorstellungen der Kommunisten im „sozialen und ökonomischen Bereich" nicht teile.

   JABLOKO hat nach offiziellen Angaben der Zentralen Wahlkommission die zweit-
größte Gruppe von Abgeordneten in zehn Regionalparlamenten. Dennoch bildeten sich
nur in wenigen Regionen eigene Fraktionen, abgesehen von Moskau sowie der acht-
köpfigen Fraktion in St. Petersburg. Bei den Gouverneurswahlen konnte JABLOKO
nur in fünf Subjekten der Föderation eigenen Kandidaten stellen, die zudem erfolglos
blieben. Erfolgreicher war die Partei auf der kommunalen Ebene mit sieben Bürger-
meistern und mehr als 250 Abgeordneten, darunter viele stellvertretenden Vorsitzende
der Kommunalparlamente, wie in Tomsk und Dudinka.

   NDR war in 12 Regionalparlamenten nur mit wenigen Abgeordneten vertreten; sowohl vor als auch nach der Wahlniederlage 1999 liefen mehrere prominente Mitglieder
zu „Einheit" oder „Vaterland" über.

   Die LDPR nahm in allen Regionen aktiv an den Wahlen teil, hatte jedoch trotz hoher
Medienpräsenz weniger Unterstützung und war nur in fünf Regionen vertreten. Zu ihren
Erfolgen konnte sie jeweils zwei Abgeordnete in den Gebieten Pskov und Archangelsk
und einen im Gebiet Tver rechnen. Sie stellte 22 eigene Gouverneurskandidaten und
war im Gebiet Pskov sogar erfolgreich, wo ihr Dumaabgeordneter Evgenij Michajlov
zum Gouverneur gewählt wurde.

   Nach der Gründung von „Einheit" und „Vaterland" wurden schnell auch in den Regionen unter breiter Beteiligung der regionalen Elite Grundorganisationen organisiert, die
inzwischen ihre Vertreter nicht nur in der Legislative, sondern auch in der Exekutive
haben. Ihre Mitglieder sind in der Regel stellvertretende Gouverneure, Regierungsvor-
sitzende und Bürgermeister.

   Nach 1999 entstanden auch die Organisationen der SPS, teils auf der Basis der DVR,
teils durch Mitglieder von JABLOKO, die in den eigenen Organisationen wenig Zustimmung bekamen.

   Nicht zu übersehen ist die Gründung von regionalen und lokalen Parteien, die im
Vorfeld der ersten, nach der Verfassungsreform stattfindenden Wahlen zu den regionalen
Vertretungsorganen vom Frühjahr 1994 einsetzte. Im Unterschied dazu wurzelten in den
Republiken die Regionalparteien in der Regel in den nationalen Bewegungen, die im
Zuge der Perestrojka entstanden waren, wie beispielsweise in Tatarstan die Tatarische
Nationale Partei *Ittifak*. Dabei spielten sie in der häufig ununterbrochenen Abfolge ver-
schiedenster Wahlen eine wichtige Rolle für die regionalen Eliten. Regionalspezifische
Konflikte, etwa zwischen dem Gouverneur und dem Bürgermeister der Gebietsmetropole,
stimulierten die Weiterentwicklung der regionalen Parteien, die ihrerseits die Konsolidierung der existierenden politischen Lager und der Identifikation der politischen Akteure förderten. So gab es im Gebiet Sverdlovsk drei wichtige regionalen Parteien. Die
erste, *Probrašenie Urala* („Umgestaltung des Ural"), wurde 1993 von dem ehemaligen,

von El'cin abgesetzten Chef der Exekutive, Eduard Rossel [5], gegründet, der später erneut in die Gebietsduma und dann zum Gouverneur gewählt wurde. Die zweite, *Naš dom – Naš gorod* („Unsere Stadt – unser Haus"), wurde vom dem direkt gewählten Bürgermeister von Ekaterinburg, Arkadij Černeckij, initiiert, der sich in ständigem Konflikt mit Rossel befand. Zwischen diesen zwei Vereinigungen fanden die entscheidenden Auseinandersetzungen statt. Die führenden Vertreter der anderen Städte des Gebiets schlossen sich in der Gruppierung *Gornozavodskoj Ural* („Ural der Bergwerke")[6] zusammen. In dieser vom Zentrum weitgehend unabhängigen Region spielten die föderalen Parteien nur eine geringe Rolle. Dieses einzigartige regionale Parteiensystem resultierte aus der Einführung der Listenwahl und einer bestimmten Konstellation politischer Akteure (Gelman/Golosov 1998). In anderen Regionen überschnitten sich dagegen die regionalen und föderalen Parteien, beispielsweise in Samara. 1994/1995 leitete der Gouverneur von Samara, Konstantin Titow, sowohl die Regionalorganisation von NDR als auch die *Oblastnoe Ob"edinenie Zaščity reform* („Gebietsvereinigung zur Unterstützung der Reformen"). Auch der Bürgermeister von Samara, Oleg Syssuev, hatte eine eigene politische Vereinigung, *Gorod* („Die Stadt") genannt, bis er nach Moskau abberufen wurde.

Hervorzuheben ist, dass die regionalen Parteien fast ausschließlich administrativen Charaker haben, d. h. dass sich in ihnen überwiegend die Vertreter der regionalen Eliten zusammenfinden. Während die Gründung regionaler Parteien 1994 eher die Ausnahme war, wurde dies im Vorfeld der zweiten Wahlrunde der Exekutivleiter und der Regionalparlamente fast zur Regel. Es entstanden eine Reihe von Gouverneurs- und Bürgermeisterparteien, darunter mit patriotischer Orientierung *Tverskaja zemlja* („Twerer Land"), *Rodnaja Vologodščina* („Heimat Wologda-Land"), *Otečestvo* („Vaterland") von Nikolaj Kondratenko in der Region Krasnodar sowie NPSR-nah *Za real'noe narodovlastie* („Für wirkliche Volksmacht")[7] in der Region Altaj. Diese regionalen administrativen Parteien setzten unterschiedliche ideologische Markierungen, je nach der Parteizugehörigkeit oder den Sympathien des entsprechenden Exekutivleiters. Von Bedeutung sind dabei die Interessen des Gebiets bzw. der Republik sowie eine pragmatische Orientierung.

Die Opposition – sei es die kommunistische oder die demokratische – suchte dagegen Unterstützung im Zentrum, da sie auf der regionalen Ebene kaum über die notwendigen Ressourcen verfügte.

Insgesamt sind folgende Tendenzen der Parteienbildung in den Regionen festzustellen:

1. Das politische Spektrum in den Regionen unterschied sich lange von dem des Moskauer Zentrums. Im Allgemeinen war die Zahl der politischen Vereinigungen überschaubar. Dabei differierten die Regionen untereinander in beachtlichem Maß; eine Bewegung, die in einer Region großes Gewicht besaß, war in einer anderen möglicherweise schwach oder gar nicht vorhanden. In den Kleinstädten agierten nur die

---

5   Rossel hatte führend an der Gründung einer eigenen Uralrepublik mitgewirkt.
6   Russ. Горнозаводской Урал.
7   Russ. Родная Вологодчина, Тверской край, За подлинное народовластие.

wichtigsten politischen Parteien mit sehr kleinen Basisorganisationen. Seit etwa 1995 näherten sich das politische Spektrum des Zentrums und das der Regionen einander an. Nachdem die Zahl der in der Staatsduma vertretenen Parteien geschrumpft war, stabilisierte und konsolidierte sich auch das Parteienspektrum der Peripherie.

2. Die regionalen Abteilungen der föderalen Parteien differieren in ihren Positionen nicht selten stark von der Moskauer Zentrale.

3. Die sich mit der Zeit in allen Bereichen verstärkende regionale Differenzierung führte zur Entstehung spezifischer regionaler Bewegungen und Parteien, die sich entlang eigener, im Zentrum nicht vorhandener Problemkonstellationen voneinander abgrenzten. Im Vergleich mit den föderalen Organisationen spielten in den vom Zentrum weitgehend unabhängigen Regionen die regionalen oder gar lokalen Vereinigungen häufig die dominierende Rolle.

Die Regionen lassen sich nach drei Typen unterscheiden:
Regionen, in denen mehrere Parteien das politische Leben merklich prägen; zu dieser Gruppe gehören Moskau, Sankt Petersburg, Ekaterinburg, Novosibirsk, Perm, Tver, Krasnojarsk.
Regionen, in denen nur eine Partei (in der Regel die KPRF) dominiert; dazu gehören die Regionen des vorrangig agrarischen so genannten „roten Gürtels" (südlich des 55. Breitengrads).
Regionen, in denen die vorhandenen Parteien im politischen Leben kaum präsent sind: u. a. Astrachan, Novgorod, Nižnij Novgorod, Samara.

Die wissenschaftliche Diskussion zur Entwicklung der Parteien in den Regionen kommt zu folgenden Schlussfolgerungen (Golosov 2000, Luchterhandt-Michaleva 2000):

❏ Die Konflikte innerhalb der regionalen Eliten stimulieren die Entwicklung von Parteien, die in einem solchen Fall eine wichtige Ressource zur Mobilisierung von Wählerstimmen darstellen.

❏ Die Parteien mit einem hohen Institutionalisierungsgrad können ihre Erfolge auf der föderalen Ebene in den Regionen wiederholen; daher spielen in den meisten Föderationssubjekten die parlamentarischen Parteien eine dominierende Rolle.

❏ Zu den entscheidenden Faktoren der Entwicklung der Parteien gehören die regionalen Wahlsysteme.

❏ Je größer die Stadt, desto wahrscheinlicher gehören die Parteien zu den wichtigen politischen Akteuren.

Mit der Verabschiedung des Parteiengesetzes und den noch zu erwartenden Änderungen des Wahlrechts wird sich die Rolle der Parteien in der Regionen zwangsläufig verändern. Die reinen Regionalparteien werden schnell von der Bildfläche verschwinden. Die regionalen Eliten werden gezwungen sein, mit den Regionalorganisationen der föderalen Parteien zusammen zu arbeiten, um günstige Wahlergebnisse zu sichern.

8. Die Veränderungen des Parteienspektrums nach der Verabschiedung des Parteiengesetzes

Schon im Vorfeld der Debatte über das neue Parteiengesetz kam es zur Umstrukturierung und Neugründung von Parteien, die auch als Vorbereitung zu den Staatsdumawahlen im Winter 2003 verstanden werden können, da das Gesetz nur Organisationen zur Wahl zulässt, die bereits mindestens ein Jahr existiert haben.

Die Strategie der konsequenten Bildung von „Parteien der Macht" bzw. administrativen Parteien erwies sich als rationell (Golosov/Lichtenštejn 2001) und sicherte den großen Erfolg von „Einheit" bei den letzten Wahlen. Es ist jedoch nicht klar, ob diese „Partei der Macht" in dieser Zusammensetzung den Erfolg wiederholen kann, zumal ihre wichtigste Mobilisierungsressourse, die Unterstützug des Präsidenten, nicht mehr in demselben Umfang zur Verfügung stehen wird. Deshalb gibt es diesbezüglich einige Veränderungen.

Zum Ersten waren zwei administrative Parteien gezwungen, sich zu vereinigen, die des Zentrums (*Edinstvo*) und die der regionalen Elite (*Otečestvo*). *Otečestvo*, die Partei des Moskauer Bürgermeisters Lužkov, die 1999 erbitterter Gegner des Kreml war, ist in den Regionen radikal geschrumpft und nur noch in Moskau von Bedeutung. Ihr Wahlpartner, das lockere Bündnis OVR, zerfiel fast gleich nach der Wahl. Verhandlungen zwischen Lužkov und Šojgu führten am 12. 07. 2001 zur Gründung der *Vserosijskogo Sojuza Edinstva i Otečestva* („Allrussländische Union Einheit und Vaterland"), in der jedoch beide Parteien ihre Identität behielten. Da die Verhandlungen ohne Evgenyj Primakov geführt worden waren, trat dieser von der Fraktionsführung zurück. Das war offenkundig dem Kreml nicht gut genug, so dass für den November 2001 eine „richtige" Einigung angekündigt wurde; wobei unklar blieb, ob die beiden Parteien sich zuerst auflösen werden oder ob ein anderes Schema verwendet wird. Vor und nach der vorläufigen Einigung kam es immer wieder zu Konflikten zwischen den Führungen von *Otečestvo* und *Edinstvo*, unter anderem um die Führungsstruktur der neuen Partei. (Dym 2001). Die eigentliche Gründung der neuen Partei, die von den Journalisten mit einer bissigen Ironie *Ediot* genannt wird, erfolgte am 3. 12. 2001. Zu dem Vorsitzenden der Führungsrates wurde Sergej Šojgu gewählt. An dem Parteitag war auch der Präsident anwesend, der jedoch die neue Partei warnte, sie solle sich nicht als eine „Partei der Macht" präsentieren. (*Edinstvo* 2001).

Die Gründe für die Entstehung zweier weiterer Parteien liegen in den politischen Ambitionen führender Politiker und in der Bereitschaft der Administration, administrative Parteien zu gründen, die als Doppelgängerparteien bei schlechten Wahlergebnissen dennoch einen bestimmten Teil der Wählerstimmen sichern können.

Am 25. 09. 2001 wurde eine der ersten Protoparteien der „ersten Generation", die schon 1991 gegründete DPR, die lange Zeit von Nikolaj Travkin geleitet worden war, auf ihrem 15. Parteitag jetzt unter der Leitung des kremltreuen Gouverneurs von Novgorod, Michail Prusak, „wiederhergestellt". Er erklärte, dass die DPR für „einen starken Staat, der demokratische Reformen und Menschenrechte gewährleisten kann" sowie für eine „sozial orientierte Marktwirtschaft" eintreten will. (Prusak 2001). Die DPR konkurriert um Stimmen aus dem liberalen Lager von SPS und JABLOKO.

Eine links orientierte Programmatik soll die fast zur selben Zeit (am 29. 09. 2001) gegründete *Narodnaja Partija Rossii* (Volkspartei Russlands) präsentieren, entstanden aus den Reihen der Bewegung *Narodnyj deputat* („Volksdeputierter") der gleichnamigen Abgeordnetengruppe in der Staatsduma. Zu ihrem Vorsitzenden wurde deren Leiter, Nikolaj Rajkov, gewählt. Nach seinen Worten sieht die neue Partei ihre Aufgabe in der Kontrolle der Tätigkeit der Großmonopole, insbesondere der Treibstoffbranche (*Narodnaja ...* 2001).

Da der Zweck von administrativen Parteien in der Unterstützung der jeweiligen Regierungspolitik liegt, hat es wenig Sinn, ihre Programmatik zu analysieren. In der Regel wird in den kurzen Programmen an erster Stelle die Stärkung der Staatlichkeit und der Einheit des Staates erwähnt, an zweiter ökonomisches Wachstum; später werden dann Verfassungsartikel zitiert, zuweilen sogar wörtlich.

Die anderen parlamentarischen Parteien bereiteten während dessen ihre (Neu-)Gründungskongresse vor.

Noch vor der Verabschiedung des Parteiengesetzes fand am 28. Mai 2001 der erste Kongress statt, der die Vereinigung von diversen Parteien und Bewegungen mit dem Namen SPS (*Sojuz Pravych Sil*) in eine einheitliche Partei verwandelte. Vorher mussten alle einzelnen Mitgliedsorganisationen wohl oder übel die Selbstauflösung beschließen. Der Parteitag wählte mit Boris Nemcov, Anatolij Čubajs, Egor Gajdar, Vladimir Kirijenko und Irina Chakamada ein fünfköpfiges Führungsgremium, wobei Nemcov gleichzeitig Vorsitzender des zweiten Gremiums, des „Föderalen politischen Rates", wurde. (Tropkina 2001) Die Prioritäten der neuen Partei verdeutlichen die Erklärung zur Außenpolitik und die so genannte „Politische Deklaration". Zum Träger der nationalen Interessen wird „die Klasse der aktiven und selbstständigen Menschen" erklärt, die demokratisch orientiert und in die „Marktwirtschaft involviert" sind. (*Deklaracija* 2001) Der Staat soll umgebaut werden, um die Rechte der Bürger bei Bedarf mit Gewalt schützen zu können. Russland soll durch Integration in transnationale Monopole in den Weltmarkt inkorporiert werden. Die Aktivität und die Selbstständigkeit der Bürger schaffen die besten Garantien für politische und ökonomische Freiheit. „Der Staat muss die Schwachen – Alte, vernachlässigte Kinder, Invalide, Opfer von Kriegen, von technischen und von Naturkatastrophen – unterstützen. Eine Erweiterung dieser Liste ist nicht vorgesehen." (*Politiceskaja deklaracija 2001*). Diese Erklärungen positionieren die SPS ganz deutlich: Sie vertritt und verteidigt die Interessen der Unternehmer und den freien Markt ohne staatliche Einmischung. Bei laufenden politischen Fragen stellt sich die SPS meistens auf die Seite des Präsidenten.

Der Gründungsparteitag, der einen eher formellen Charakter hatte, da weder in der Satzung noch im Programm etwas geändert wurde, wurde am 14. 12. 2001 durchgeführt.

Schon vorher verließen vier prominente Mitglieder der SPS, die seit der Zeiten der DR mitgearbeitet haben. Alle vier, darunter Viktor Pochmelkin, stellvertretender Fraktionsleiter, sind Abgeordnete und durch ihre Menschenrechtsorientierung bekannt. Sie, sowie einige ähnlich orientierte Politiker, die die Programmatik der SPS nicht befürworten konnten, gründeten am 23. 12. 2001 eine neue Partei, die *Liberal'naja Rossia* („Liberales Russland"). Finanziell wird diese Partei offen von dem im Exil lebenden Ex-Oligarchen Boris Berezovskij unterstützt. Die neue Parteiführung erklärte, dass sie in der Opposition zum Präsidenten steht. Nach der Einschätzung von Anatolij Čubajs sind die Chancen von *Liberal'naja Rossija* in der Politik Russlands gleich Null. (Čubajs 2001).

JABLOKO hat kurz vor dem (Neu-)Gründungskongress, der am 22.–23. 12. 2001 erfolgte, die Programmatik klarer definiert und die Satzung entsprechend den neuen Realitäten geändert. Die Partei definiert sich nun klar als Bürgerpartei, die für die soziale Marktwirtschaft eintritt und damit auch für die Interessen derjenigen Schichten, denen die Reformen mehr Verluste als Vorteile gebracht haben. JABLOKO sieht seine Aufgabe in der Festigung der in der Verfassung verankerten demokratischen Prinzipen wie Rechtsstaat, Föderalismus, kommunale Selbstverwaltung usw., will die korporativen bürokratischen Tendenzen im Staat bekämpfen und Menschen- und Bürgerrechte verteidigen. Zu spezifischen Fragen, die die Partei im Unterschied zu anderen deutlich artikuliert, gehören Umweltschutzfragen wie die Verhinderung von Atommüllimport, der Übergang zu einer Berufsarmee und die Bildungsreform.

JABLOKO beschreibt die eigene Politik als „konstruktive Opposition" zum Präsidenten und zur Regierungspolitik. Zwar gab es zahlreiche Beratungen mit der Administration des Präsidenten und einige erfolgreich vorgetragene Vorschläge, aber auch massiven Druck. Dennoch besteht JABLOKO in bestimmten Fragen auf eigenen Positionen im Widerspruch zur Regierung. Dabei bemüht sich die Partei um die Unterstützung durch die Öffentlichkeit mit Hilfe von Massenaktionen, Unterschriftensammlungen und ähnlichem, beispielsweise anlässlich der Schließung des TV-Senders NTV und in der Frage der Atommühleinfuhr.

Die KPRF veränderte ihre Positionen seit ihrem 7. Parteitag im Dezember 2000 kaum. Damals formulierte Zjuganov folgende Aufgaben: den Einfuß der Partei in den Arbeitskollektiven vergrößern, ein Entwicklungsprogramm für Russland als Alternative zu dem der Regierung erarbeiten und die Disziplin und Einigkeit in der Reihen der Partei stärken. Die Zahl der Mitglieder der Partei lag zu diesem Zeitpunkt über 500.000. Obwohl die KPRF die praktische Arbeit fortsetzt und sogar große Erfolge wie die Wahl ihres Mitgliedes Ivan Chodyrev zum Gouverneur des Gebiets Nižnij Novgorod im Herbst 2001 vorweisen kann, ist es viel schwerer für sie geworden, eine überzeugende Programmatik zu finden. Da der Präsident auf unterschiedlichen ideologischen Feldern, darunter auch dem patriotischen zu spielen pflegt, da die Gesellschaft sich konsolidiert hat und ein (geringes) Wirtschaftswachstum zu verzeichnen ist, klingen die üblichen Argumente der KPRF über die Verarmung des Volkes und den Verrat an ihm wenig überzeugend. Sie versucht nun mit vergleichsweise kleinen Themen wie der Grund-und-Boden-Gesetzgebung oder der Arbeitsgesetzgebung ihre Anhänger zu mobilisieren. Gleichzeitig werden die alten Bündnisse wie die Patriotische Volksunion aktiviert.

Die LDPR fährt fort in ihrem üblichen provokativen Stil und unterstützt die Regierung bei allen Abstimmungen. Im Herbst 2001 demonstrierten Fraktionsmitglieder Antiamerikanismus und forderten die Unterstützung der Taliban sowie die Wiedereinführung der Todesstrafe.

Bis Januar 2001 erfolgte noch eine Reihe von Um- und Neugründungen der Parteien, die mehr oder weniger unbekannt und unbedeutend waren. Es ist nicht ausgeschlossen, dass bis zur Wahl noch weitere Parteien gegründet werden; doch ihre Möglichkeiten, in so kurzer Zeit die Sympathien der Wähler zu gewinnen, sind eher gering, selbst unter Anwendung manipulativer Methoden und mit administrativer Unterstützung.

Nach den landesweiten Umfragen von VCIOM[8] sind im Bewusstsein der Bürger eigentlich nur die parlamentarischen Parteien präsent. Im August 2001 hätten die Wähler folgendermaßen abgestimmt, wenn die Wahlen am darauf folgenden Sonntag stattgefunden hätten (Avgustovskij 2001):

KPRF	34 %
„Einheit“	25 %
SPS	6–7 %
JABLOKO	6–7 %
LDPR	6–7 %

Andere Umfragen zeigen deutliche Unterschiede innerhalb der potenziellen Wählerschaften dieser Parteien. Im September 2001 hätten insgesamt 28 % die Position der USA und der NATO nach den Terroranschlägen vom 11. September unterstützt; unter den JABLOKO-Wählern waren es 43 %, bei den SPS-Wählern 39 %. Die Position der LDPR-Wähler, von denen 47 % die NATO unterstützen, liegt quer zur Position der Partei. Die Mehrheit der Wähler von *Edinstvo* (63 %) möchte eine neutrale Position bewahren. Bei innenpolitischen Prioritäten sind 51 % der Wähler der KPRF für Produktionswachstum durch die Einmischung des Staates; 48 % JABLOKO-Wähler halten die sozialen Aspekte der Reformen für das Wichtigste; 33 % der SPS-Wähler wollen vor allem die Positionen der Privatunternehmer stärken (bei JABLOKO nur 7 %). (Sedov 2001)

9. Alte und neue Tendenzen im Parteienbildungsprozess

Obwohl die Parteien in Russland bis Mitte 2001 noch keine klare rechtliche Basis hatten, konnten sie sich im politischen Leben etablieren. Sie spielten für die Legitimation des politischen Handelns und die Artikulation von Interessen, bei der Rekrutierung und Auslese der politischen Führung und vor allem bei der Wahlkampforganisation und der Vorstrukturierung des Wählerverhaltens eine bedeutende Rolle, ja sogar bei der Gestaltung von Politik und der Präsentation politischer Alternativen.

Die Parteien konnten sich zunehmend im Massenbewusstsein verankern, wenn auch nur vermittelt durch die Namen ihrer Führer. Für die sich formierende Gesellschaft in Russland war die damit verbundene Akzeptanz des politischen Pluralismus ein großer Fortschritt. Die Bürger lernten allmählich, dass sie durch ihre eigene Wahl die Tätigkeit der staatlichen Einrichtungen beeinflussen konnten. Für die Legitimation der politischen

---

8   Russländisches Zentrum zur Erforschung der öffentlichen Meinung, die bekannteste Meinungsforschungseinrichtung in Russland, macht regelmäßig repräsentative Umfragen zu den aktuellen Themen.

Elite, auch in den Regionen, und ihre Position im Prozess demokratischer Wahlen waren die Parteien unentbehrlich. Das sich formierende Mehrparteiensystem erwies sich als wichtiges Instrument, als es darum ging, Machtpositionen zu besetzen und zu sichern.

Daneben wirkten jedoch alte Entwicklungstendenzen weiter, die die Konsolidierung und Stabilisierung des Parteiensystems verlangsamen:

Ideologisch und politisch wies das Parteienspektrum nach wie vor undeutliche Konturen auf, war nur tendenziell erkennbar. Die politischen Parolen änderten sich und Positionen verschoben sich. Nur allgemeine Vorstellungen und grobe Abgrenzungen unterschieden die wichtigsten politischen Lager voneinander. Die Mitgliederzahl der Parteien blieb weiterhin begrenzt, ihre soziale Basis erweiterte sich sehr langsam und die Partizipation blieb auf niedrigem Niveau.

Solange der institutionellen Rahmen nicht endgültig fixiert und die Parteien nicht als Subjekte des Wahlrechts definiert waren, drifteten die regionalen Wahlsysteme weiterhin auseinander.

Zu den allgemeinen Entwicklungstendenzen im gegenwärtigem Russland gehört die Konsolidierung der Eliten sowie die zunehmende Akzeptanz der Regierungspolitik in der Bevölkerung. Wirtschaftswachstum und die Stärkung des Staates gelten als vorrangige Ziele, wobei fast uneingeschränkt in Kauf genommen wird, dass die Mittel hierzu unter Umständen die Demokratie begrenzen. Im Ergebnis dominieren die administrativen Parteien mit „Fassadencharakter", die die Verbindung zwischen den Bürgern und den Machtorganen lediglich imitieren. Dies führt zu der Schwächung der politischen Konkurrenz im Allgemeinen und (auch administrativen) Begrenzung der Möglichkeiten der „richtigen" Parteien, die Interessen der Bürger zu vertreten.

Günstig für die Entwicklung der Parteien ist die Verabschiedung des Parteiengesetzes, weil es sie in vollwertige politische Akteure verwandeln und die regionalen Unterschiede im Parteienspektrum, aber auch in der politischen Entwicklung insgesamt ausgleichen wird. Die künftige Änderung des Wahlrechts wird die formellen Voraussetzungen für die Entwicklung der Parteien schaffen. Die Paradoxie der Situation liegt darin, dass diese Voraussetzungen für die administrativen Parteien fast noch günstiger sind als für die Parteien, die Bürgerinteressen vertreten. Ob die „Parteien der Macht" in der näheren Zukunft ihren Charakter verändern, ob sie Verbindung zu den Gruppen der Gesellschaft finden oder ob sie sich weiter zu einem Eckstein des korporativen Staates verfestigen werden, wird die Zukunft zeigen. Davon wird auch abhängen, ob die Bürgerparteien an Einfluss gewinnen oder ob sie auf Bürgerrechtlergruppen zusammenschrumpfen werden.

Abkürzungsverzeichnis der Parteien und Bewegungen

APR	**Agrarnaja Partija Rossii** (Agrarpartei Russlands)
DPR	**Demokratičeskaja Partija Rossii** (Demokratische Partei Russlands)
DR	**„Demokratičeskaja Rossija"** (Bewegung Demokratisches Russland)
DV	**„Demokratičeskij Vybor"** (Wählervereinigung „Demokratische Wahl")
DVR	**„Demokratičeskij Vybor Rossii"** („Demokratische Wahl Russlands")
FNS	**Front Nacional´nogo Spasenija** (Front der Nationalen Rettung)
KPRF	**Kommunističeskaja Partija Rossijskoj Federacii** (Kommunistische Partei der Russländischen Föderation)
KRO	**Kongres Russkich Obščin** (Kongress Russischer Gemeinden)
LDPR	**Liberal'no Demokratičeskaja Partija Rossii** (Liberal-demokratische Partei Russlands)
NDR	**Naš Dom Rossija** (Bewegung „Unser Haus Russland")
NPSR	**Narodno-Patriotičeskij Sojuz Rossii** (Patriotische Volksunion Russlands)
OVR	**Otečestvo – Vsja Rossija** („Vaterland – Das Ganz Russland")
PRES	**Partija Rossijskogo Edinstva i Soglasija** (Partei der Russländischen Einheit und Eintracht)
RKRP	**Rossijskaja Kommunističeskaja Rabočaja Partija** (Russländische Kommunistische Arbeiterpartei)
RNE	**Russkoe Nacional´noe Edinstvo** (Russische Nationale Einheit) Bewegung „Unser Haus Russland"
SPR	**Sozialističeskaja Partija Rossii** (Sozialistische Partei Russlands)
SPS	**Sojuz Pravych Sil** (Union der Rechten Kräfte)

Literaturverzeichnis

Budge, I.; **Farlie,** D.J. Explaining and Predicting Elections: Issue Effects and Party Strategies in Twenty-Three Democracies, London 1983.

Gel'man, Vladimir; **Golosov,** Grigorij. Regional Party System Formation in Russia: The Deviant Case of Sverdlovsk Oblast. In: **Löwenhardt** (ed.). Party Politics in Post-Communist Russia. London-Portland, 1998, S. 31–53.

Heinemann-Grüder A. Putins Reform der föderalen Strukturen. In: Osteuropa 9, 2000, S. 979 bis 990.

Hinich M. J.; **Munger** M. C. Ideology and Theory of Political Choice. Ann Arbor 1994.

Hübner, Peter. Der Medienkampf Jelzin-Putin-Beresowskij gegen Luskow-Primakow-Gussinskij, BIOst, Aktuelle Analysen, Teile I und II, Nr. 5–6, 2000.

Krotov, Nikolaj; **Luchterhandt,** Galina. Zwischen „Patriotismus" und „Sozial-Demokratie". Der Kommunist Gennadij Sjuganow. In: Osteuropa 9, 1994, S. 855–861.

Lijphart A. Democracy in the Plural Societies. New Haven and London 1977.

Luchterhandt, Galina. Politische Parteien im neuen Russland. Bremen 1993.

Luchterhandt, Galina. Wladimir Schirinowski und seine LDPR. In: **Eichwede,** Wolfgang (Hrsg.). Der Schirinowski-Effekt. Reinbek 1994, S. 117–156.

Luchterhandt, Galina. Die Kommunistische Partei der Russländischen Föderation (KPRF). Forschungsstelle Osteuropa, Arbeitspapiere und Materialien. Bremen, Nr. 15, 1996.

Luchterhandt, Galina (Hrsg.). Politische Parteien in Russland. Dokumente und Kommentare. Bremen 2000.

Luchterhandt, Galina; **Luchterhandt**, Otto. Das Parteienrecht in Russland. In: **Tsatsos,** Dimitris Th./**Kedza,** Zdislaw (Hrsg.). Das Parteienrecht in mittel- und osteuropäischen Staaten. Baden-Baden 1994, S. 167–217 und 313–323.

Mikhailovskaya, Irina, Russian Voting Behavior as a Mirror of Social-Political Change. In: Europe-Asia Studies 5, 1997, S. 57–63.

Pey, L.W. The Non-Western Political Process. In: Journal of Politics 3, 1958.

Rose, R.; **Tichomirov,** E. & **Mishler,** Understanding Multi-party Choice: The 1995 Duma Election. In: Europe-Asia Studies 5, 1997, S. 799–824.

Sakwa, Richard. Russian Politics and Society, New York 1993.

Sakwa, Richard. Left or Right? The CPRF and the Problem of Democratic Consolidation in Russia. In: **Wyman,** M.; **White,** S. ; **Oates,** S. (Hrsg.). Elections and Voters in Post-communist Russia, Chaltenham, Northhampton 1998, S. 128–158.

Schejnis Viktor. Die Präsidentenwahlen in Russland: Ergebnisse und Perspektiven, in: Osteuropa 11, 1996, S. 1053–1071.

Sengling B.; **Voswinkel,** J. „Putin macht schon seine ersten Fehler". Interview mit Boris Beressowskij. In: Stern, 30. 3. 2000, S. 238.

Urban M./**Gel'man** V. The development of political parties in Russia. In: **Dawisha,** K.; **Parrott** B. (Hrsg.): Democratic changes and reactions in Russia, Ukraine, Belarus, and Moldova, Cambridge 1997, S. 175–222.

Wyman, M.; **White** S.; **Oates** S. (Hrsg.). Elections and Voters in Post-communist Russia. Cheltenham, Northhampton 1998.

Августовский мониторинг ВЦИОМ. 2001. http://www.polit.ru/documents/437303.html

Авакьян С. Политический плюрализм и общественные объединения Российской Федерации, Москва 1998.

Выборы 93: Партии, блоки, лидеры. Спарвочник, М., 1993.

Выборы депутатов Государственной Думы 1995. Электоральная статистика. – М. Центральная Избирательная Комиссия, 1996, С. 89–94.

Галкин А., **Федосов** П., **Валентей** С., **Соловей** В. Федерализм и публичная сфера в России. Полис, 200, № 4, С. 132–161.

Гельман, В. Коммунисты в структурах власти. – „Власть", 1996а, № 6.

Гельман, В.: Избирательные кампании в России: испытание электоральной формулы. – Полис, 1996b, Nr. 2, С. 84–85.

Гельман, В.; **Рыженковб** С.; **Бри** М. (ред.) Россия регионов: трансформация политических режимов. М. 2000ю.

Голосов Г. Партийные системы России и стран Восточной Европы, М. 1999ю.

Голосов Г. Элиты, общероссийские партии, местные избирательные системы.// Общественные науки и современность, 2000, № 3, С. 51–75.

Голосов Г.; **Лихтенштейн** А. "Партии власти" и российский институциональный дизайн: теоретический анализ.//Полис, 2001, № 1, С. 6–14.

Декларация об основах внешнеполитической концепции политической партии "Союз правых сил": 2001//Независимая газета, 29. 05. 2001. С. 8.

Дым "Отечества": Лужков выиграл чиновные позиции в новой кремлевской партии. http://www.polit.ru/printable/topnews.html vom 12. 10. 2001.

"Единство" и "Отечество" объединились. http://www.polit.ru/documents/460253.html vom 3. 12. 2001.

Лапаева В. Право и многопартийность в современной России. М., 1999.

Люхтерхандт-Михалева, Г. 2000: Избирательный процесс и партии в российских регионах **Люхтерхандт-Михалева,** Г./**Рыженков**, С. (ред.) Выборы и партии в регионах России. Сборник учебных материалов по курсу "Политическая регионастика". Вып. 2, М., СПб.: 2000, С. 142–169.

Митрохин, С. 1996: Выборы 17 декабря как этап становления многопартийной системы в России//Итоги выборов в Государственную Думу и перспективы политического развития России. (Под ред. **Люхтерхандт,** Г.; **Филиппова А.**). М. 1996. С. 51–56.

"Народная партия России"//www.polit.ru/documents/444759.html

Овчинников, Б. Партийные кандидаты в одномандатных округах. Выборы 95. М. 1995.

Монитороинг избирательной кампании в регионах Россиию М.: ИГПИ 1995, Вып. 10.

О выборах и общественных объединениях, Федеральное законодательство. М. 1998, С. 239–270.

Политическая декларация "Союза правых сил". Независимая газета, 29. 05. 2001, С. 8.

Прусак избран лидером демократической партии России. http://www.polit.ru/documents/444129.html

Российская газета, 12. 11. 1993.

Российская газета, 06. 01. 1999.

Российская газета, 31. 12. 1999; 06. 01. 1999.

Тропкина О. Делегатов съезда СПС взяли измором. Независимая газета, 29. 05. 2001.

Седов Л. 2001: Социально-политическая обстановка в России: сентябрь 2001 года. ВЦИОМ на Полит.ру. http://www.polit.ru/ducuments/445879.html

Слиска Л. Становление российского парламентаризма: региональный аспект. Власть, 2001, № 7, С. 3–8.

Шавшукова Т. Коммунистические и социали стические организации в ноябре 1998 года. Политический мониторинг. М.: ИГПИ, 1998, №10.

Федерация: конституционно-правовые основы. М. 1996

Филиппов А. Выборы законодательных (представительных) органов власти в Российской Федерации. **Лухтерхандт-Михалева,** Г.; **Рыженков**, С. (ред.) Выборы и партии в регионах России. М. СПб.: "Летний сад" 2000, С. 104–141.

Федеральный закон "О политических партиях". СЗАПП, 2001, №. 21, 2950.

Чуьайс оценил шансы "Либеральной России" как нулевые. http://www.polit.ru/documents/463915.html vom 27. 12. 2001.

http://www.duma.gov.ru
http://www.ldpr.ru
http://www.yabloko.ru
http://www.kprf.ru
http://www.polit.ru
http://www.smi.ru

Andreas Heinemann-Grüder

Föderalismus in Russland

Andreas Heinemann-Grüder

Föderalismus in Russland

1. Problemstellung

Im Vergleich zu anderen Föderationen zeichnet sich Russland vor allem durch die Vielzahl der Regionen (89), den fundamentalen Konflikt zwischen zentralistischen und föderalen Staatsprinzipien, Statusunterschiede zwischen den Regionen, erhebliche sozioökonomische Diskrepanzen und durch interethnische Spannungen aus. Seit der Auflösung der Sowjetunion nehmen unter den Regionen Russlands die Unterschiede im Lebensstandard, dem Bruttosozialprodukt, den Pro-Kopf-Einnahmen und -Ausgaben zu. Die sozioökonomische Heterogenität korrespondiert mit politischer Ausdifferenzierung: demokratische Regime in einigen Regionen stehen neben einer Vielfalt autoritärer Regime. Das föderale System Russlands steht damit vor der Aufgabe, die politische und sozioökonomische Einheit des Staates und Gemeinwesens und zugleich die Vielfalt der Regionen zu bewahren.

Auf der Grundlage eines Überblicks über föderale Institutionen und hervorstechende Merkmale des föderalen Prozesses nehme ich zu fünf Aussagen Stellung, die die Literatur zum russischen Föderalismus beherrschen:

a) Russland sei eine „schwache" Föderation;

b) die Asymmetrie führe zur Desintegration;

c) der russische Föderalismus begünstige undemokratische politische Regime in den Regionen;

d) die sozioökonomische Heterogenität unterminiere die Einheit des Wirtschaftsraumes und der Lebensverhältnisse; und

e) Putins Föderalreformen bedrohten den Föderalismus.

Knapp zusammen gefasst argumentiere ich, dass föderale Basisinstitutionen konsolidiert sind; die Asymmetrie unter den Regionen temporäre Integrationsaufgaben erfüllt hat, jedoch insgesamt an Bedeutung verliert; die Föderalisierung bisher von der Demokratisierung in den Regionen weitgehend entkoppelt ist; die zunehmende Heterogenität der Regionen in der Tat erhebliche Sprengkraft besitzt, zugleich jedoch einen inter-regionalen Wettbewerb herausfordert. Schließlich schränken Putins Föderalreformen die föderale Autonomie ein, die föderalen Basisinstitutionen werden jedoch nicht abgeschafft.

2. Phasen der Dezentralisierung

Im Unterschied zu den anderen osteuropäischen Föderationen verband sich der Systemwechsels in Russland mit der Föderalisierung. Die Verteilung von Macht und Kompetenzen zwischen dem Zentralstaat und den Regionen hat in Russland seit dem August-Putsch 1991 mehrere Phasen durchlaufen, die jeweils durch spezifische Akteurspräferenzen und dominante Machtverteilungen bestimmt waren. Der Beginn der Dezentralisierung und der Zunahme regionaler Autonomie steht im Zusammenhang mit den Neuverhandlungen eines Föderationsvertrages für die Sowjetunion. Diese Phase war geprägt von der Funktionalisierung der Regionen für den Machtkampf zwischen Gorbačov und El'cin während der Bemühungen um eine Neubildung bzw. dann die Auflösung der Sowjetunion. Der Ruf nach Souveränität der autonomen Gebietseinheiten Russlands wurde gleichsam „von oben" ins Leben gerufen. Nach Auflösung der Sowjetunion im Dezember 1991 gelang es der Moskauer Regierung mit Hilfe der Föderationsverträge (März 1992) die Autonomie- und Souveränitätsforderungen der autonomen Republiken zu domestizieren und damit die Sezessionsbewegungen – mit Ausnahme von Čečnja – einzudämmen. Voraussetzung dessen war ein zeitweilig einheitliches Agieren des russischen Präsidenten und des Obersten Sowjets.

Der temporären Zurückdrängung von Sezessionismus folgten Auseinandersetzungen um die russische Verfassung und Bestrebungen einzelner Gebietseinheiten um Statusanhebung, diese Etappe schloss mit der gewaltsamen Auflösung des Obersten Sowjets Anfang Oktober 1993 ab. Mit der Auflösung des Obersten Sowjets (und im Gefolge der regionalen Sowjets) wurden die institutionellen Träger des Regionalismus, nämlich die Regionalparlamente, weitgehend entmachtet. Die Regionen konnten den Streit der beiden Zentralgewalten – des Präsidenten und des Obersten Sowjets – von nun an nicht mehr zu eigenen Gunsten ausnutzen. An Stelle der weiter gehenden Verfassungsforderungen der Regionen nach Souveränität und Autonomie wurde die El'cinsche Verfassung mit ihren stark rezentralisierenden Merkmalen angenommen (Dezember 1993).

Die Zeit seit nach der Annahme der Verfassung war durch den Gegensatz zwischen der formalen Machtfülle Präsident El'cins und die faktische Implementationsschwäche der Zentralregierung charakterisiert. Ergebnis des El'cinschen Föderalismus war eine unregulierte Dezentralisierung von Zuständigkeiten und eine zunehmende Ausdifferenzierung der Regionen. Zugleich nahmen die Widersprüche zwischen der föderalen Verfassungsordnung und den politischen Regimen in den Regionen zu. Mit der Wahl der Gouverneure in den Regionen ab 1996 nahm die Regionalautonomie wieder erheblich zu. Die Gouverneure konnten sich dem Zugriff des Präsidenten entziehen, eigene Legitimation gewinnen und ihre Verhandlungsstärke gegenüber der zentralen Exekutive, aber auch im Föderationsrat ausbauen. Die Wählbarkeit der Gouverneure ab 1996 wurden von einigen Autoren sogar als eine ausschlaggebende „stille Revolution" zu Gunsten regionaler Autonomie interpretiert[1]. Mit Putins Föderalreformen (ab Sommer 2000) trat eine Phase der Rezentralisierung, der Stärkung der Bundesexekution, der Einschränkung föderaler Autonomie und der Eindämmung anti-föderaler Gesetzgebung in den Regionen ein.

---

[1] Eugene Huskey, Political Leadership and the Center-Periphery Struggle: Putin's Administrative Reforms, in: Archie Brown, Lilia Shevtsova (Hrsg.), 2001, Gorbachev, Yeltsin, Putin. Political Leadership in Russia's Transition, Washington D.C.: Carnegie endowment for International Peace, 113–141, hier 114.

3. Basisinstitutionen des russischen Föderalismus

Zwischen 1990 und 1993 waren die Zentrum-Regionen-Beziehungen in Russland durch extreme Ungewissheit über das institutionelle Gefüge und folglich auch über die Akteurspräferenzen charakterisiert. Der radikale institutionelle Wandel in der Schlussphase der Sowjetunion und während der Neugründung Russlands eröffnete Spielräume für maximalistische Strategien, da die Akteure permanent in Konflikt mit den vorherrschenden Institutionen gerieten und Sanktionsmechanismen geschwächt waren.

Die „institutionenfreie" Zeit hielt in Russland länger als in den mittelosteuropäischen Staaten an. Im Zuge der Neukonstitution Russlands, insbesondere der Annahme der Verfassung von 1993, sind gleichwohl einige Basisinstitutionen geschaffen worden, deren Existenz seither weitgehend unstrittig ist. Akteure, die diese fundamentalen Merkmale des föderalen Staatsaufbaus in Frage stellten, befanden sich ab Ende 1993 zu keinem Zeitpunkt in einer mehrheitsfähigen Position.

Unter den institutionellen Merkmalen des russischen Föderalismus ragen fünf Besonderheiten hervor:
(1) die Verbindung von Elementen des Vertragsföderalismus mit Verfassungsföderalismus;
(2) die Kombination von »Superpräsidenzialismus« mit föderaler Machtteilung;
(3) die Verknüpfung von ethnoföderalen und territorialföderalen Prinzipien;
(4) die Verbindung von legislativem und exekutivem Föderalismus bei der Bildung der zweiten Kammer; und schließlich
(5) die Asymmetrie.

Die genannten institutionellen Merkmale verkörpern jeweils ein Spannungsverhältnis zwischen konträren Prinzipien, sie sind somit weder widerspruchsfrei noch eindeutig in ihrer normativen Kraft. Durch die Verbindung der Gegensätze werden jedoch Grenzen für die Durchsetzung eines Teilprinzips auf Kosten des anderen gezogen.

4. Vertrags- und Verfassungsföderalismus

Die Föderalisierung Russlands ab 1991 konnte weder ausschließlich „von oben" – durch einen Akt der Dezentralisierung – noch „von unten" – durch Zusammenschluss unabhängiger Gemeinwesen – erfolgen. Das Vertragselement im russischen Föderalismus, wie es in den Föderationsverträgen von 1992 und den bilateralen Verträgen seit 1994 zum Ausdruck kommt, konstituiert die Regionen nicht als unabhängige Entitäten, gleichwohl wurden sie als föderale Vertragspartner anerkannt und damit erstmals vor zentralstaatlicher Machtusurpation geschützt. Durch den Vertragsföderalismus wurde in Russland gleichsam die Idee eines föderalen Gesellschaftsvertrages institutionalisiert: Die Willkür des Zentrums wurde beschränkt, nicht-russische Gemeinwesen als distinkte Gemeinschaften anerkannt und eine einseitige Übernahme von „Gemeinschaftsaufgaben" zumindest im Grundsatz ausgeschlossen. Neben den Alleinzuständigkeiten der Föderation und den Residualrechten der Regionen listet die Verfassung (Art. 72) einen umfangreichen Bereich von Gemeinschaftsaufgaben auf, die weder von der föderalen Regierung noch von den Regionen einseitig wahrgenommen werden sollen. Dazu gehören die

Übereinstimmung der Rechtsordnungen in der Föderation und den Regionen, der Schutz der Menschenrechte, die Nutzung von Naturressourcen, die Aufteilung des Staatseigentums, die Bildungs-, Gesundheits- und Familienpolitik, Prinzipien der Besteuerung, Personalfragen im Polizei und Gerichtswesen, die Festlegung von Verwaltungsgrundsätzen und die Koordination der Außen- und Außenwirtschaftspolitik.

Der Bereich der Gemeinschaftsaufgaben ist in der russischen Verfassung sehr weit gefasst und schränkt von daher die regionale Autonomie ein. Die tatsächliche Aufteilung von Gemeinschaftsaufgaben zwischen Zentrum und Regionen wurde ab 1994 in einer Fülle von bilateralen Verträgen individuell geregelt. Bis Sommer 1999 dehnten zahlreiche Regionen jedoch ihre Gesetzgebung auf den Bereich der Gemeinschaftsaufgaben auch ohne Abstimmung mit der Moskauer Regierung aus, z. T. weil es an föderaler Rahmengesetzgebung fehlte, z. T. aber auch durch einseitige Übernahme dieser Rechtsbereiche. Im Juni 1999 verabschiedete die russische Staatsduma deshalb ein Gesetz zu den Grundlagen der Zuständigkeitsverteilung im Bereich der Gemeinschaftsaufgaben[2]. Das Gesetz schrieb die Gleichberechtigung und Nicht-Diskriminierung der Regionen – jedoch nicht deren Gleichheit – bei der Wahrnehmung von Gemeinschaftsaufgaben durch die föderale Regierung oder die Regionen fest. Die Aufteilung von Zuständigkeiten im Bereich der Gemeinschaftsaufgaben wurde erstmals an die finanzielle Deckung geknüpft. Vor allem aber wurde den Regionen die Mitbestimmung bei der Gesetzgebung im Bereich der Gemeinschaftsaufgaben zugesichert. Im Falle von Konflikten zwischen der Staatsduma und den Interessen von regionalen Machtorganen sind Schiedskommissionen vorgesehen. An die Stelle der gängigen Praxis der Neunzigerjahre, „Geheimverträge" zwischen der Moskauer Regierung und einzelnen Regionen abzuschließen, ist nun ein weitgehend transparenter Prozess getreten.

Der Abschluss bilateraler Verträge in der russischen Föderation ist häufig als Quelle der Desintegration interpretiert worden. Freilich wurde dabei die Tatsache vernachlässigt, dass die Integrationsbereitschaft der autonomen Republiken Russlands, die alle nach 1990 ihre staatliche Souveränität erklärt hatten, von der Anerkennung als Vertragspartner durch die Moskauer Regierung abhängig blieb. Der Verfassungsföderalismus, der eine substaatliche Souveränität ausschließt, setzte dem Vertragselement der russischen Föderation, zumindest de jure, Grenzen. Ein reiner Verfassungsföderalismus hätte jedoch der Tatsache, dass Russland ein Vielvölkerstaat ist, nur unzureichend Rechnung getragen.

Durch die Föderationsverträge von 1992, die bilateralen Verträge ab 1994 und die grundsätzliche Akzeptanz der Verfassungsordnung haben sich die Föderationssubjekte – mit Ausnahme von Čečnja – dieser doppelten Bindung durch die Verfassung und die Verträge versichert. Die Vertragsabschlüsse markieren damit den entscheidenden Unterschied zu einer einfachen – und reversiblen – Dezentralisierung von Zuständigkeiten „von oben".

---

2   Federal'nyj Zakon „O principach i porjadke razgraničenija predmetov vedenija i polnomočij meždu organami gosudarstvennoj vlasti Rossijskoj Federacii i organami gosudarstvennoj vlasti sub'ektov Rossijskoj Federacii", angenommen durch die Staatsduma am 4. 6. 1999, gebilligt durch den Föderationsrat am 9. 6. 1999.

Systematisch gesprochen ist durch die Verbindung von Verfassungs- und Vertragsföderalismus ein Dauerkonflikt institutionalisiert worden. Freilich ist dieser Konflikt föderalismustypisch, denn ein vertragliches Bündnis setzt die Konstitution der Vertragsparteien als eigenständige Akteure voraus. Potenziell desintegrativ ist im Falle Russlands vor allem die unzulängliche Abgrenzung der Kompetenzen – das erwähnte Dumagesetz löst das verfassungsimmanente Problem allzu umfangreicher Gemeinschaftsaufgaben keineswegs. Die Funktionsaufteilung zwischen dem Zentrum und den Regionen ist hinsichtlich elementarer zentralstaatlicher Exklusivkompetenzen – etwa der Existenz einer Zentralregierung mit drei getrennten Machtzweigen, eines Zweikammersystems, der äußeren Souveränität, einer Zentralbank, des Rubels als Einheitswährung und der Abhaltung föderaler Wahlen – weitgehend unstrittig. Strittig waren und sind vor allem die Wahrnehmung der »Gemeinschaftsaufgaben« und der Anspruch einiger Republiken auf Souveränität.

5. Präsidenzieller Föderalismus

Durch die Verbindung von föderalen Prinzipien der Machtteilung und präsidenziellen Grundsätzen der Machtkonzentration ist ein weiterer Grundkonflikt institutionalisiert worden. Präsidenzieller Föderalismus ist ein Regierungstyp, der den Konflikt zwischen Zentralismus und Regionalismus geradezu zum Systemmerkmal erhebt, denn präsidiale Machtkonzentration und föderale Machtteilung verkörpern grundverschiedene Prinzipien. Der präsidenzielle Föderalismus in Russland zeichnet sich im Vergleich zu parlamentarischen Föderationen wie Deutschland, Kanada und Australien oder präsidenziell-legislativen Föderationen wie den USA durch die Exekutivgewalt des Präsidenten mit stark zentralistischen Merkmalen aus – der Herrschaft per Dekret, legislativen Vetorechten, dem Kontrollanspruch gegenüber Regionalverwaltungen und Notstandsvollmachten. Darüber hinaus vermischen sich exekutive und legislative Gewalten im Präsidialamt. Die Grundschwächen präsidenzieller Regime – geringe Anreize für die Bildung von Parlamentsparteien, die Personalisierung von Politik mit charismatischen Führern statt Programmparteien, die Polarisierung der Wählerschaft auf Grund des Mehrheitswahlrechtes und Gefahren des Autoritarismus – wirken sich dabei negativ auf die föderale Gewaltenteilung und das föderale Potenzial zur Konfliktlösung aus.

Im Unterschied zu parlamentarischen Föderationen mit der Konzentration legislativer Macht in der ersten Kammer ist die Machtverteilung zwischen der Staatsduma und dem Föderationsrat in Russland vergleichsweise ausgeglichen. Die unitarischen Elemente des Regierungssystems – das Präsidialamt und die Staatsduma – werden durch die exklusiven Vollmachten und Zustimmungskompetenzen des Föderationsrates ausbalanciert. Angesicht der konstitutionellen Machtfülle im Präsidialamt ist die föderale Gewaltenteilung in Russland somit zu einem Mittel vertikaler Machtbeschränkung und -kontrolle geworden. Die föderale Machtteilung ist gerade angesichts des Fehlens selbstbewusster Verbände, regional verankerter Parteien und einer handlungsstarken Staatsduma ein elementarer Garant für die Verhinderung autoritärer Regression.

Gleichwohl kann der Föderalismus die funktionalen Defizite des Präsidenzialismus bestenfalls einhegen, nicht jedoch kompensieren. Der Präsidenzialismus ist auf Grund seiner geringen funktionalen Differenzierung, vor allem aber auf Grund der Existenz einer doppelten Exekutive (der Präsidialverwaltung und der Regierung) mit einer effektiven Regionalpolitik tendenziell überfordert. Kennzeichnend für den präsidenziellen Föderalismus in Russland war insbesondere unter Präsident El'cin ein Wildwuchs extrakonstitutioneller Einflusskanäle, mit denen regionale Akteure Entscheidungen der Regierung und des Präsidentenapparates zu beeinflussen suchen. Häufig wurden dabei von Regionalführern die mangelnde Transparenz und die unklaren Zuständigkeiten in der Moskauer Doppelexekutive, willkürliche Änderungen von Politikpräferenzen und ein „extraktives" Verhalten des Zentrums gegenüber den Regionen beklagt. Der Lobbyismus der Regionen signalisiert ein Institutionalisierungsdefizit: hohe Informationskosten, geringe Vorhersehbarkeit und eine Tendenz zur Ad-hoc-Politik. Systematisch betrachtet wird die Verschränkung und wechselseitige Abhängigkeit präsidialer und föderaler Entscheidungsprozesse in Russland gerade durch einen Präsidenzialismus gefährdet, der Implementationsstärke vorgibt, diese jedoch nicht einlösen kann.

6. Territorial- und Ethnoföderalismus

Der Sowjetföderalismus hatte die ethnischen Identitäten von nichtrussischen Völkern in Gestalt von Autonomien »institutionalisiert«, Russland wiederum erbte die ethnoföderale Struktur von der Sowjetunion. Russlands Föderalismus hat, mit wenigen Statusänderungen, die ethnoföderale Gliederung aus Sowjetzeiten beibehalten, zugleich jedoch die vormals unitarisch verwalteten Gebiete und Bezirke zu Föderationssubjekten aufgewertet. Durch die Kombination ethnoföderaler und territorialföderaler Prinzipien beim Staatsaufbau ist vor allem zweierlei erreicht worden: die Verhinderung ethnischer Hegemonie der Russen und eine Abkehr von der unitarischen Beherrschung der Gebiete und Bezirke. Die Abkehr von einem ausschließlichen Ethnoföderalismus und die gleichzeitige Verhinderung eines reinen Territorialföderalismus können durchaus als Erfolge der Föderalisierung betrachtet werden. Zwar hat es in den Neunzigerjahren immer wieder Stimmen gegeben, um die Regionen im Status zu vereinheitlichen, ihre Zahl zu verringern und die Sonderstellung der autonomen Gebietseinheiten zu beseitigen, ernsthafte politische Initiativen sind dem jedoch nie gefolgt. Von daher kann das Nebeneinander ethnisch und territorial definierter Gebietseinheiten als faktisch akzeptiert gelten. Ein reines Territorialprinzip hätte die nichtrussischen Ethnien Assimilationszwängen ausgesetzt, mit der möglichen Folge einer Radikalisierung des Nationalismus; ein reiner Ethnoföderalismus wiederum hätte die russisch dominierten Regionen benachteiligt und chauvinistische Stimmungen unter den ethnischen Russen gefördert.

Die Kombination ethnoföderaler und territorialföderaler Prinzipien ist gleichwohl konfliktträchtig, weil russisch dominierte Gebiete, insbesondere jene, die zu den Nettobeiträgern föderaler Umverteilung gehören, eine Privilegierung der Autonomien immer dann bestreiten werden, wenn wirtschaftliche Vergünstigungen nicht mit Bedürftigkeit, sondern ethnischer Herkunft begründet werden. Grundsätzlich kann Ethnoföderalismus unter zwei Bedingungen desintegrative Kräfte entfalten: wenn nicht-titulare Ethnien wirtschaftlich und politisch signifikant benachteiligt werden und wenn Ethnoföderalismus zum Vorwand für nichtdemokratische Herrschaftsformen wird. Die meisten Verfassungen bzw. Statuten in den Autonomien haben den Minderheitenschutz zumindest formell verankert. Zugleich haben nicht-titulare Gruppen, das heißt vor allem auch ethnische Russen, häufig an den Republikprivilegien in den 1990er Jahren partizipieren können und von daher die ökonomischen Vorteile der Republikzugehörigkeit gegen politische Unterrepräsentation abwägen müssen. Sofern mehrere ethnische Gruppen in einer Autonomie koexistieren und keine in einer dominanten Position ist, sind zudem interethnische Kooperationsanreize gestärkt worden (so etwa in Dagestan).

Die Praxis in den autonomen Republiken führt zu einer deutlichen Privilegierung der Titularethnie, und zwar ungeachtet der tatsächlichen demographischen Zusammensetzung, die eine Privilegierung der Titularethnie nicht rechtfertigt. Die Mechanismen zur Bevorzugung der Titularethnie variieren. In der Republik Adygea, wo ethnische Russen 68 % und Adygejer nur 22,1 % der Bevölkerung ausmachen, wurden z. B. Wahlbezirke so zugeschnitten, dass ethnische Adygejer für Wahlbezirke einen Abgeordneten stellen können, die kleiner sind als benachbarte russisch dominierte Wahlbezirke – ein Verfahren, dass im Übrigen vom Staatsanwalt der Republik angefochten wurde[3]. Generell werden in den Republiken relative oder auch absolute Minderheiten der Titularethnie überproportional bei der Besetzung politischer und administrativer Posten berücksichtigt. Die Exekutiven der Titularethnien schränken dabei die Möglichkeiten der Artikulation von Interessen nicht-titularer Ethnien systematisch ein. Auffällig ist, dass eine „ethnokratische" Herrschaft in autonomen Republiken häufig mit einem geringen Wechsel vormals kommunistischer Elitenvertreter korrespondiert. Die Bevorzugung einer ethnischen Gruppe ist dann Ausdruck eines allgemeineren autoritären Herrschaftsmodus.

Konflikte dürften sich künftig dann zuspitzen, wenn russische oder nicht-titulare Minderheiten in den Autonomien (oder nichtrussische Gruppen in rein territorialen Gebietseinheiten) sich in einer Weise marginalisiert fühlen, die sie um Schutz bei der Zentralregierung und ethnisch verwandten Regionen nachsuchen lässt. Wie Menschenrechtsgruppen immer wieder betonen, kommt die föderale Regierung ihrer konstitutionellen Verpflichtung zum Minderheitenschutz höchst ungenügend nach. Als problematisch unter ethnopolitischen Gesichtspunkten haben sich darüber hinaus jene Fälle erwiesen, wo zwei ethnische Gruppen eine autonome Republik bilden, in einer Pattsituation sind und jede Gruppe eine Beherrschung durch die andere befürchtet. Dies trifft insbesondere auf Doppelautonomien zu (z. B. Karačaj-Čerkessien). Eine weitere Kategorie betrifft jene Fälle, wo die Titularethnie dominiert, die eigene Kultur und Sprache anderen Gruppen aufzwingen will und Bürgerrechte von Minderheitengruppen eingeschränkt werden. In einigen Regionen wird schließlich die Freizügigkeit russischer Staatsbürger – meist zu Lasten von Flüchtlingen aus dem Kaukasus – durch Meldeverordnungen eingeschränkt, freilich trifft diese Praxis vornehmlich auf territoriale Gebietseinheiten zu (z. B. in der Stadt Moskau und im Stavropoler und Krasnodarer Bezirk).

---

3 EWI Russian Regional Report, vol. 5, No. 33, 13 Sept. 2000.

7. Exekutiv-legislativer Föderalismus

Der Begriff „exekutiver Föderalismus" beschreibt die Dominanz exekutiver Interessen bei der Repräsentation und Interaktion regionaler Interessen. Mit „legislativem Föderalismus" ist hingegen die Mitwirkung regionaler Parlamente an der Vertretung und Gesetzgebung auf föderaler Ebene gemeint. Die Bildung des Föderationsrates aus je einem Vertreter der regionalen Exekutiven und Legislativen verbindet Elemente des exekutiven und des legislativen Föderalismus und versucht beide regionalen Machtzweige an föderalen Entscheidungen zu beteiligen und damit zu integrieren. Durch das Prinzip gleicher Repräsentation der ungleichen Föderationssubjekte im Föderationsrat ist darüber hinaus die Gleichstellung der ethnischen und administrativen Gebietseinheiten in der Vertretung auf föderaler Ebene institutionalisiert worden.

Die legislative Kompetenz der zweiten Kammer schließt zwar eine Mitwirkung bei der Wahl exekutiver Funktionsstellen aus, aber an Verfassungsänderungen und der Gesetzgebung nimmt der Föderationsrat durchaus substanziell teil. Staatsdumagesetze müssen dem Föderationsrat in jedem Fall vor Inkrafttreten zugeleitet werden, dieser kann innerhalb von fünf Tagen Stellung nehmen. Alle Gesetze, die Steuern, den Haushalt, die Finanzpolitik, internationale Verträge und Zölle betreffen, bedürfen der Zustimmung durch den Föderationsrat. Zudem kann nur er interne Grenzen verändern. Der Föderationsrat regelt darüber hinaus die Notstandsrechte des Präsidenten, er muss der Entsendung russischer Truppen ins Ausland zustimmen, ist für Kriegserklärungen zuständig, er ernennt die Verfassungsrichter, die Richter des Obersten Gerichts und Richter für Bundesschiedsgerichte, und schließlich fungiert er als „Gericht" in einem durch die Staatsduma initiierten Amtsenthebungsverfahren gegenüber dem Präsidenten. Zwar ist der Föderationsrat gegenüber der Gesetzgebungskompetenz der Staatsduma nachgeordnet, ein Veto des Föderationsrates gegenüber einem Staatsdumagesetz kann so mit einer Zwei-Drittel-Mehrheit der Staatsduma überstimmt werden[4]. Sofern ein Staatsdumagesetz vom Föderationsrat abgelehnt wird, bedarf es jedoch zunächst der Neuverhandlung in der Staatsduma. In aller Regel werden zudem Schiedskommission aus beiden Kammern gebildet. Im Vergleich zu anderen Zwei-Kammer-Systemen, z. B. in Kanada, Indien oder Spanien, ist der russische Föderationsrat jedoch durchaus als gleichgewichtige Kammer anzusehen.

Die Vermischung beider Repräsentationsgrundsätze – der regionalen Exekutiven und der Regionalparlamente – beinhaltet einige Besonderheiten im Vergleich zu anderen Föderationen. Im deutschen Bundesrat (ähnlich dem Europäischen Rat der EU) sind nur die Länderregierungen vertreten, mit dem Ergebnis einer deutlichen Entmachtung der Länderparlamente und der alleinigen Repräsentation der jeweiligen Regierungskoalition. Der Gefahr einer ausschließlichen Repräsentation exekutiver Interessen auf föderaler Ebene ist im russischen Fall durch Einschluss der Länderparlamente begegnet worden. Das andere Extrem – die Bestimmung der föderalen Vertretung durch die Regional-

---

4   Zur Interaktion der beiden Kammern vgl. Thomas Remington, 2001, The Politics of Institutional Choice, Princeton University Press; Thomas Remington, 1999, Politics in Russia, New York: Longman; und einführend Eberhard Schneider, 1999, Das politische System der Russischen Föderation. Eine Einführung, Opladen: Westdeutscher Verlag.

parlamente, vergleichbar der Vertretung von zumindest vier Kantonen im „Ständerat" der Schweiz – hätte wiederum die Handlungseffizienz der Regionen auf Grund erheblicher Abstimmungsprobleme vermindert. Die indirekte Bestimmung der Vertreter im Föderationsrat (der erste Förderationsrat war noch direkt gewählt worden) steht wiederum im Gegensatz zum amerikanischen Senatsmodell. Direktwahlen zum US Senat ziehen eine enorme Politisierung und enge Anbindung an spezifische territoriale Wählerinteressen nach sich. Im russischen Fall ist diese Politisierung zu Gunsten größerer Handlungsautonomie der Vertreter im Föderationsrat aufgegeben worden. Folge dessen ist, dass der Föderationsrat weitaus weniger als die Staatsduma öffentlich wahrgenommen und durch die Wähler zur Rechenschaft gezogen wird. Da die Abgeordneten nicht auf Grund von Direktwahlen im Föderationsrat vertreten sind, ist die zweite Kammer vergleichsweise entpolitisiert. Um ein Mandat im Föderationsrat zu erhalten, müssen keine Wählerinteressen mobilisiert werden, die Abgeordneten müssen sich auch nicht vor Wählern direkt verantworten.

Da Parteibindungen bei den bisherigen Wahlen zu regionalen Exekutiven und den Regionalparlamenten keine bestimmende Rolle spielten, ist das Abstimmungsverhalten im Föderationsrat zudem nicht durch Parteiblöcke bestimmt gewesen. Das Fehlen koordinierter Willensbildung durch Parteien erschwert dabei ein kollektives Vorgehen der Regionen im Föderationsrat. Die indirekte und gemischte Repräsentation im Föderationsrat gibt der föderalen Regierung somit ein verkapptes Kontrollmittel an die Hand, weil de facto eine Hürde gegenüber regionalem Kollektivhandeln errichtet worden ist.

Zum „legislativen Föderalismus" als einem Grundsatz des russischen Föderalsystems gehört schließlich auch, dass Regionalparlamente – neben „anderen Vertretern der Föderationssubjekte" – an föderalen Gesetzesinitiativen im Bereich der Gemeinschaftsaufgaben beteiligt sein können, freilich nur konsultativ[5]. Betrachtet man die Vielfalt regionaler Einflusskanäle im Zentrum, dann überwiegt insgesamt die Vertretung exekutiver Interessen der Regionen. Die Außenvertretung der Regionen wird überwiegend von den Exekutiven, d. h. den Republikpräsidenten und Gouverneuren bzw. ihren Bevollmächtigten, wahrgenommen.

8. Asymmetrie

Eine Besonderheit des Föderalismus in Russland besteht in der rechtlichen Ungleichheit der Regionen. Die Vielfalt dieser Ungleichheiten wird meist mit dem Sammelbegriff „Asymmetrie" belegt. Die Verfassung unterscheidet sechs verschiedene Arten von „Föderationssubjekten": Republiken, Bezirke, Gebiete, Städte mit föderaler Bedeutung, autonome Gebiete und autonome Bezirke, wobei sich drei Grundtypen ausmachen lassen: nationalstaatliche Gebilde (Republiken, autonome Bezirke und autonome Gebiete); territorialstaatliche Gebilde (Bezirke, Gebiete) und Städte mit föderaler Bedeutung.

---

5   Federal'nyj Zakon „O principach i porjadke razgraničenija predmetov vedenija i polnomočij meždu organami gosudarstvennoj vlasti Rossijskoj Federacii i organami gosudarstvennoj vlasti sub'ektov Rossijskoj Federacii", Kap. II, 3, 4; angenommen durch die Staatsduma am 4. 6. 1999, gebilligt durch den Föderationsrat am 9. 6. 1999.

In Abkehr von den Föderationsverträgen des Jahres 1992 verkündete die Verfassung vom Dezember 1993 die Gleichheit der Föderationssubjekte (Art. 5.1), sie behandelt die Republiken nicht mehr als »souveräne« Staaten, und sie betrachtet die allgemeinen Grundsätze der legislativen und exekutiven Macht in den Regionen als »Gemeinschaftsaufgabe« (Art. 76.4). Unbeschadet der rechtlichen Ungleichheiten werden die Regionen im Wesentlichen homgen behandelt: Alle sind als staatliche Gebilde (*gosudarstvennye obrazovanija*) anzusehen, sie verfügen über Elemente der Verfassungsgebung, eine eigene Gesetzgebung und Territorialhoheit, sie sind gegenüber der föderalen Ebene gleichberechtigt repräsentiert und – zumindest konstitutionell – in ihrer Rechtshoheit an Vorgaben der föderalen Verfassung gebunden.

Gemeinhin werden mit Asymmetrie Instabilität, Partikularismen, hohe Koordinations- und Informationskosten, die Unterminierung eines einheitlichen Rechts- und Wirtschaftsraumes und Sezessionsanreize assoziiert.[6] Asymmetrie erstreckt sich freilich auf mindestens drei verschiedene Phänomene: Statusunterschiede unter den Gebietseinheiten, die von der Verfassung vorgesehen sind; unterschiedliche exekutive Vollmachten, die durch bilaterale Verträge geregelt werden; und Variationen in den regionalen politischen Regimen, die häufig im Widerspruch zur Verfassung stehen.

Eine abstrakte Gegenüberstellung von Symmetrie und Asymmetrie hilft wenig, wenn es um die Verträglichkeit bzw. Unverträglichkeit von Asymmetrien mit dem föderalen Zusammenhalt geht. Asymmetrien sind stets Teil des politischen Gesamtsystems und begrenzt durch bestimmte »Symmetrien«, das heißt Regeln, die homogen angewandt werden. Symmetrie und Asymmetrie stehen nicht notwendigerweise in einem Ausschließungsverhältnis, sondern können durchaus komplementär sein.

Aus der Perspektive der gesamtrussischen Verfassungsordnung bestand bis 1996 eine wesentliche Asymmetrie unter den Regionen in den unterschiedlichen Graden zentralstaatlicher Einwirkungsmacht. Freilich hat diese Asymmetrie seit der Wählbarkeit von Gouverneuren in den Gebieten und Bezirken (an Stelle ihrer früheren Ernennung durch den Präsidenten) an Bedeutung verloren. Die Exekutiven der territorialen Gebietseinheiten stehen jenen der Republiken in ihrer Entscheidungsautonomie nicht mehr grundsätzlich nach. Während in den Jahren 1992/93 vor allem ressourcenreiche Gebiete den Status einer Republik anstrebten, hat diese Konkurrenz im Vergleich zum Konflikt zwischen „autonomen Bezirken" und den sie umschließenden Regionen (*kraja*) an Bedeutung verloren.

Aus verfassungsrechtlicher Sicht erweist sich die Stellung der autonomen Bezirke jedoch als dauerhaft konfliktträchtig: Neun von insgesamt zehn autonomen Bezirken sind nach 1992 im Bestand der sie umgebenden Regionen geblieben, und mehrfach versuchten diese, die Enklaven ihrer Jurisdiktion zu unterstellen (prominenter Fall: das Gebiet Tjumen gegenüber den autonomen Bezirken der Chanten und Mansen sowie der Jamal-Nenzen).[7] Zwar hat das Verfassungsgericht in einem Grundsatzurteil vom 14. Juli 1997 die autonome Rechtsstellung der Enklaven im Grundsatz bekräftigt, gleichzeitig

---

6   Tarlton, Symmetry and Asymmetry, a. a. O., 868 ff.
7   Vgl. Michail Piskotin, Zdanie federacii neobchodimo dostroit', in: Rossijskaja Federacija Nr. 14, 1996, 16.

hat es jedoch auf die Möglichkeiten vertraglicher Delegation von Vollmachten verwiesen – der Druck, denen autonome Bezirke von Seiten der sie umgebenden *kraja* bzw. *oblasti* ausgesetzt sind, hält an.[8] In einigen Fällen könnte es zur Aufhebung von Autonomien kommen bzw. zur Verschmelzung mit einer anderen territorialen Gebietseinheit. Die autonomen Bezirke sind als Enklaven in ihrer Infrastruktur und Verwaltung einerseits auf enge Zusammenarbeit mit dem umgebenden Gebiet angewiesen, andererseits sind sie von der Unterstellung unter die Regierung des Gebietes bedroht. Im Falle der ressourcenreichen Autonomien der Jamal-Nenzen und Chanty-Mansy hat dies zur Forderung nach Loslösung von der Gesetzgebung und Verwaltung des umgebenden Gebietes Tjumen geführt. Hinter dem formalen Widerstreit ethnoföderaler und territorialföderaler Grundsätze verbirgt sich in diesem Fall ein ökonomischer Verteilungskonflikt. Nicht nur die Trennung von Gebietseinheiten ist gesetzlich möglich, sofern sie auf Zustimmung der Betroffenen trifft, mit der Unterzeichnung eines entsprechenden Gesetzes am 17. Dezember 2001 können Regionen auch zu größeren Einheiten fusionieren. Auch in diesem Falle ist ein Referendum vonnöten. Es ist mithin absehbar, dass sich die Anzahl der gegenwärtig 89 Regionen verringern wird. Der Komi-Permjak autonome Bezirk und der autonome Bezirk Ust-Ordyn/Burjatien unternehmen bereits aktiv Anstrengungen, sich mit dem Gebiet Perm bzw. dem Irkutsker Gebiet zu vereinen[9]. Im Falle des autonomen Bezirks Ust-Ordyn/Burjatien erkennt offenkundig ein erheblicher Teil der Bevölkerung Vorteile in einer Gebietsfusion mit dem Irkutsker Gebiet[10]. Am Beispiel der autonomen Bezirke wird die grundsätzliche Problematik dieses Gebietstypus deutlich – als Enklaven werden sie entweder unter Fusionsdruck geraten oder sich dem Status von autonomen Republiken annähern. Grundsätzlich sind Veränderungen von Gebietseinheiten aus vielen Föderationen bekannt. Unter föderalistischen Gesichtspunkten ist dabei bedeutsam, ob dies mit Zustimmung der betroffenen Bevölkerungen geschieht.

Die konstitutionellen Grenzen der Asymmetrie sind in der Rechtgebung der Regionen häufig überschritten worden. Faktisch enthalten alle Verfassungen der Republiken Festlegungen, die der Verfassung der Föderation widersprechen. Zu den eklatantesten Fällen gehören Čečnja und Tuva. Die tschetschenische Verfassung geht ohnehin von Eigenstaatlichkeit aus.[11] Die Mehrheit der Republiken bestimmt den eigenen Status hingegen im Bestand Russlands. Einige Republiken erwähnen das Verhältnis zu Russland nicht ausdrücklich, andere sprechen von »konstitutionellvertraglichen Beziehungen«, Tatarstan wiederum bestimmt den eigenen Status als »assoziiertes Mitglied« der Föderation. Mehrere Verfassungen erlauben Änderungen des territorialen Status durch ein Referendum und reklamieren damit implizit ein Sezessionsrecht. Während eine Gruppe

---

8 Sobranie zakonodatel'stva RF, No. 29, 1997, 3581; vgl. auch N. M Dobrynin, Problemy pravogo regulirovanija otnošenii kraja (oblasti) s vchojašimi v ich sostav avtonomnymi okrugami, in: Gosudarstvo i pravo Nr. 7, 1998, 46–50.

9 Seppo Lalluka, Liudmila Nikitina, Contunuing with Perm', Turning to Syktyvkar, or Standing on One's Own? The Debate About the Status of the Komi-Permiak Autonomous Okrug, in: Nationalities Papers, vol. 29, No. 1, 2001, 128–151; EWI Russian Regional Report, vol. 7, No. 1, 9 Jan. 2002.

10 EWI Russian Regional Report, vol. 5, No. 38, 18 Oct. 2000.

11 Konstitucii respublik v sostave Rossijskoj Federacii (Sbornik dokumentov), Moskva (Izdatel'skaja Firma Manuskript); siehe auch N.A. Michaleva, Konstitucionnye reformy v respublikach – sub'ektach Rossijskoj Federacii, in: Gosudarstvo i pravo, Nr. 4, 1995, 9.

unter den Republiken die Souveränität des eigenen Volkes erklärt (so etwa Dagestan, Nord-Ossetien, Komi, Udmurtien, Kabardino-Balkarien, Burjatien), behaupten andere die volle staatliche Souveränität (so Čečnja, Tatarstan). Ob unter „Volkssouveränität" nur die der Titularethnie zu verstehen ist oder aller Bewohner innerhalb der Republik, ist nicht immer auszumachen. Unbeschadet der Differenzen in der Ethnisierung von Souveränität bekräftigen die Republikverfassungen mit wenigen Ausnahmen die Zweisprachigkeit (Ausnahmen sind zum Beispiel Baškortostan und Tatarstan). Kabardino-Balkarien interpretiert Souveränität auf seine Weise: Es anerkennt die föderale Verfassung und die Einheitlichkeit der Staatsbürgerschaft, hält jedoch – ähnlich wie die Republik Komi – am Konzept delegierter Kompetenzen fest, wonach also die Föderation so viel Macht habe, wie ihr ausdrücklich übertragen worden sei. Die Vorstellung, dass die autonomen Republiken die eigentlichen Begründer der Föderation sind, findet sich auch in anderen Republikverfassungen. Noch einen Schritt weiter gehen jene Republikverfassungen, die vom Prinzip „Landesrecht bricht Bundesrecht" ausgehen. Alle Republikverfassungen beanspruchen zudem eine eigene Staatsbürgerschaft. Schließlich wird in den Verfassungen der Republiken ausnahmslos ein Eigentumsrecht am Boden und an den Naturressourcen reklamiert.

Zum Schutz ihrer Verfassungsordnung sehen die Republiken entweder Oberste Gerichte oder Verfassungsgerichte vor. In einigen Fällen wird das Oberste Gericht der Republik zum höchsten Gericht in Fragen des Zivil, Straf und Verwaltungsrechts und in Fragen der Gerichtsaufsicht erklärt – der Souveränitätsanspruch wird damit auch im Bereich der Judikative reklamiert. Häufig finden sich darüber hinaus in den Republikverfassungen Artikel, die die Ernennung des Staatsanwaltes der Republik – obschon laut Verfassung der Föderation zum einheitlichen System der Staatsanwaltschaft gehörend – von der Nominierung des Präsidenten der Republik oder der Legislative abhängig machen. Die Durchsicht der Republikverfassungen summiert sich zu dem Befund, dass die meisten Republiken Russland als Vertragsföderation begreifen, die erst durch ihre Glieder konstituiert wird. Alle Republikverfassungen gehen explizit oder implizit davon aus, dass die Republiken neben der föderalen Souveränität eine eigene Souveränität (Volkssouveränität oder staatliche Souveränität) genießen.

Die Gebiete und Bezirke begannen nach Annahme der gesamtrussischen Verfassung und der Bildung regionaler Parlamente ab 1994 mit der Ausarbeitung von Statuten.[12] Die Gebiete sind im Unterschied zu den Republiken keine „Staaten"; einige Statuten enthalten freilich Bestimmungen, die eine Statusangleichung an die Republiken vermuten lassen. Ebenso wie die Verfassungen der Republiken ihre Staatsbürgerschaft regeln, das heißt die Wahrnehmung von Rechten an die Registrierung als Staatsbürger der Republik knüpfen, haben auch einige Statuten den Begriff „Einwohner des Gebiets" eingeführt.[13] Einige Statuten sprechen darüber hinaus nicht von der Bevölkerung, sondern vom „Volk" (*narod*) eines Gebietes, womit analog zu den Republikverfassungen die

---

12   Ustavy kraev, oblastej, gorodov federal'nogo značenija, avtonomnoj oblasti, avtonomnych okrugov Rossijskoj Federacii, 1995, Izdanie Gosudarstvennoj Dumy, Moskva (Izvestija).
13   Irina Umnova, Put' k ravnovesiju interesov. Razmyšlenija ob ustavach rossijskich oblastej, in: Vaš vybor, Nr. 5–6, 1994, 18.

Rechtsvorstellung von Volkssouveränität in den inneren Angelegenheiten geschaffen wird.

Die meisten Statuten teilen die Macht zwischen Exekutive und Legislative deutlich zu Gunsten der Exekutive auf. Die Gouverneure verfügen somit auf regionaler Ebene häufig über ähnliche Vollmachten wie der Präsident auf zentralstaatlicher Ebene. Zwischen dem Präsidialregime und dem Gouverneurssystem hat sich damit eine Art institutionelle Kongruenz ausgebildet. Das Gouverneursamt gleicht weithin einem präsidenziellen Regime auf regionaler Ebene.[14]

Die Festlegung von regionalen Zuständigkeiten in den Statuten wiederholt meist wörtlich Formulierungen aus der Verfassung der Föderation, das heißt die von der Verfassung gezogenen Zuständigkeitsgrenzen werden in der weit überwiegenden Zahl der Fälle anerkannt. Souveränitätsansprüche und Ethnizität spielen in den Statuten keine Rolle, selbst wenn es sich um Gebiete handelt, die sich im Vorfeld der Verfassungsdebatten 1993 selbst zu Republiken erklärt hatten. Formulierungen, die auf einen exklusiven Anspruch auf Naturressourcen schließen lassen, sind nicht zu finden. In Einzelfällen suchen Gebietsstatuten jedoch den Bereich der föderalen Alleinzuständigkeit einzuschränken, Gemeinschaftskompetenzen einseitig zu definieren und den Bereich der eigenen Zuständigkeiten auszuweiten. So beanspruchen einige Gebiete das Recht, regionale Staatsbanken zu schaffen, die Arbeit von regionalen Abteilungen der föderalen Exekutive (etwa des Vermögenskomitees) zu beeinflussen und als unabhängige Subjekte international und außenwirtschaftliche Beziehungen anknüpfen zu können. Gemeinschaftsaufgaben werden in einigen Statuten gänzlich in die Zuständigkeit der Region übertragen, solange kein anders lautendes föderales Gesetz existiert. Eine gravierende Diskrepanz zwischen der föderalen Verfassung und den regionalen Verfassungen oder Statuten besteht häufig in Bezug auf die kommunale Selbstverwaltung. Diese wird oft als Teil des Systems der regionalen Staatsverwaltung behandelt und damit in die von den Präsidenten bzw. Gouverneuren angeführte Verwaltungsvertikale eingegliedert. Neben der Übernahme von Aufgaben der lokalen Selbstverwaltung durch Regionalverwaltungen übertragen Regionen bisweilen auch lästige Pflichtaufgaben an die Selbstverwaltungsorgane, ohne eine entsprechende Finanzierung zu sichern.

Zwischen der regionalen und föderalen Verfassungs- und Gesetzgebung hat sich mithin eine Fülle von Widersprüchen aufgetan. Grundsätzlich gilt Artikel 76.5 der Verfassung der RF, wonach bei Widersprüchen föderales Recht gliedstaatliches Recht bricht. Insbesondere seit 1996 ist das Verfassungsgericht bei der Abmahnung von Verfassungsverstößen aktiv geworden, und seit den Putinschen Reformen (siehe unten) sind die meisten Republikverfassungen und Gebietsstatuten, wenn auch widerstrebend, den föderalen Verfassungsvorgaben angepasst worden. Die rechtliche Asymmetrie, wie sie im regionalen Konstitutionalismus der 1990er Jahre zum Ausdruck kam, ist mithin stark eingedämmt worden.

---

14   Irina Umnova, Ustav oblasti (kraja): Pervyj opyt, Moskva, 1995, 63 ff.

9. Bilaterale Verträge

Seit Februar 1994 setzte in Russland ein Prozess der bilateralen vertraglichen Ausge-
staltung der Gemeinschaftsaufgaben und der Übertragung föderaler Zuständigkeiten an
die Gebietskörperschaften ein. Jene autonomen Republiken, die zwischen 1989 und 1991
zu einer Unionsrepublik aufgewertet wurden, die Privilegien der Titularethnie bewahren und unter dem Schlagwort „Souveränität" ökonomische Rechte ausweiten wollten,
widersetzten sich am stärksten der Rezentralisierung von Zuständigkeiten und der Gleichstellung der Regionen durch die Verfassung vom Dezember 1993. Am deutlichsten zeigten sich Befürchtungen vor einer „Russifizierung" und Zentralisierung der Föderation,
wo sich ethnisches Sonderbewusstsein mit der Verfügung über Naturreichtümer verband. Freilich hatten nur zwei der insgesamt 21 Republiken offen gegen die Zugehörigkeit zur Föderation votiert: Čečnja und Tatarstan. Aus der Perspektive der Moskauer
Regierung galt es deshalb, die Republiken wieder an Russland zu binden und weitere
Souveränitätsansprüche zu verhindern. Die bilateralen Verträge mit den Republiken, später
gefolgt von Verträgen mit einfachen Gebietseinheiten und autonomen Bezirken, wurden
zum entscheidenden Mittel der Kompensation für die Preisgabe von »Souveränität« zu
Gunsten regionaler Autonomie.

An Stelle der Föderationsverträge von 1992, die für die Zuständigkeiten unter den
Regionen drei hierarchische Gruppen einführten – Republiken, autonome Gebiete und
administrativterritoriale Einheiten – und an Stelle des Gleichheitsgrundsatzes der Verfassung wurde mit den bilateralen Verträgen ein weiter individueller Gestaltungsspielraum
für die Wahrnehmung von Gemeinschaftsaufgaben geschaffen. Bis Juni 1998 hatten 46
Regionen bilaterale Verträge abgeschlossen.[15] Darüber hinaus sind über hundert Verträge zu einzelnen Gegenständen der Gemeinschaftsaufgaben und zu Kompetenz-
übertragungen unterzeichnet worden.[16] Bilaterale Verträge wurden zwischen der Zentralregierung und individuellen Regionalexekutiven meist auf fünf Jahre abgeschlossen.[17]

Die bilateralen Verträge führten zu einer Flexibilisierung der föderalen Beziehungen,
nicht jedoch zu einer Konföderalisierung: Ansprüche auf Eigenstaatlichkeit, die in den
Souveränitätserklärungen und den Verfassungen der Republiken deklariert worden waren, wurden mit den bilateralen Verträgen zu Gunsten der Gesamtstaatlichkeit zurückge-
stellt.

Die Verträge mit den rein territorialen Gebieten unterscheiden sich bei den Zuge-
ständnissen der Zentralregierung deutlich von den Verträgen mit den Republiken. Keinem der Gebiete (*oblasti*) wurde beispielsweise die Nutzung der eigenen Bodenschätze
zugestanden. Die Verträge billigen aber allen Gebieten das Budgetrecht, das Recht auf
eigene Steuererhebung und den Unterhalt eigener internationaler und außenwirtschaftlicher Beziehungen zu. Im Laufe der Zeit reagierten die Verträge nicht mehr primär auf
Sezessionsgefahren oder politische Unbotmäßigkeit, sondern auf spezifische ökonomi-

---

15   Federal'noe konstitucionnoe pravo Rossii. Osnovnye istočniki, Moskva (Izdatel'stvo Norma), 1996,
     S. 219–350. Weitere Verträge in M.N. Gobuglo, Federalizm vlasti i vlast' federalizma, Moskva
     (Gosudarstvennaja Duma), 1997.
16   Dogovornyj process: včera, segodnja, zavtra, in: Rossijskaja Federacija, Nr. 19, 1996, 17 ff.
17   Eberhard Schneider, Die russischen Machtabgrenzungsverträge, in: Osteuropa, Nr. 6, 1997, 569–579.

sche Anliegen. Die ursprüngliche Bevorzugung der Republiken und damit die Fortschreibung der ethnoföderalen Sonderstellung der Autonomien relativierte sich im Zuge von Neuverhandlungen über ablaufende Verträge. Die Asymmetrie hat somit nicht zur Verstärkung von Identitätskonflikten beigetragen, sondern diese zu Gunsten von Verteilungskonflikten entschärft. Eine weitere Befürchtung, die mit asymmetrischen Verträgen verknüpft wird, hat sich ebenso wenig bewahrheitet. Politische Unbotmäßigkeit gegenüber dem Zentrum übersetzte sich auf Dauer keineswegs in höhere Transferleistungen. Tatsächlich korrespondierte der Verhandlungsprozess mit einer signifikanten Abnahme politischer, insbesondere ethnischer, Mobilisierung gegenüber dem Zentrum.

Mit einem Präsidentendekret vom 12. März 1996 wurde eine Rahmenordnung für die bilateralen Verträge geschaffen, sodass bei Neuverhandlungen oder der Erneuerung alter Verträge seither die ursprünglich existierenden Vertragshierarchien eingeschränkt werden.[18] Im April 1997 wurde von der Staatsduma ein Gesetz verabschiedet, das einheitliche Rahmenvorgaben für bilaterale Verträge festlegt, und bei den Neuverhandlungen des Vertrages mit Tatarstan Anfang 1999 musste die Republik bereits deutliche Abstriche von den früheren Privilegien hinnehmen. Steuerprivilegien werden zudem durch den neuen Steuerkodex, der am 15. August 1999 in Kraft trat, auf »Freie Wirtschaftszonen« und »geheime Städte« des rüstungsindustriellen Sektors beschränkt.[19]

Die bilateralen Verträge stellen eine Art von »ausgehandelter Transition« dar, durch die sich die exekutiven Eliten des Zentralstaates und der Regionen wechselseitig ihrer vitalen Selbsterhaltungsinteressen versicherten.[20] Den bilateralen Verträgen können somit Stabilisierungseffekte im Kontext nationalistischer Mobilisierung in den autonomen Republiken zugeschrieben werden. Sie haben zur Akzeptanz der föderalen Gesamtordnung beigetragen und einen Sinn für föderale Partnerschaft und geschützte Vielfalt institutionalisiert. Ethnische und regionale Identitäten änderten ihren Fundamentalcharakter, weil sie nicht mehr unter Marginalisierungsdruck standen. Regionale Eliten konnten sich darüber hinaus durch den Schutz unabhängiger Legitimationsquellen politisch reproduzieren, ohne dafür der Eigenstaatlichkeit zu bedürfen.

10. Regionaler Autoritarismus

Mit der Ablösung des Vertretungssystems durch „Sowjets" ab 1993 gewannen die regionalen Administrationschefs außergewöhnliche Entscheidungsautonomie. Die Republikpräsidenten bzw. Gouverneure tragen Verantwortung für die exekutiven Abläufe in der territorialen Verwaltung, die regionale Wirtschaftsreform, die kommunale Wirtschaft, die langfristige Gebietsentwicklung, die soziale Sicherheit und de facto auch für die Privatisierung, die Preisregulierung und die Kontrolle der Haushaltsführung. Die Republikpräsidenten und Gouverneure bestimmen die Personalpolitik in den Regional-

---

18   Sobranie zakonodatel'stva RF, Nr. 12, 1996, 1058.
19   Ėkonomika i žizn, Nr. 30, Juli 1999, 8776.
20   Zu den Verhandlungspakten (»pacted transitions«) vgl. Terry Lynn Karl, Philippe C. Schmitter, Modes of Transition in Latin America, Southern and Eastern Europe, in: Geoffrey Pridham (Hg.), Transitions to Democracy, Aldershot (Dartmouth), 1995, 165.

und häufig auch Kommunalverwaltungen, gegenüber den Regionalparlamenten können sie meist ein Vetorecht ausüben, die Erstellung und Kontrolle des Haushaltes liegt weitgehend in ihrer Hand, sie kontrollieren die „extrabudgetären Fonds", und sie halten die regionalen Massenmedien in Abhängigkeit. Insgesamt verfügen die Administrationschefs damit regional über ähnliche Vollmachten wie der Präsident im Zentrum.

Die meisten Gebietsstatuten teilen die Macht zwischen Exekutive und Legislative deutlich zu Gunsten der Exekutive auf. Die Zahl der Abgeordneten in den Gebietslegislativen schwankt zwischen 15 und 50 – im Vergleich zu den früheren Sowjets hat sich damit die Anzahl der Abgeordneten pro Kopf der Wahlbevölkerung erheblich verringert. Für die Demokratisierung bedeutet die Entrechtung der Regionalparlamente einen schweren Rückschlag. Die quasi-präsidenzielle Herrschaft der Gouverneure und Republikpräsidenten fördert eine Personalisierung von Politik, Populismus, autoritären Machtmissbrauch, eine Unterrepräsentation sozialer Interessen und eine Verengung politischer Willensbildung auf Entscheidungen über charismatische Führer.

Durch ihre Direktwahl ab 1996 haben die Chefs der Regionalexekutiven an Unabhängigkeit gegenüber der Zentralregierung gewonnen – bis dahin waren zumindest die Gouverneure vom Präsidenten ernannt worden. Die größere Unabhängigkeit der Regionalführer zeigte sich schon seit den ersten Wahlen zum Föderationsrat (1993) in der Nutzung der zweiten Kammer für regionale Interessenvertretung. Die meisten der gewählten Republikpräsidenten stammen nach wie vor aus der exekutiven Elite, die schon zu Sowjetzeiten die Macht innehatte. Unter den Gouverneuren sind hingegen während der Wahlen ab 1996 alte Elitenvertreter verstärkt abgelöst worden. Die befürchtete Rückkehr der „roten Kader" oder ein Machtgewinn russischer Nationalisten fand somit bei den Gouverneurswahlen nicht statt.

Auffällig an den Gouverneurswahlen und den Wahlen zu Regionalparlamenten ist, dass ideologische Konfliktlinien kaum eine Rolle spielen. Das Mehrheitswahlrecht bei Gouverneurswahlen und die geringe Rolle von Parteien tragen erheblich zur Personalisierung regionaler Wahlen bei. Durch den geringen Einfluss föderaler Parteibindungen sind die politischen Legitimationsmuster der Gouverneure darüber hinaus von gesamtstaatlichen Willensbildungsprozessen abgekoppelt. Auf Grund der empirisch belegten Zunahme von regionalen Identifikationen in den 1990er Jahren ist gerade die Fähigkeit, sich als Sachwalter regionaler Interessen gegenüber der Zentralregierung präsentieren zu können, zu einer wichtigen Wahlkampfbotschaft geworden. Die Verankerung der nationalen Parteien in den Regionen ist in aller Regel – mit Ausnahme der Kommunistischen Partei – extrem schwach. Die „demokratischen" Parteien leiden unter ihrer Zersplitterung und mangelhaften regionalen Parteistrukturen. In einigen Regionen entstanden rein regionale Wählervereinigungen bzw. Parteien, sie blieben allerdings die Ausnahme. Wählervereinigungen, die sich um administrative „Führer" scharten, schnitten im Vergleich zu Parteien, die von regionalen Unternehmern oder speziellen Wirtschaftsbranchen ins Leben gerufen wurden, weitaus besser ab[21]. Sofern Gouverneure und

---

[21] Darrel Slider, Elections to Russia's Regional Assemblies, in: Post-Soviet Affairs 1996, 12 (3), 243–264; Kathryn Stoner-Weiss, Central Weakness and Provincial Autonomy: Observations on the Devolution Process in Russia, in: Post-Soviet Affairs, vol. 15, no. 1, 1999, 87–106.

Republikpräsidenten die regionalen Medien kontrollieren, verfügen sie über erhebliche Mittel der Wahlbeeinflussung und Wahlmanipulation zu eigenen Gunsten[22]. Bei Neuwahlen in den vergangenen Jahren hat Präsident Putins Unterstützung für kremltreue Kandidaten demgegenüber vergleichsweise geringen Erfolg gehabt. Die pro-Putin Partei „Edinstvo" (Einheit) brachte vor diesem Hintergrund sogar eine – bisher nicht mehrheitsfähige – Gesetzesinitiative in die Duma ein, die eine Rückkehr zur früheren Ernennung von Gouverneuren möglich machen sollte. Sollten Gouverneure nicht mehr wählbar sein, würde Russlands Föderalismus eines Kernelements beraubt: der unabhängigen Legitimation beider Regierungsebenen.

Unter demokratietheoretischen Gesichtspunkten sind autoritäre Regionalregime wiederholt als „delegative Demokratien" (O'Donnell) charakterisiert worden, d. h. als Präsidialregime, die allein durch existierende Machtverteilungen und regelmäßige Wahlen beschränkt sind, sich ansonsten aber durch geringe Institutionalisierung und informelle operative Praktiken wie Klientelismus, Patrimonialismus und Korruption auszeichnen[23]. Einige Autoren sprechen von „Wahldemokratie" bzw. „instrumenteller Demokratie"[24]. Ohne die Ursachen für die exekutive Machtkonzentration erschöpfend behandeln zu können, lassen sich einige allgemeine Voraussetzungen festhalten: die Schwäche regionaler Partei- und Verbändestrukturen, die populistische Fähigkeit von Gouverneuren oder Republikpräsidenten, sich als Sachwalter regionaler und überparteilicher Interessen zu präsentieren, die dominante Stellung eines Industriezweiges oder einer Akteursgruppe, Ressourcenreichtum, der als Verhandlungsmasse gegenüber der Zentralregierung dient und zugleich die regionale Akzeptanz eines „Patriarchen" gewährleistet, schließlich eine defizitäre Machtbegrenzung durch die föderale Regierung, die lokale Selbstverwaltung und unabhängige Medien[25].

Der Grad der Demokratisierung bzw. des Autoritarismus variiert freilich unter den Regionen enorm. Bisher fehlt es an Studien, die mehr als nur einige wenige Regionen vergleichen, einheitliche Indikatoren zu Grunde legen und darüber hinaus die Ursachen dieser Variation erklären[26]. Eine auf Expertenbefragungen basierende Vergleichsstudie, die 1997 durchgeführt wurde, kam zu dem Ergebnis, dass das Demokratie-„Ranking" in den Regionen positiv mit dem Grad der Urbanisierung, dem wirtschaftlichen Reichtum,

---

22   Eine Typologie solcher Manipulationen bietet Joel Moses, 2001; zu undemokratischen Praktiken in den Republiken siehe James Alexander, Jörn Grävingholt, Evaluating Democratic Progress Inside Russia: The Komi Republic and the Republic of Bashkortostan, in: Democratization, Winter 2002, vol. 9, No. 4 (i.E.).
23   Guillermo O'Donnell, Delegative Democracy, in: Journal of Democracy vol. 5, No. 1 (Jan.) 1994.
24   Lilia Shevtsova, Yeltsin's Russia. Myths and Reality, Washington, D.C. 1999.
25   Zur Typologie von Regionalregimen vgl. V. Gel'man, S. Ryženkov, M. Bri, Transformacija političeskich režimov, Moksvka: „Ves' Mir", 2000, insbes. 16–60; Jeffrey W. Hahn, The Development of Political Institutions in three Regions of the Russian Far East. Paper presented at the conference „Regional Politics in Russia", Dundee/Scottland, 13–14 May 2000.
26   Theodore H. Friedgut, Jeffrey W. Hahn (eds.), 1994, Local Power and Post-Soviet Politics, New York, London; Robert Orttung, 1995, From Leningrad to St. Petersburg: Democratization in a Russian City, New York: St. Martin's Press; Mary McAuley, 1997, Russia's Politics of Uncertainty, Cambridge: Cambridge University Press; Peter Kirkow, 1998, Russia's Provinces: Authoritarian Transformation versus Local Autonomy?, Basingstoke: MacMillan; Joel S. Hellmann, Winners Take All: The Politics of Partial Reform in Postcommunist Transitions, in: World Politics, vol. 50, No. 2 (January) 1998, 203–234.

ökonomischen Reformen, einem demokratischen Führer in der Region und einem hohen Anteil an Wählerstimmen für El'cin korrespondierte[27]. Vladimir Gel'man hat demgegenüber als entscheidende Erklärungsvariable auf die Heterogenität der Eliten bzw. die Dominanz einer Elitengruppe verwiesen – (demokratische) Verregelung von regionaler Herrschaft hänge entscheidend von einer Elitenkonfiguration ab, die Elitenkompromisse an Stelle des Diktats einer Gruppe erzwinge[28]. Am Beispiel der autoritären Herrschaft von Präsident Rachimov in Baškortostan haben *Alexander* und *Grävingholt* auf weitere Erklärungsvariablen verwiesen: die Schwäche der Zivilgesellschaft, die Kontrolle der regionalen Bürokratie durch Selektion nach ethnischen Kriterien, Staatsinterventionismus in der regionalen Ökonomie und die erfolgreiche Machtinkorporation ethnonationalistischer Gruppen bzw. die teilweise Übernahme von deren Forderungen[29].

Ungeachtet der noch offenen Diskussion um die Voraussetzungen regionaler Demokratie haben autoritäre Regime im letzten Jahrzehnt in zahlreichen Regionen eine erstaunliche Stabilität bewiesen. Sie können mithin nicht als Übergangsphänomen behandelt werden. Treffen zumindest einige der Erklärungsvariablen für regionalen Autoritarismus zu, dann kann im Umkehrschluss auf Voraussetzungen künftiger Demokratisierung geschlossen werden. Dazu würden dann der organisierte Wettbewerb wirtschaftlicher Interessengruppen, die Formierung regionaler Parteiensysteme, Medienpluralismus, rationale und am Recht orientierte Bürokratien und ein Wechsel der häufig noch aus sowjetischer Zeit stammenden regionalen Führungseliten gehören. Stimmt die Annahme, dass autoritärer Klientelismus von sozialen Wohlfahrtsleistungen und Stabilitätsversprechen abhängt, dann dürften autoritäre Regime mit abnehmender Leistungsfähigkeit unter Druck der Wähler geraten. Putins Föderalreformen (mehr dazu unten) könnten ebenfalls einen Beitrag zur Durchsetzung (wahl-)demokratischer Mindeststandards leisten.

11. Marktliberalisierung ohne Föderalismus

Die Kluft zwischen den reichsten und ärmsten Regionen hat sich in den 1990er Jahren stetig vertieft: der Durchschnittslohn in Moskau ist beispielsweise 17-mal höher als in der nordkaukasischen Region Inguschetien. Gleichwohl, sieht man von Moskau, St. Petersburg und einigen anderen reichen Städten ab, so gehören die meisten Regionen zum Mittelfeld nur wenig differenzierter Einkommen. Eine systematische Verknüpfung der föderalen Beziehungen mit der wirtschaftlichen Leistungsfähigkeit einzelner Regionen steht noch aus. Im Folgenden können daher nur allgemeine Aussagen zu den ökonomischen Wirkungen föderaler Rahmenbedingungen gemacht werden.

---

27   Kelly M. McMann, Nikolai V. Petrov, A Survey of Democracy in Russia's Regions, in: Post-Soviet Geography and Economics, vol. 41, No. 3, 2000, 155–182.

28   V. Gel'man, S. Ryženkov, M. Bri, Transformacija političeskich režimov, Moskva: „Ves' Mir", 2000, 16–60.

29   James Alexander, Jörn Grävingholt, Evaluating Democratic Progess Inside Russia: The Komi Republic and the Republic of Bashkortostan, in: Democratization, vo. 9, No. 4 (Winter) 2002 (i.E.).

Unter marktwirtschaftlichen Gesichtspunkten weist der russische Föderalismus eklatante Defizite auf: Kompetenzen sind zwischen den Regierungsebenen unklar abgegrenzt; die Zentralregierung kann allgemeine Regeln für die Einheitlichkeit des Wirtschaftsraumes, insbesondere den freien Verkehr von Waren, Dienstleistungen, Kapital und Arbeitskräften, nicht wirksam durchsetzen; die Kontrolle über das Ausgabenverhalten der Regionen, insbesondere die Verschuldung, ist mangelhaft; Regeln für den föderalen Finanz– und Lastenausgleich sind weder transparent noch einklagbar; ökonomische und andere Aufgabenzuständigkeiten sind in den inter-gouvernementalen Beziehungen strittig; schließlich werden den Regionen Pflichtaufgaben auferlegt, ohne dass sie über entsprechende Einnahmen verfügen[30].

Die Aufzählung dieser Mängel erklärt freilich nicht deren Ursachen. Die Regionen litten in den Neunzigerjahren vor allem an einer zentralstaatlich initiierten Wirtschaftsreform, die sich auf makroökonomische Ziele beschränkte, ohne auf die föderalen Beziehungen, die unterschiedlichen Ausgangslagen und die wirtschaftliche Erbschaft des Sowjetföderalismus Rücksicht zu nehmen. Die Marktliberalisierung war im Kern antiföderal, zugleich hielt sie zentralistische Merkmale des Sowjetsystems, insbesondere im Steuersystem, aufrecht.

Seit 1992 hat die Zentralregierung eine Fülle von Aufgaben, insbesondere im Bereich der Sozialhilfe, Lebensmittelsubventionen, Baupolitik, Landwirtschaft und der Infrastruktur an die Regionen abgegeben, ohne die entsprechenden Mehrausgaben jedoch angemessen zu kompensieren. Die Dezentralisierung von Dienstleistungen warf ein doppeltes Problem auf: Welche dezentralisierten Pflichtaufgaben sollten von der Föderation finanziert werden, und wo sollten die Grenzen einer flexiblen (asymmetrischen) Wahrnehmung von Pflichtaufgaben liegen? Für die Finanzierung wurden keine verbindlichen Grundsätze entwickelt, unter den Regionen haben sich vielmehr höchst unterschiedliche Finanzierungsmodi herausgebildet. Entsprechend variiert auch die Wahrnehmung der Pflichtaufgaben.

Die Dezentralisierung von Aufgaben trug zwar zur Stabilisierung des Föderalhaushaltes bei, führte jedoch zur Verringerung von öffentlichen Dienstleistungen, Kürzungen bei der Anweisung föderaler Steueranteile und zu regionalen Haushaltsdefiziten.[31] Dramatisch gestiegen ist in den Regionalhaushalten beispielsweise der Ausgabenanteil der „Volkswirtschaft", namentlich Subventionen und Kapitaltransfers.[32] Zwiespältig verhält es sich mit der Übertragung von föderalem Eigentum auf die Regionen. Oft handelt es sich dabei um hochsubventionierte Betriebe, welche die Aufgaben- und Ausgabenlast der Regionen nur vermehren. Die Zunahme des Regionalanteils am konsolidierten Budget der Gesamtföderation signalisiert mithin keine Erweiterung der finanziellen Spielräume.

---

30   Darrell Slider, Russia's Market-Distorting Federalism, in: Post-Soviet Geography and Economics, 38/1997, 445–460.

31   Roy Bahl, Christine I. Wallich, Intergovernmental Fiscal Relations in the Russian Federation, in: Richard M. Bird, Robert D. Ebel, Christine I. Wallich (Hg.), Decentralisation of the Socialist State. Intergovernmental Finance in Transition Economies, Washington, D.C. (World Bank), 1995, 323; Sergej Glas'ev, Samyj Slabyj bjudžet poslednych let, in: Nezavisimaja Gazeta, 21. Oktober 1997.

32   Phillipe Le Houerou, Michal Rutkowski, Federal Transfers in Russia: Their Impact on Regional Revenues and Incomes, in: Comparative Economic Studies, Jg. 38, Nr. 2/3, Sommer/Herbst 1996, 25.

Infolge der „Steueranarchie" in den Jahren 1991 bis 1993 entstanden vier Formen der fiskalischen Asymmetrie: Steuerprivilegien für Republiken, die mit ethnischer Mobilisierung drohten; Sonderkonditionen für die Besteuerung von Bodenschätzen in ressourcenreichen Gebieten; Steuervorteile für Regionen mit einer starken, meist exportorientierten Industriebasis; Steuernachlässe für besonders bedürftige Regionen. Vergleicht man den Anteil an der Gesamtheit der Steuern, der in den Regionen verbleibt, so ist dieser in den Republiken und in ärmeren Autonomien deutlich höher als bei anderen Gebietseinheiten. Neben dem politischen Druck der Republiken auf die Zentralregierung lassen sich dafür objektive Faktoren aufführen: Häufig gehören die Republiken und Autonomien (mit Ausnahme jener, die Erdöl fördern) zu den wenig entwickelten oder klimatisch benachteiligten Regionen. Die Pro-Kopf-Ausgaben sind somit in aller Regel in jenen Republiken signifikant höher, die über hohe föderale Zuweisungen in ihren Haushalten verfügen. Steuervergünstigungen, die in bilateralen Verträgen ausgehandelt wurden, beziehen sich in aller Regel auf die regionale Einbehaltung föderaler Steuern, die für die Finanzierung föderaler Programme genutzt werden. Die Gefahren dieser asymmetrischen Regelungen bestehen darin, dass Regionen um den Vorzugsstatus konkurrieren, die Realisierung föderaler Programme wird nicht mehr hinreichend von der Zentralregierung kontrolliert wird und die Regionen zudem einen Hebel erhalten, um die Zentralregierung bei unzureichender Finanzierung föderaler Aufgaben unter Druck zu setzen.[33]

Die föderalen Transfers (Ausgleichstransfers, Teilfinanzierung von föderalen Pflichtaufgaben, Strukturbeihilfen, Kredite) der Moskauer Regierung an bedürftige Regionen sind in der Summe viel zu gering, um signifikante Umverteilungseffekte nach sich zu ziehen. Der föderale Fonds für die finanzielle Unterstützung der Regionen wird zu 80 % zu Gunsten der Wirtschaftsförderung verwandt, nur zu 20 % zu Gunsten des intra-föderalen Ausgleichs. Unter den armen Regionen befinden sich vor allem die Republiken des Nordkaukasus und der klimatisch benachteiligte hohe Norden. Die Verschuldungssituation in diesen armen Regionen ist prekär: Löhne für öffentliche Angestellte können häufig nicht bezahlt werden, kommunale Dienstleistungen sind unterfinanziert, Gleiches gilt für die Sozialhilfe. Die Zahl „bedürftiger Regionen" hat in den Neunzigerjahren erheblich zugenommen und eine Konzentration auf wirklich arme Regionen unmöglich macht. Es herrscht weitgehend Einigkeit, dass die Umverteilung durch Transfers ohne klare Effizienzkriterien wenig effektiv ist und Reformfeindlichkeit geradezu prämiert. Würde ein signifikanter Teil der erhobenen Steuern zu den exklusiv regionalen Steuern gehören, wäre die Steuermoral mutmaßlich höher, da keine Kompensationen für mangelnde Steuereinziehung erwartet werden könnten.

Die föderale Regierung hat seit Putins Präsidentschaft die vollständige Kontrolle über die Mehrwertsteuer, die „Sozialsteuer", Einnahmen für den Rentenfonds, die Arbeitslosenversicherung, die Krankenversicherung und zahlreiche Gebühren bekommen. Die

---

33   Aleksej Lavrov, 1995, Problemy stanovlenija i razvitija bjudžetnogo federalizma v Rossii, Moskva: Administracija prezidenta; ders., 1997, Mify i rify rossijskogo bjudžetnogo federalizma, Moskva: Izdatel'stvo Magistr; ders., Konflikty meždu centrom i regionami v rossijskoj modeli bjudžetnogo federalizma, unveröffentlichtes Manuskript, Moskau 1997; ders. Nekotorye problemy mežbjudžetnych otnošenii v Rossii. Talk to ESRC Research Seminar on Russian Regional Transformations, University of Birmingham, 20. 5. 1998.

Zunahme des föderalen Anteils an den Gesamtsteuereinnahmen, besonders seit dem Haushalt des Jahres 2001, stärkt das föderale Umverteilungspotenzial und die Möglichkeit, öffentliche Dienstleistungen in gleicher Weise anzubieten, allerdings zu Lasten regionaler Steuerautonomie und damit auch der Steuermoral. Die regionalen Haushalte verlieren erheblich an Finanzautonomie, freilich sind einige der regionalen Mindereinnahmen auch durch die Übernahme von Sozialleistungen durch die Föderation gerechtfertigt, etwa für Kinder, Veteranen oder Behinderte.

In Russland ist bisher kein Konsens darüber gefunden worden, welcher Grad interregionaler Angleichung der Lebensverhältnisse und öffentlicher Dienstleistungen als erstrebenswert gilt und in welchem Verhältnis Allokationseffizienz zur sozialen Kohäsion stehen soll. Bisher ist die Dezentralisierung im Kern auf makroökonomische Stabilisierungsabsichten beschränkt geblieben, ohne eine Verständigung über die adäquate Funktionsverteilung zwischen föderaler, regionaler und lokaler Ebene.[34] Eine Lösung könnte darin bestehen, die Zuweisung bestimmter Steuerarten an unterschiedliche Verwaltungsebenen dauerhaft festzulegen, um Planungssicherheit zu schaffen. Dies setzt allerdings eine klare gesetzliche Aufteilung öffentlicher Dienstleistungen voraus.

Die Differenzierung zwischen den Regionen kann den intra-föderalen Wettbewerb fördern, Investitionsströme dorthin lenken, wo die günstigsten Bedingungen gegeben sind und die Mobilität der Arbeitskräfte in Russland stimulieren. Die Ausdifferenzierung der Lebensverhältnisse wird die Eigenverantwortung der Regionen zwangsläufig erhöhen und dem Zentralstaat ökonomische Grenzen setzen. Die Solidarität der Geberregionen mit den Empfängerregionen wird langfristig nicht mehr auf der Prämierung von Reformfeindlichkeit basieren können. Der Unwille der Geberregionen, pauschal „Solidarität" mit den Empfängern zu üben, wird darüber hinaus Anpassungen in jenen Regionen erzwingen, die meinen, als Inseln des Staatsinterventionismus und des Versorgungsstaates überleben zu können. Je schwieriger es wird, die Kosten der Wirtschaftstransformation auf andere Regierungsebenen abzuwälzen, umso zwingender wird die Überwindung von Subventionsmentalitäten und von »Solidarpakten«. Schlüsselelement dafür ist die Abkehr von universalen Dotationen hin zu Beihilfen für konkrete regionale und lokale Bedürfnisse.[35] Solange Umverteilung ohne klare Zielkriterien erfolgt, werden faktisch nur Anreize für Reformfeindlichkeit geschaffen.

12. Putins Föderalreformen

Für die Funktionsdefizite des Föderalsystems unter El'cin wurden vor allem die Machtfülle und Willkür der Gouverneure, insbesondere deren Subordination von föderalen Organen (der Steuerinspektion, der Vermögenskomitees, der Miliz, der Staatsanwaltschaft u. a.), verantwortlich gemacht. Die formal starke, jedoch in Wirklichkeit schwache Präsidialregierung unter El'cin und die machtvollkommenen und handlungsautono-

---

34 Zur funktionalen Theorie des Föderalismus vgl. Paul E. Peterson, The Price of Federalism, Washington D.C. (The Brookings Institution), 1995, 16 ff.
35 A. Bokarev, Centr bol'še ne verit »slezam« pri raspredelenii dochodov, in: Ėkonomika i žizn', Nr. 41, 1997.

men Gouverneure agierten ohne institutionelle Verflechtung. Die Interaktion des El'cinschen Präsidialregimes mit den Regionen kennzeichneten so vor allem informelle Beziehungen, der Vorrang bilateraler Beziehungen vor kollektiver Interessenvertretung,
Lobbyismus, unklare Kompetenzabgrenzungen, ein ständiger Umbau der in der Zentralregierung für Regionalpolitik zuständigen Organe und entsprechende institutionelle
Unsicherheit, eine Politik opportunistischer Begünstigungen und Bestrafungen, eine in-
effiziente Bundesexekution und zeitweilige Bemühungen des Präsidialamtes, die Machtkonzentration bei den Regionalexekutiven durch Unterstützung lokaler Selbstverwaltung auszugleichen. Die Kritik an der „Unbotmäßigkeit" der Gouverneure und Republikpräsidenten argumentierte freilich von einer zentralistischen Position, ohne die Ursachen des Nebeneinanders von zentralstaatlicher und regionaler Exekutive zu analysieren.

Mit Präsident Putins Föderalreformen vom Sommer 2000 treten die Föderalbeziehungen in eine neue Etappe der Rezentralisierung. Putins Reformen beziehen sich auf
die effektivere Durchsetzung föderalen Rechts, vor allem mittels neuer Präsidentenvertreter, die veränderte Besetzung des Föderationsrates und die Rechts- und Fachaufsicht gegenüber den Gouverneuren und Regionalparlamenten[36]. Die Chefs der Regionalexekutiven sind nicht mehr kraft ihres Amtes Mitglieder des Föderationsrates und damit
ihrer bisherigen Immunität beraubt. Der Präsident kann zudem durch seine Präsidentenvertreter die Regionalregierungen seiner Kontrolle unterwerfen. Schließlich können
Regionalexekutiven vom Präsidenten entlassen werden, sofern sie die Gesetzgebung in
den Regionen nicht in Einklang mit der Verfassung oder föderalen Gesetzen bringen
bzw. unter dem Verdacht krimineller Straftaten stehen.

Zu den systematischen Voraussetzungen der Putinschen Reform gehören der Rück-
gang ethnischer Mobilisierung in den Republiken, die Finanzabhängigkeit von über zwei
Dritteln der Regionen von föderalen Zuweisungen, der Abschreckungseffekt des Krieges in Čečnja, die mangelhafte interregionale Interessenabstimmung und die Stützung
von Putins Reformen durch eine qualifizierte Staatsdumamehrheit. Die Regionen haben
es nicht vermocht, die Schwäche des Präsidialregimes unter El'cin für eine institutionelle Stärkung ihrer kollektiven Interessenvertretung gegenüber dem Zentrum zu nutzen: an Stelle von Kollektivverhalten überwogen Bilateralismus und die Konzentration
auf partikulare Regionalinteressen. Die Gouverneure konnten weder die Staatsdumawahlen im Dezember 1999 durch interregionale Wahlblöcke, noch die Präsidentschaftswahl im März 2000 für sich zu entscheiden.

Putins Föderalreformen haben eine längere Vorgeschichte. Seit 1996 ist das Verfassungsgericht mit einer Reihe Entscheidungen zu föderal-regionalen Beziehungen her-
vorgetreten, die der von Putin angestrebten Stärkung der einheitlichen Verwaltungsvertikale verfassungsrechtlich den Weg bereiteten. Angesichts der Fülle regionaler Rechts-
verstöße war das Verfassungsgericht freilich vollkommen überfordert, Widersprüche
zwischen regionalen Rechtsakten und der Verfassung zu überprüfen, zumal es nicht aus
eigener Initiative Verfahren einleiten kann. Das Verfassungsgericht hat gleichwohl mehr-

---

[36]　Vgl. Eberhard Schneider, Putins Rezentralisierungsinitiativen. BIOST. Aktuelle Analysen Nr. 29/
2000.

fach zur Verfassungsmäßigkeit regionaler Statuten Stellung genommen, wobei es dem Prinzip folgte, wonach die exekutiv-legislativen Beziehungen in den Regionen – im Sinne der Einheitlichkeit der Staatsmacht – der föderalen Gewaltenteilung entsprechen müssten[37]. Parlamentarische Systeme, wie sie in einigen Regionen in den 1990er Jahren entstanden waren, gerieten folglich unter erheblichen Druck, sich in regionale Präsidialregime umzuwandeln. Die Vielfalt regionaler politischer Identitäten, wie sie unter anderem in der Wahl unterschiedlicher Regierungssysteme zum Ausdruck kommt, wurde so vom Verfassungsgericht einem unifizierenden, im Kern anti-föderalen Diktat der Kongruenz unterworfen.

Im Falle Tatarstans hat das Verfassungsgericht die Behauptung eines assoziierten Status frühzeitig für verfassungswidrig erklärt[38]. Das Gericht entschied ferner, dass es die Subjekte der Föderation nicht daran hindern wird, Gesetze im Bereich der Gemeinschaftskompetenzen anzunehmen, solange keine föderalen Rahmengesetze vorliegen. Das Verfassungsgericht ermächtigte den Präsidenten, Verwaltungschefs zu ernennen, abzusetzen und disziplinarisch zu belangen, solange ein föderales Rahmengesetz über die Einheitlichkeit des exekutiven Systems fehlt[39]. Administrative und finanzielle Hürden bei der Registrierung von Einwohnern in einzelnen Regionen, die das Recht auf Freizügigkeit einschränken, sind darüber hinaus wiederholt moniert worden[40]. Ferner entschied das Verfassungsgericht mehrfach zu Gunsten der lokalen Selbstverwaltung[41]. Das Verfassungsgericht urteilte zudem, dass Staatsbedienstete nicht gleichzeitig Mitglied einer Legislative sein könnten, weil dies dem Prinzip der Gewaltenteilung widerspreche[42]. In zahlreichen Regionen haben nämlich Chefs der Exekutive ihnen unterstellte Verwaltungsbeamte zu Abgeordneten promoviert und damit Kontrolle über die Regionalparlamente gewonnen.

---

37 Postanovlenie Konstitucionnogo Suda Rossijskoj Federacii po delu o proverke konstitucionnosti rjada položenija Ustava (Osnovnogo Zakona) Altajskogo kraja, in: Vestnik Konstitucionnogo Suda 1/1996, 10–30.

38 Delo o proverke konstitucionnosti Deklaracii o gosudarstvennom suverenitete i Zakonov Tatarskoj SSR ob izmenenijach i dopolnenijach Konstitucii i o referendume, postanovlenija Verchovnogo Soveta Respubliki Tatarstan o provedenii referenduma, in: Vestnik Konstitucionnogo Suda 1/1993, 40–55.

39 Postanovlenie Konstitucionnogo Suda po delu o proverke konstitucionnosti punkta 2 Ukaza Prezidenta Rossijskoj Federacii ot 3 oktjabrja 1994 goda No. 1969 „O merach po ukrepleniju edinoj sistemy ispolnitel'noj vlasti v RF" i punkta 2.3 Položenija o glave administracii kraja, oblasti, goroda federal'nogo značenija, avtonomnoj oblasti, avtonomnogo okruga RF, utverždennogo nazvannym Ukazom, in: Vestnik Konstitucionnogo Suda 3/1996, 15–28.

40 Postanovlenie Konstitucionnogo Suda Rossijskoj Federacii po delu o proverke konstitucionnosti rjada normativnych aktov goroda Moskvy i Moskovskoj oblasti, Stavropol'skogo kraja, Voronežskoj oblasti i goroda Voroneža, reglamentirujuščich porjadok registracii graždan, pribyvajuščich na postojanoe žitel'stvo i nazvanye regiony, in: Vestnik Konstitucionnogo Suda 2/1996, 42–61.

41 Postanovlenie Konstitucionnogo suda Rossijskoj Federacii po delu o proverke konstitucionnosti Zakona Udmurtskoj Respubliki ot 17 aprelja 1996 goda „O sisteme organov gosudarstvennoj vlasti v Udmurtskoj Respublike", in: Vestnik Konstitutcionnogo Suda 1/1997, 2–22; Postanovlenie Konstitucionnogo Suda Rossijskoj Federacii po delu o proverke konstitucionnosti punkta 3 stat'i 49 Federal'nogo zakona ot 28 avgusta 1995 goda „Ob obščich principach organizacii mestnogo samoupravlenija v Rossijskoj Federacii", in: Vestnik Konstitucionnogo Suda 5/1997, 57–64. Entscheidungen des Verfassungsgerichtes bis 1996 sind auch dokumentiert in: Konstitucionnyj Sud Rossijskoj Federacii, 1997, Postanovlenija, Opredelenija. 1992–1996, Moskva: Novyj Jurist.

42 Postanovlenie Konstitucionnogo Suda Rossijskoj Federacii po delu o proverke konstitucionnosti otdel'nych položenij časti 4 stat'i 28 zakona Respubliki Komi „O gosudarstvennoj službe Respubliki Komi", in: Vestnik Konstitucionnogo Suda 5/1998, 10–13.

In mehreren Urteilen hat das Verfassungsgericht die „Souveränität" von autonomen Republiken für verfassungswidrig erklärt und entsprechende Änderungen der Republikverfassungen angemahnt. Einige Republiken, so etwa Baškortostan, haben die Umsetzung des Verfassungsgerichtsurteils zu verzögern versucht, jedoch letztlich die eigene Verfassung angepasst[43]. Tatarstans Präsident Šajmiev sagte nach längeren Protesten ebenfalls zu, die Republikgesetzgebung in Übereinstimmung mit der föderalen Gesetzgebung zu bringen. Im Falle Tatarstans wurde eine spezielle bilaterale Kommission mit dem Präsidentenvertreter Sergej Kirijenko eingerichtet, die nicht nur eine Anpassung der Republikgesetze vorsieht, sondern auch von föderalen Gesetzen, die in Republikzuständigkeiten eingreifen[44].

In Fällen innerregionaler Machtverteilung hat das Verfassungsgericht zu Gunsten exekutiver Machtkonzentration geurteilt, die Einheitlichkeit des Regierungs- und Verwaltungssystems betont und gegen Prinzipien des Parlamentarismus votiert. Das Verfassungsgericht hat in Kompetenzstreitigkeiten in der Regel zu Gunsten der föderalen Regierung und eines exekutiven Föderalismus entschieden. Präzedenzurteile des Verfassungsgerichtes haben die Einheitlichkeit des Verwaltungssystems bekräftigt. In Fragen, die regionale Einschränkungen von Menschenrechten betrafen, hat das Gericht deutlich zu Gunsten des föderalen Schutzes der Menschenrechte Stellung bezogen. Schließlich lässt sich seit 1998 auch in fiskalischer Hinsicht und bei der Neuverhandlung bilateraler Verträge eine Zurückdrängung asymmetrischer Elemente im russischen Föderalsystem beobachten.

In mehreren Anläufen wurden seit 1996 auch von der Präsidialadministration Versuche unternommen, die Eigenmächtigkeit der Regionalführer einzuschränken[45]. Zunächst bildete El'cin einen „Rat für Lokalverwaltung", in dem er die Bürgermeister der russischen Großstädte in dem Bemühen vereinte, die lokale Selbstverwaltung gegenüber den Regionalverwaltungen zu stärken. Zur selben Zeit versuchte Anatolij Čubais, 1996/97 Chef der Präsidialverwaltung, die Stellung der weitgehend machtlosen Präsidentenvertreter in den Regionen zu stärken. Mit einem Dekret vom Juli 1997 weitete El'cin die Macht der Präsidentenvertreter aus – sie sollten die Verteilung föderaler Haushaltsmittel in den Regionen überwachen und die verschiedenen föderalen Verwaltungen in den Regionen unter einem Dach vereinen. Čubais' Bemühungen scheiterten freilich an der Bevorzugung eines regionalen Klientelismus durch den seinerzeitigen Premier Černomyrdin. Evgenyj Primakov, Premierminister ab September 1998, unternahm abermals einen Versuch, die Kontrollbefugnisse der Präsidentenvertreter in den Regionen auszubauen. Vladimir Putin wiederum hatte als Chef der „Verwaltung für Aufsicht" in der Präsidialverwaltung ab 1998 unmittelbar mit Zentrum-Regionen-Beziehungen zu tun. Vor dem Hintergrund der Korruption in den Regionen und der mangelnden Kontrolle über föderale Organe in den Regionen beauftragte Putin die Abteilung für Territorialpolitik im Präsidialamt mit der Vorbereitung von Rechtsdokumenten für eine Föderal-

---

43   EWI Russian Regional Report, vol. 5, No. 36, 4 October 2000; EWI Russian Regional Report, vol. 5, No. 42, 15 November 2000.
44   EWI Russian Regional Report, vol. 5, No. 39, 23 Oct. 2000.
45   Detailliert dazu Eugene Huskey, Political Leadership and the Center-Periphery Struggle: Putin's Administrative Reforms, a. a. O. 115–118.

reform. Da Putin jedoch 1998 zum Chef des föderalen Sicherheitsdienstes FSB und darauf zum Sekretär des Sicherheitsrates ernannt worden war, konnte er sich den Föderalreformen erst wieder als Premierminister (ab September 1999) und als gewählter Präsident (April 2000) widmen. Konkret sind die Föderalreformen – neben der Zuarbeit der Abteilung für Territorialpolitik im Präsidialamt – von Februar bis April 2000 im Sicherheitsrat ausgearbeitet worden[46].

An die Stelle der bisherigen Präsidentenvertreter in den 89 Regionen treten mit Putins Reform neue Präsidentenvertreter in sieben Großregionen, die den Militärbezirken entsprechen[47]. Die föderalen Bezirke verkörpern keineswegs funktionale Verbände. Aus administrativen und ökonomischen Gründen wäre es gewiss zweckdienlicher gewesen, die föderalen Bezirke entsprechend gemeinsamer Interessen der Regionen oder entsprechenden den föderalen Strukturprogrammen zu ordnen – eine Unterlassung, die den Aufbau horizontaler Verbindungen unter den Regionen erheblich erschwert. Ob die Einrichtung der föderalen Bezirke tatsächlich zu einer stärkeren wirtschaftlichen Integration führen wird, kann folglich erst nach längeren Zeiträumen beurteilt werden. Offen ist ebenso, wie weit die föderalen Bezirke eine Finanzaufsicht über die Regionen wahrnehmen werden. Die im Jahre 2000 geschaffene „Assoziation der Finanzaufsichtsbehörden", zu der Vertreter von knapp der Hälfte der Regionen gehören, agiert jedenfalls unabhängig von den Präsidentenvertretern. Das Moskauer Finanzministerium strebt gleichwohl eine Finanzaufsicht über die Regionalhaushalte an, namentlich im Falle unkontrollierter Verschuldung[48].

Zu den Aufgaben der Präsidentenvertreter gehört die Kontrolle über die Verwirklichung der föderalen Regierungspolitik, die Umsetzung der Personalpolitik des Präsidenten, die Koordination der föderalen Organe in den Regionen (darunter der Rechtspflege), die Kontrolle über die Umsetzung föderalen Rechts, die Teilnahme an der Arbeit der regionalen Machtorgane, d. h. sowohl der Regionalverwaltung als auch der Regionalparlamente und der lokalen Selbstverwaltung, die Aussetzung von Rechtsakten, die der Verfassung widersprechen, die Zusammenarbeit mit der Kontrollabteilung beim Präsidenten und der Staatsanwaltschaft bei der Überprüfung von regionalen Rechtsakten, die Kontrolle der Umsetzung von Präsidentendekreten und Aussprache von disziplinarischen Rügen gegenüber Territorialorganen[49]. Der Apparat der Präsidentenvertreter ist mittlerweile auf jeweils etwa 100 Angestellte angewachsen, sie verfügen über jeweils fünf Stellvertreter. Ihnen unterstehen zudem „Chefinspektoren" in den einzelnen Regionen, die häufig mit den früheren Präsidentenvertretern identisch sind, jetzt jedoch nicht mehr direkt gegenüber dem Kreml verantwortlich sind, sondern den Präsidentenvertretern. Die sieben Präsidentenvertreter treffen sich etwa einmal monatlich mit dem Präsidenten, während die Arbeitskontakte mit den Inspektoren in den einzelnen Regionen mehrmals wöchentlich stattfinden.

---

46   Marina Volkova, Kreml' chočet izmenit' deržavu, in: Nezavisimaja gazeta 19. 05. 2000.
47   Zu den Präsidentenvertretern unter Jelzin vgl. Eugene Huskey, 1999, Presidential Power in Russia, Armonk/NY, 183–211.
48   EWI Russian Regional Report, vol. 5, No. 39, 23 Oct. 2000.
49   Ukaz prezidenta RF No. 849, 13. 5. 2000, in: Sobranie zakonodatel'stva RF, No. 20, 15. 5. 2000.

Einige Präsidentenvertreter haben die Absicht bekundet, das föderale Personal in den Regionen zu reduzieren. Dass die Einführung der föderalen Bezirke insgesamt jedoch zu einem Abbau von Bürokratie geführt hat, darf angesichts des umfangreichen Apparates bezweifelt werden, der zusätzlich für die Präsidentenvertreter aufgebaut wurde. Die Präsidentenvertreter stehen den regionalen Abteilungen der föderalen Ministerien bzw. Bundesbehörden vor, vor allem jenen des Innenministeriums, der Steuerpolizei, der Zollverwaltung und des Finanzministeriums. Der Umfang der regionalen Fachaufsicht über den Sicherheitsdienst FSB und Abteilungen des Verteidigungsministeriums variiert offensichtlich unter den föderalen Bezirken.

Innerhalb der Moskauer Regierung war bei der Einführung des Amtes strittig, ob die Präsidentenvertreter für Wirtschaftspolitik zuständig sein sollten. Vizepremier Ilja Klebanov behauptete im August 2000, Wirtschaftspläne für die sieben föderalen Bezirke aufstellen zu wollen. Viktor Christenko, ebenfalls Vizepremier, erklärte hingegen, es sei unmöglich, ein Entwicklungsprogramm auf der Ebene eines föderalen Bezirkes aufzulegen[50]. In der Praxis haben sich die Präsidentenvertreter unterschiedlich intensiv in wirtschaftspolitische Belange eingemischt. Sergej Kirijenko, zuständig für die Volgaregion, sieht seine Aufgabe in der wirtschaftlichen Einigung der Regionen – eine Aufgabe, der sich im Übrigen in den 1990er Jahren die interregionalen Assoziationen verschrieben hatten[51]. Vertreter von klein- und mittelständischen Unternehmen im zentralen Bezirk begrüßten jedenfalls das Vorhaben des Präsidentenvertreters Georgij Poltavčenko, die Wirtschaftskontrolle seitens der regionalen Gouverneure einzuschränken[52]. Der Präsidentenvertreter für die Uralregion, Petr Latyšev, versuchte im Oktober 2000, sich den Großunternehmen als entscheidender Ansprechpartner zu präsentieren, um den Einfluss der Gouverneure, insbesondere des Gouverneurs des Sverdlovsker Gebietes, Eduard Rossel, zurückzudrängen[53]. Fraglich war in diesem Zusammenhang, ob das Manöver primär wirtschaftspolitische oder allein machtpolitische Absichten verfolgte. Regionen, die sich in der Vergangenheit durch wirtschaftliche Reformfeindlichkeit auszeichneten, so z. B. das Gebiet Uljanovsk unter Gouverneur Jurij Gorjačev, dürften jedenfalls unter Druck von Seiten der Präsidentenvertreter geraten[54].

Deutlich profilierter ist die wirtschaftliche Aktivität der Präsidentenvertreter in bedürftigen Regionen, so insbesondere im südlichen föderalen Bezirk unter Viktor Kazancev, der unter anderem für die Verteilung föderaler Subventionen und sozio-ökonomische Entwicklungsprogramme im Nordkaukasus Verantwortung übernommen hat[55].

Eine weitere Absicht der Reform besteht darin, die föderalen Verwaltungen in den Regionen schlanker zu gestalten und Dopplungen mit Regionalverwaltungen, z. B. bei Abteilungen zum Kampf gegen Korruption und organisierte Kriminalität, zu beenden[56].

---

50   EWI Regional Report, vol. 5, No. 31, 30. August 2000.
51   EWI Russian Regional Report vol. 5, No. 37, 11 Oct. 2000.
52   EWI Russian Regional Report, vol. 5, No. 37, 11 Oct. 2000.
53   EWI Russian Regional Report, vol. 5, No. 39, 23 Oct. 2000.
54   Ein Beispiel ist Sergej Kirijenkos Weigerung, die staatsinterventionistische Politik des Gouverneurs von Uljanovsk, Jurij Gorjačev, zu stützen.
55   EWI Russian Regional Report, vol. 5, No. 43, 21 November 2000.
56   EWI Regional Report, vol. 5, No. 31, 30 August 2000

Einige Präsidentenvertreter haben konsultative „Räte" eingerichtet, die die Gouverneure des jeweiligen föderalen Bezirks und Vertreter der regionalen Legislativen umfassen. Schließlich werden die Vollmachten der Präsidentenvertreter z. T. auch eigenmächtig definiert, so etwa von Präsidentenvertreter Petr Latyšev im Ural-Bezirk, der seine Absicht kundtat, die regionalen und lokalen Haushalte zu beaufsichtigen[57] – ein klarer Verstoß gegen den föderalen Grundsatz regionaler Autonomie.

Eugene Huskey hat den Apparat der Präsidentenvertreter mit „Mini-Moskaus" verglichen, die sich, als unbeabsichtigter Effekt der Putinschen Reformen, nur bedingt der Kremlaufsicht unterwerfen[58]. Und in der Tat haben einige der Präsidentenvertreter die Besetzung föderaler Posten in den Regionen sich direkt unterstellt, wodurch Konflikte mit den federführenden Moskauer Ministerien und dem Premierminister entstanden. Der Präsidentenvertreter für den südlichen Bezirk, Viktor Kazancev, errichtete beispielsweise ein „Territorialkollegium", dem alle föderalen Einrichtungen des föderalen Bezirkes unterstellt wurden[59]. Die Kazancevs unterstellten „föderalen Inspektoren" in den Einzelregionen beschränken sich auch keineswegs auf die Fachaufsicht gegenüber föderalen Beamten, sondern haben sich auch eine Rechts- und Fachaufsicht gegenüber Regionalverwaltungen angemaßt, so etwa im Falle der Verwaltung von Kalmykien[60].

Die Präsidentenvertreter nehmen regelmäßig an Kabinettssitzungen in Moskau teil und verkörpern de facto einen eigenständigen Zweig der föderalen Exekutive. Innerhalb der Präsidialverwaltung war es bis 2001 nicht gelungen, eine klare Weisungskompetenz gegenüber den Präsidentenvertreters festzulegen. Putin hat drei Abteilungen der Präsidialverwaltung – die Territorialabteilung, die Abteilung für die Koordination der Präsidentenvertreter und die Abteilung für Fragen der lokalen Selbstverwaltung – in der Hauptverwaltung für Territorialpolitik vereint. Die Präsidentenvertreter widerstreben jedoch der Unterstellung unter die Hauptverwaltung für Territorialpolitik, welche wiederum deren Machtansprüche zu beschneiden sucht[61].

Die Effizienz des Amtes der Präsidentenvertreter lässt sich zwei Jahre nach dessen Einführung nicht abschließend bewerten. Die Unklarheit des Kompetenzumfangs, die Koordinationsprobleme mit den Moskauer Ministerien, die geringe Abstimmung unter den Präsidentenvertretern und die mangelnde Fachqualifikation zumindest jener Präsidentenvertreter, die aus dem Sicherheitsapparat kommen, sind Beleg für den provisorischen Charakter dieser neuen Institution. Es wäre jedoch verfehlt, daraus auf die Bedeutungslosigkeit der Präsidentenvertreter zu schließen. Grundsätzlich können Institutionen, einmal geschaffen, eine expansive Eigenlogik entfalten. So hat das Amt des Präsidentenvertreters in vielen Hinsichten bereits zu einer nicht-mandatierten Machtausweitung geführt, die über die deklarierten Absichten hinaus geht. Die Rolle der Präsidentenvertreter variiert zudem unter den Regionen. Während reiche Regionen in ihnen oft eine lästige Einmischung sehen, erwarten Empfängerregionen einen besseren Zugang zu föderalen Subventionen. Darüber hinaus ermöglicht die Präsenz der Präsi-

---

57   EWI Regional Report, vol. 5, No. 31, 30. August 2000.
58   Huskey, 2001, Center-Periphery Struggle, a. a. O., 126.
59   EWI Russian Regional Report, vol. 5, No. 32, 7. September 2000.
60   EWI Russian Regional Report, vol. 5, No. 33, 13 September 2000.
61   EWI Russian Regional Report, vol. 5, No. 42, 15 November 2000.

dentenvertreter, regionale Probleme den föderalen Bezirken anzulasten. Insgesamt entsteht der Eindruck, dass die Präsidentenvertreter sich nicht nur als Sachwalter föderalen Rechts verstehen, sondern ihren Machtbereich eigenmächtig auszudehnen versuchen. Das Aufgabenverständnis der neuen Präsidentenvertreter unterscheidet sich sichtlich. Kirijenko warnte beispielsweise die ihm unterstellten föderalen Beamten ausdrücklich vor einer Einmischung in regionale Kompetenzen[62]. Ein Effekt der Präsidentenvertreter dürfte freilich unbestreitbar sein – die Präsidialpolitik ist nunmehr in den Regionen stets als Einflussgröße in Rechnung zu stellen.

Während sich die Föderalbeziehungen unter El'cin durch ein starkes Übergewicht des „exekutiven Föderalismus" im Föderationsrat und innerhalb der Regionen auszeichneten, wird mit Putins Reform der Föderationsrat in veränderter Weise gebildet – er besteht wie bisher aus zwei Regionalvertretern, die jedoch nunmehr von den Regionalparlamenten gewählt werden, wobei jeweils ein Vertreter aus der Legislative und der Exekutive kommt. Die Verfassung schreibt nicht zwingend eine direkte Vertretung der Gouverneure bzw. Republikpräsidenten vor, die bisher zur Hälfte den Föderationsrat bildeten, und insofern bedeutet Putins Reform keine Verfassungsänderung. Ein Föderationsrat, der aus regionalen Exekutivvertretern besteht, die von den Gouverneuren nominiert und damit abhängig sind, bedeutet nicht notwendig eine Schwächung regionaler Interessenvertretung. Im Vergleich zum bisherigen Übergewicht der Regionalexekutiven im Föderationsrat stärkt die Bestätigung beider Vertreter im Föderationsrat die Rolle der Regionalparlamente.

Durch die veränderte Zusammensetzung des Föderationsrates entsteht erstmals ein Arbeitsparlament. Die von den Regionalexekutiven nominierten Vertreter im Föderationsrat, der seit 1. 1. 2002 gänzlich nach den neuen Grundsätzen gebildet wird, sind überwiegend Geschäftsleute, stellvertretende Gouverneure oder erfahrene Lobbyisten. In einigen Fällen, namentlich Regionen, die stark von föderalen Zuschüssen abhängen, hat die Kremladministration offensichtlich Einfluss auf die Auswahl der Vertreter im Föderationsrat genommen. Zudem war die Präsidialverwaltung im Dezember 2001 in der Lage, den langjährigen Vorsitzenden des Föderationsrates, Igor Stroev, durch einen Putin-Verbündeten (Sergej Mironov) zu ersetzen. Schließlich hat die Präsidialverwaltung die Bildung einer Kremltreuen Fraktion im Föderationsrat („Federacija") beeinflusst.

Der Föderationsrat hat in der Vergangenheit eine zentrale Rolle für die Interessenabstimmung unter den Gouverneuren gespielt; diese Funktion wird jedoch mit dem neuen Föderationsrat geschwächt. Um den Gouverneuren und den Republikpräsidenten, die künftig nicht mehr im Föderationsrat vertreten sind, trotzdem einen direkten Zugang zum Präsidenten zu ermöglichen, ist im September 2000 ein Staatsrat als Beratungsorgan eingerichtet worden[63]. Freilich soll sich der Staatsrat nach Putins Vorstellungen auf Diskussionen über Kriegserklärungen, den Ausnahmezustand und das föderale Budget beschränken[64]. Der Staatsrat soll einmal alle drei Monate zusammentreffen. Bei seinem

---

[62]   EWI Russian Regional Report, vol. 5, No. 42, 15 November 2000.
[63]   Zu den Kompetenzen siehe Eberhard Schneider, Das politische System der russischen Föderation. Eine Einführung, Wiesbaden: Westdeutscher Verlag, 2001².
[64]   Radio Free Europe/Radio Liberty Newsline, vol. 4, No. 127, 30 June 2000, part I.

ersten Treffen am 22. November 2000 debattierte der Staatsrat über Russlands „strategische Entwicklung" bis 2010[65].

Das Präsidentendekret über den Staatsrat vom 1. 9. 2000 sieht die Einrichtung eines Präsidiums als Arbeitsgremium vor, da eine regelmäßige Anwesenheit aller regionalen Exekutivvertreter im Staatsrat unwahrscheinlich ist. Einige Gouverneure haben befürchtet, dass der Staatsrat einige Aufgaben des Föderationsrates übernehmen könnte. Vergangene Erfahrungen mit Konsultativorganen der Präsidenten, d. h. unter Gorbačov und El'cin, rechtfertigen diese Vermutung nicht[66]. Allgemein erhoffen sich die Chefs der Regionalexekutiven, mit Hilfe des Staatsrates in die Beratung von Gesetzes- und Erlassvorhaben des Präsidenten, des Haushaltes und Fragen der Personalpolitik einbezogen zu werden.

Mit einem weiteren Gesetz beendete Putin die Abstimmung föderaler Organe mit Regionalexekutiven bei der Besetzung von föderalen Posten in der Rechtspflege (v. a. der Staatsanwälte und Milizchefs), bei der Steuerinspektion und anderen Föderalorganen. Die regionale Mitbestimmungspraxis führte in den vergangenen Jahren zu erheblichen Verzögerungen oder zur Besetzung mit Personal, das vom Gouverneur bzw. Republikpräsidenten abhängig war. Putin hat darüber hinaus die Möglichkeit der Initiierung von Amtsenthebungsverfahren gegenüber Gouverneuren und Präsidenten sowie der Auflösung von Regionalparlamenten im Falle von Verstößen gegen föderale Gesetze geschaffen.

Selbst wenn es bisher nicht zu Amtsenthebungen bzw. Parlamentsauflösungen durch den Präsidenten gekommen ist, wird die regionale Autonomie bei der Ablösung regionaler Machtorgane eingeschränkt. Die Möglichkeit der Auflösung von Regionalparlamenten ist gleichwohl an eine formelle Vorwarnung gebunden: die regionale Gesetzgebung muss innerhalb einer bestimmten Frist mit föderalem Recht in Einklang gebracht werden. Die endgültige Entscheidung steht überdies einem Gericht (nicht dem Präsidenten) zu – zunächst dem der Region, im Notfall dem Obersten Gericht Russlands. Angesichts der Fülle individueller Klagen über Verwaltungswillkür und regionale Gesetze, die föderalem Recht widersprechen, brachte Putin im November 2000 mit Erfolg eine Gesetzesinitiative zur Bildung von Verwaltungsgerichten in die Staatsduma ein. Die neuen Verwaltungsgerichte dienen vor allem als Mittel, um Gouverneure unter Anklage stellen zu können.

An Stelle von Amtsenthebungsverfahren hat die Putin-Administration in den Jahren 2000 bis 2002 vor allem Wahlmanipulationen durch Gouverneure und Republikpräsidenten einzudämmen versucht, indem – insgesamt durchaus erfolgreich – mit Gerichtsverfahren gedroht wurde, sollten Regionalwahlen nicht fair vonstatten gehen[67]. Im Falle der Wahl des Kursker Gouverneurs wurde der Amtsinhaber Aleksandr Ruckoj von der Kandidatenliste gestrichen, nachdem das Gebietsgericht ihn des Amtsmissbrauchs für schuldig befunden hatte – eine Gerichtsentscheidung, die durch Putins Kampfansage an regionale Wahlmanipulationen ermutigt wurde. Der Gouverneur von Čukotka,

65 EWI Russian Regional Report, vol. 5, No. 38, 18 Oct. 2000.
66 Huskey, 2001, Center-Periphery Struggle, a. a. O., 121.
67 EWI Russian Regional Report, vol. 5, No. 37, 11 Oct. 2000.

Aleksandr Nazarov, sah sich kurz vor den Neuwahlen mit Nachforschungen der föderalen Steuerpolizei konfrontiert. Im Unterschied zu El'cin entzog Putin auch Evgenyj Nazdratenko, dem für seinen Klientelismus und die Missachtung lokaler Selbstverwaltung berüchtigten Gouverneur des Primorskij Kraj, vor den Neuwahlen die Unterstützung und „überzeugte" ihn von der freiwilligen Amtsniederlegung. Ähnlich ging Putin auch im Falle des Präsidenten von Sacha, Michail Nikolaev, vor. Im Gegenzug zur Beendigung von Ermittlungen des stellvertretenden Generalstaatsanwaltes wurde Nikolaev von Putin zum Verzicht auf eine Wahlkandidatur „überredet". An Stelle von formellen Amtsenthebungsverfahren scheint das Putinsche Muster darin zu bestehen, sich missliebiger Gouverneure durch Androhung oder Initiierung von Strafermittlungen zu entledigen. Wesentlich bedeutsamer als Amtsenthebungsverfahren gegen Gouverneure oder Republikpräsidenten hat sich der Druck auf regionale Parlamente erwiesen. Im September 2001 wurde so beispielsweise das Parlament von Komi gezwungen, die Republiksouveränität aus der Verfassung zu streichen. Das Parlament von Kursk wurde gedrängt, die lokale Selbstverwaltung zu respektieren. Ähnlicher Druck wurde auf eine Reihe sibirischer Regionalparlamente ausgeübt[68].

Vor dem Hintergrund des „Krieges der Gesetze" ergriff das Justizministerium ebenfalls eine Gesetzesinitiative, wonach regionale Gesetze sieben Tage vor ihrem Inkrafttreten an das Justizministerium zur Prüfung geschickt werden müssen[69]. Widersprüche zwischen föderaler und regionaler Gesetzgebung werden von Moskauer Regierungspolitikern und Kommentatoren häufig den Regionen angelastet. Freilich waren einige Regionen in ihrer Gesetzgebung durchaus reformfreudiger als die Staatsduma in Moskau – Tatarstans Parlament beispielsweise wollte den Verkauf von Land ermöglichen, während die Staatsdumagesetzgebung dies verhinderte. Petr Latyšev, Präsidentenvertreter im Uraler föderalen Bezirk, kam nach Durchsicht der inkriminierten Gesetzgebung Ende Dezember 2001 zu dem Schluss, dass regionale Gesetze, die föderaler Gesetzgebung widersprechen, in der Tat häufig vernünftiger sind. Gesetzesverstöße resultieren zudem daraus, dass föderale Gesetze selbst unvollständig oder widersprüchlich seien oder es gänzlich an föderaler Rahmengesetzgebung mangele. Zudem stellte Latyšev fest, dass zahlreiche regionale oder lokale Pflichtaufgaben nicht durch Einnahmen gedeckt sind[70].

Autoritäre Regime in den Regionen gründen sich entscheidend auf die Kontrolle der Massemedien durch regionale Führer. Eine Absicht der Putinschen Reformen besteht deshalb darin, mit Hilfe der Präsidentenvertreter den Informationsfluss der zentralen Nachrichtenagenturen in den Regionen sicher zu stellen und damit regionale Informationsmonopole, insbesondere auch im Zusammenhang von Gouverneurswahlen, zu durchbrechen[71]. In den föderalen Bezirken sind so Medienzentren eingerichtet worden, die die Chefs des regionalen staatlichen Fernsehens und Radios ernennen und damit die bisherigen Praxis der Einsetzung durch die Gouverneure entziehen[72]. Der Sverdlovsker

---

68   Robert Orttung, Putin's Main Accomplishment is Centralization, in: EWI Russian Regional Report, vol. 6, No. 45, 19 December 2001.
69   EWI Russian Regional Report, vol. 5, No. 7, 11 Oct. 2000.
70   EWI Russian Regional Report, vol. 7, No. 1, 9 Jan. 2002.
71   EWI Russian Regional Report, vol. 5, No. 36, 4 Oct. 2000.
72   EWI Russian Regional Report, vol. 5, No. 36, 4. Oct. 2000.

Gouverneur Rossel, Baškortostans Präsident Rachimov und Udmurtiens Präsident Volkov haben auf Putins Kontrolle über staatliche Medien mit dem Aufbau alternativer Fernsehstationen reagiert[73].

Eine weitere Änderung unter Putin betrifft den Steuerkodex. Mit dem Haushalt 2001 wurden die Sozialausgaben wieder der föderalen Ebene zugeordnet, die dann zentral an die Regionen umverteilt werden. De facto hat die Föderation damit die bisher vom Gesetz vorgesehene hälftige Aufteilung der „regulativen Steuern" zu Gunsten des föderalen Haushaltes verändert. Der 15-%ige Anteil der Mehrwertsteuer, der vorher den Regionen zustand, wird seit 2001 der Föderation zugeschlagen. Zwar sind die Regionen mit anderen Steuerquellen kompensiert worden, die Steuergrundlagen sind jedoch erheblich vermindert, folglich auch die regionalen Besteuerungsanreize. De facto erhielten die Regionen in 1997 60 % der Gesamtsteuern, 64 % in 1998 und 58 % in 1999. Beginnend mit dem Haushalt von 2001 ist dieser Anteil unter 50 % gesunken[74].

Die mit dem Haushalt von 2001 einsetzende Steuerumverteilung hat unter den so genannten „Geber-Regionen" Widerspruch hervorgerufen, da sie sich für ihre Leistungsfähigkeit steuerlich bestraft fühlen[75]. Die ursprüngliche 50:50 Prozentverteilung zwischen föderalen und regionalen Steuern hat sich Schätzungen zufolge auf 60:40 Prozent zu Gunsten des föderalen Haushaltes verschoben[76]. Die beschriebenen Veränderungen im Steuerkodex können freilich nicht als zentralistisches Diktat interpretiert werden. Der Föderationsrat ist zustimmungspflichtig und er hat wiederholt, etwa bei der Weigerung Ende 2000, die Gewinnsteuer zu erhöhen, von seinem Haushaltsrecht gegen die Vorstellungen des Präsidenten Gebrauch gemacht[77].

Auch in außenwirtschaftlicher Hinsicht unternahm Putin im Sommer 2000 eine Gesetzesinitiative, um die Selbstständigkeit der Regionen einzuschränken. Regionen sollen Auslandskredite nicht mehr ohne Abstimmung mit der föderalen Regierung beziehen können, eine Maßnahme, die vor allem die Stadt Moskau betrifft. Seit Juli 2000 müssen internationale Abkommen der Regionen zudem beim Justizministerium registriert werden[78].

13. Bewertung

Putins Reformen haben konträre Bewertungen hervorgerufen – überwiegend wohlwollende in Russland und vorwiegend ablehnende Reaktionen unter US-amerikanischen Autoren. Die Bewertungsmaßstäbe sind mal demokratischer, mal zentralistischer, mal föderaler oder auch agnostischer Natur – in diesem Fall können Reformen in Russland per se nicht funktionieren. Für einige frühe Kommentare stellen die Reformen nicht

73 EWI Russian Regional Report, vol. 5, No. 39, 23 Oct. 2000.
74 Robert Orttung, Putin's Main Accomplishment is Centralization, in: EWI Russian Regional Report vol. 6, No. 45, 19 December 2001.
75 EWI Russian Regional Report, vol. 5, No. 33, 13 September 2000.
76 EWI Russian Regional Report, vol. 5, No. 35, 27 Sept. 2000.
77 EWI Russian Regional Report, vol. 5, No. 44, 29 November 2000.
78 EWI Regional Report vol. 5, No. 34, 20 Sept. 2000.

eine Lösung dar, sondern die Kulmination von Autoritarismus und Zentralismus, der Militarisierung des Staatsapparates und der Missachtung demokratischer Prozeduren und Werte[79]. Richard Sakwa urteilte zunächst, dass die Defizite des Föderalsystems durch die Reformen überwunden würden, vor allem die schwache Bundesexekution, die Geringschätzung föderaler Rechtshoheit in den Regionen und der „Feudalabsolutismus" der Gouverneure[80]. Derselbe Autor meinte ein Jahr später, dass die Putinschen Reformen „gefährlich dicht daran wären, zur Ent-Föderalisierung zu führen"[81]. Kathryn Stoner-Weiss erklärte, dass Putins Reformen ein „Rezept fürs Desaster" wären. Das Argument, dass die Präsidentenvertreter von den Regionen abhängig blieben, impliziert, dass Putin die Rezentralisierung nicht konsequent genug praktiziere[82].

Zweifellos, durch Putins Reformen wird das Gewicht des Präsidenzialismus gegenüber föderaler Machtteilung gestärkt. Die Reformen führen zu einer Rezentralisierung von Zuständigkeiten, drängen den Vertragsföderalismus gegenüber dem Verfassungsföderalismus zurück, setzen den Grundsatz „Bundesrecht bricht Landesrecht" durch und kräftigen die Rechts- und Fachaufsicht über die föderalen Organe in den Regionen. Putin hat zudem die Gleichheit der Staatsbürger, ungeachtet ihrer Ethnizität und ihre Wohnortes, bekräftigt. Inguschetiens Präsident Aušev musste so im September 2000 ein Dekret revidieren, dass den Erwerb von Wohnungen auf registrierte Einwohner Inguschetiens beschränkte. Im Falle Baškortostan wurde durch föderalen Einspruch verhindert, dass Pässe der Russischen Föderation einen Hinweis auf die Ethnizität enthalten[83].

Obschon Putins Reformen keine Abkehr vom föderalen Staatsaufbau bedeuten, drückt sich in der Bündelung von Vollmachten in der präsidenziellen Verwaltungsvertikale eine erhebliche Einschränkung regionaler Alleinzuständigkeiten aus. Die Reformen sind an der Einheit des Rechtsraumes orientiert, nicht jedoch am föderalen Gedanken der Gewaltentrennung, der unabhängigen Legitimation der Regierungsebenen, der Zuordenbarkeit von Zuständigkeiten und dem Schutz von Residualvollmachten. Die Aufhebung der Immunität von Gouverneuren schafft Freiräume für Missbrauch. Die Absetzbarkeit von Vertretern der lokalen Selbstverwaltung durch die Gouverneure und die Auflösbarkeit der regionalen Legislativen untergräbt zudem das demokratische Grundprinzip der Wählersouveränität.

Substanziell ging es bei der Dezentralisierung seit 1991 um die Dezentralisierung wirtschaftlicher Entscheidungsmacht und die Herausbildung autonomer Handlungsspielräume auf regionaler Ebene. Im Zeitverlauf haben sich regionale (territoriale) Interessen gegenüber ethnischen und ideologischen Konfliktlinien als bedeutsamer erwiesen. Die Konfliktlinien bildeten sich vor allem in Abhängigkeit von der Verfügungsgewalt

---

79   Schärfster russischer Kritiker ist Boris Berezovskij (Kommersant 31. 5. 2000); vgl. auch Otto Luchterhandt, „Starker Staat" Russland. Putins ehrgeiziges Programm, in: Internationale Politik 05/2000, 7–14.
80   Richard Sakwa, Putin's New Federalism, in: EWI Russian Regional Report, vol. 5, No. 21, 31 May 2000.
81   Richard Sakwa, Federalism, Sovereignty and Democracy, in: Carmon Ross (ed.), 2002, (i.E.).
82   EWI Russian Regional Report, vol. 5, No. 31, 30 August 2000.
83   EWI Russian Regional Report, vol. 5, No. 32, 7 September 2000.

und Mobilisierbarkeit von ökonomischen Ressourcen aus[84]. Die Dezentralisierung von Zuständigkeiten und die häufig extralegale Wahrnehmung von Kompetenzen war dabei wesentlich ein Ergebnis der Schwäche des Zentralstaates, nicht zuletzt des geringen föderalen Umverteilungspotenzials. Betrachtet man die Stärkung regionaler Autonomie ab 1991, dann ist sie nicht im Ergebnis einer bewusst konzipierten Regionalpolitik erfolgt, sondern als Reaktion auf die Schwäche des Zentralstaates – dessen Fähigkeit zur Steuererhebung war reduziert, die Umverteilungskapazität nahm dramatisch ab, Gleiches gilt für die Umsetzung föderaler Gesetzgebung.

Die Regionen sehen sich auf diesem Hintergrund drei konträren Pressionen ausgesetzt: der politisch-administrativen Einflussnahme durch den Präsidialapparat, der Dezentralisierung sozial- und wohlfahrtsstaatlicher Aufgaben ohne entsprechende Mehreinnahmen und dem wachsenden Erwartungsdruck regionaler Bevölkerungen. Die Erwartung, dass wirtschaftliche Ausdifferenzierung zu einem gesunden inter-regionalen Wettbewerb um polit-ökonomische Standortfaktoren führt, muss so lange eine theoretische Hypothese bleiben, wie die regionale Autonomie und Eigenverantwortung durch den Steuerzentralismus beschränkt wird. Obschon die Gouverneure und Republikpräsidenten mit unterschiedlichen Wirtschaftspolitiken experimentieren, ist letztlich fraglich, in welchem Ausmaß die unterschiedliche Leistungsfähigkeit der Regionen auf vorgegebene Standortfaktoren oder auf politische Innovationen zurückzuführen ist. Bisher konnte dies nicht durch überzeugende Regionalvergleiche belegt werden[85].

Die Putinschen Reformen stellen eine Reaktion auf die Funktionsdefizite des Föderalismus der 1990er Jahre dar. Unklar ist jedoch, wie sehr sich das Amt des Präsidentenvertreters gegenüber dem Entstehungskontext verselbstständigen und als dauerhafte Institution etablieren wird. Eine gesetzliche Fixierung der Zuständigkeiten der Präsidentenvertreter, wie vom früheren Vorsitzenden des Föderationsrates, Egor Stroev, vorgeschlagen, fand jedenfalls nicht Putins Unterstützung – die eigenmächtige Landnahme von Vollmachten durch die Präsidentenvertreter wird so bewusst offen gehalten. Die intermediäre Ebene der Präsidentenvertreter ist selbst Ausdruck einer defizitären Aufteilung von Vollmachten und Zuständigkeiten, die nicht aufgehoben, sondern nur administriert wird, mit anderen Worten, die Präsidentenvertreter verdanken ihre Existenz der Fortexistenz von Problemen, die sie zu lösen vorgeben. In längerer Sicht dürften die Präsidentenvertreter zum Kristallisationspunkt für Konflikte um regionale Residualvollmachten werden. Unter föderalistischen Gesichtspunkten dürfte die perspektivische Abschaffung der Präsidentenvertreter zum Prüfstein für eine föderale Konsolidierung werden.

Putins Reformen drängen die Asymmetrie, das Vertragselement und den Ethnoföderalismus zurück. Nimmt man den deutschen (oder österreichischen) Föderalismus zum Maßstab, dann bedroht Putins Stärkung der föderalen Einheit bisher nicht die regionale

---

[84] A.R. Magomedov, Političeskie elity rossijskoj provincii, in: Mirovaja ekonomika i meždunarodnye otnošenija 4/1994, 72–80, hier 75.

[85] Michael Bradshaw, Philip Hanson, Understanding Regional Patterns of Economic Change in Russia: An Introduction, in: Communist Economies & Economic Transition, vol. 10, 3/1998, 285–304; Kathryn Stoner-Weiss, 1997, Local Heroes: The Political Economy of Russian Regional Governance, Princeton: Princeton University Press.

Vielfalt. Anders würde das Urteil beim Vergleich mit dem dualen, kompetitiven und auf strikte Trennung der Zuständigkeitssphären bedachten US-Föderalismus ausfallen. Staatsrechtlich betrachtet besteht in Russland stärker die Gefahr eines Zentralismus als der Konföderalisierung. Für den Föderalismus wird sich dauerhaft gerade die Stellung des Präsidenten als stärkste Herausforderung erweisen, und zwar hinsichtlich seiner Rolle als „Garant der Verfassung", in Bezug auf die Vollmacht, per Dekret als rechtsschöpfendes Organ zu fungieren, und als Oberhaupt einer einheitlichen exekutiven Verwaltungsvertikale, die gleichsam jenseits der föderalen Gewaltenteilung steht. Die Rolle des präsidenziellen Verwaltungssystems ist es, die das konstitutionelle Einfallstor für Machtfusion bietet.

In den Neunzigerjahren hat die föderale Institutionenbildung in Russland eine Reihe fundamentaler Probleme entschärft: die zentralistische Beherrschung der Regionen als Erblast des Sowjetsystems, ethnische Massenmobilisierung, zeitweilige Boykotte föderaler Entscheidungsprozesse, Steuerboykotte und Sezessionismus. Im Unterschied zum ethnischen Regionalismus und dem Ruf nach Dezentralisierung am Anfang der Neunzigerjahre lässt sich die Haltung der überwiegenden Mehrzahl der Regionaleliten nicht mehr als prinzipieller Antagonismus gegen das Zentrum beschreiben. Der Bereich regionaler Entscheidungsautonomie, der frei von zentralstaatlicher Intervention ist, hat insbesondere seit der Annahme der Verfassung, dem Abschluss bilateraler Verträge und der Wählbarkeit der Gouverneure signifikant zugenommen. Allerdings bezieht sich die regionale Autonomie vor allem auf die regionalen Exekutiven. Die Willensbildung durch regionale Parlamente und Parteien ist infolge exekutiver Machtkonzentration erheblich eingeschränkt. Der Preis der Integration regionaler Eliten besteht nach wie vor in erheblichen regionalen Demokratiedefiziten.

Die zentralen Schwachpunkte des russischen Föderalismus liegen nach wie vor in der unklaren Aufteilung von Zuständigkeiten, die sich aus der weiten Fassung der Gemeinschaftsaufgaben in der Verfassung ergibt, in der ökonomisch, nicht jedoch föderal, bedingten Funktionsschwäche staatlicher Verwaltungen in den Regionen und im geringen Umverteilungspotenzial der föderalen Regierung. Vor allem fehlt Russlands Föderalismus jedoch der intermediäre Unterbau, d. h. ein „gesellschaftlicher Föderalismus": föderale Parteien, entscheidungsfähige interregionale Wirtschaftsassoziationen, Branchenverbände, Städtetage und die horizontale Selbstkoordination der Regionen. Während sich Politik und Forschung im ersten Jahrzehnt nach der Neugründung Russlands vornehmlich auf die föderale Institutionenbildung konzentriert haben, gewinnt die Selbstkoordination staatlicher und nicht-staatlicher Akteure in den Regionen entscheidende Bedeutung für die Weiterentwicklung des Föderalismus. Putins Rezentralisierung und der „gesellschaftliche Föderalismus" befinden sich dabei in einem ungleichen Wettlauf. Dessen Ausgang ist freilich noch offen.

Anita Bister

Handlungsspielräume der zivilen Gesellschaft in Russland

Anita Bister

Handlungsspielräume der zivilen Gesellschaft in Russland

1. Einleitung

Vladimir Putin hat in seinem programmatischen Artikel „Russland an der Schwelle des Jahrtausends" Ende 1999 notwendige Schritte auf dem Weg zu einem „starken Staat" skizziert. Als ein Ziel nannte er das „Schaffen von Bedingungen, die die Konsolidierung einer echten Zivilgesellschaft im Land fördern, die ein Gegengewicht zur Staatsmacht bildet und sie kontrolliert". In demselben Text hieß es: „Die weltweite Erfahrung zeigt, dass die größte Gefahr für die Rechte und Freiheiten des Menschen und der Demokratie an sich von der ausführenden Gewalt ausgeht. [...] Ich persönlich messe dem Aufbau partnerschaftlicher Beziehungen zwischen der Exekutivgewalt und der zivilen Gesellschaft sowie der Entwicklung der Institutionen und Strukturen der letzteren erstrangige Bedeutung bei."[1] Das Schlagwort „Zivilgesellschaft" hat Eingang in das Vokabular des im Jahr 2000 gewählten (zweiten) russischen Präsidenten gefunden. Unterdessen fand im November 2001 in Moskau auf Initiative des präsidialen Umfelds ein „Ziviles Forum" (*Graždanskij forum*) statt, welches nichtstaatliche Organisationen aus dem ganzen Land als „Repräsentanten der zivilen Gesellschaft" zum Treffen mit dem Präsidenten lud. Im Vorfeld des Ereignisses, zu dem 5000 TeilnehmerInnen erwartet wurden, kamen bei einigen NGOs Zweifel auf, ob der Präsident eine Zivilgesellschaft meint, „die ein Gegengewicht zur Staatsmacht bildet und sie kontrolliert", oder ob das Zivile Forum nicht etwa der Umkehrung dieses Leitsatzes im Sinne einer vom Staat kontrollierten Zivilgesellschaft dienen solle. Die Frage blieb zunächst offen.

Defekte Demokratien sind trotz der Erfüllung institutioneller und formaler Demokratiekriterien durch eine deutliche Machtdominanz der exekutiven Gewalt und eine Aushöhlung demokratischer Kontrollmechanismen gekennzeichnet. Zivilgesellschaften erfahren in solchen Systemen eine Einengung ihrer Handlungsspielräume und erhöhten staatlichen Druck auf ihre Aktivitäten. Allerdings bedingen defekte Demokratien nicht „automatisch" schwache Zivilgesellschaften und das Abnehmen demokratischer Widerstandskräfte. Die Verstärkung antidemokratischer Tendenzen kann auch zu einer erneuten Mobilisierung zivilgesellschaftlichen Potenzials führen.[2] Russland weist wesentliche Merkmale einer defekten Demokratie auf. Es gilt daher, sowohl die Auswirkungen dieses „Befundes" auf die Strukturen und die Funktionen der russländischen Zivilgesellschaft zu analysieren als auch die Handlungsspielräume und Einflussmöglichkeiten der Zivilgesellschaft im Hinblick auf ein „Abfangen" der Defekte einzuschätzen.

---

1   PUTIN, Vladimir. Rossija na rubeže tysjačeletij. 1999.
     http://www.ng.ru/politics/1999-12-30/4_millenium.html [Stand 5. 11. 2001]
2   Vgl. CROISSANT, Aurel; LAUTH Hans-Joachim; MERKEL Wolfgang. Zivilgesellschaft und Transformation: ein internationaler Vergleich. In: Merkel, Wolfgang (Hrsg.). Systemwechsel 5. Zivilgesellschaft und Transformation (Unter Mitarbeit von Christian Henkes). Opladen: Leske + Budrich 2000, S. 35.

Im vorliegenden Beitrag wird der Begriff Zivilgesellschaft in zwei Bedeutungen verwendet. Einerseits fungiert er als analytische Kategorie, die zur Bewertung der Bedeutung der russländischen Zivilgesellschaft für die Demokratie und Demokratisierung des Landes herangezogen wird, andererseits wird das spezifische Verständnis von Zivilgesellschaft in Russland behandelt, da dieses eng mit den Funktionen, die die Zivilgesellschaft wahrnimmt, verbunden ist. Der Beitrag untersucht zivilgesellschaftliche Akteure in Russland insbesondere hinsichtlich ihrer Arbeitsweise und „mediator"-Funktion und stellt den politischen und rechtlichen sowie ansatzweise den kulturellen und ökonomischen Kontext dar, in dem sie agieren. Es ergibt sich die Frage, ob oder inwiefern sich die russländische Zivilgesellschaft in den letzten zehn Jahren konsolidieren und inwiefern sie ihre Handlungsspielräume erweitern konnte sowie welche der demokratischen Funktionen sie erfüllt, die von Merkel/Lauth konzeptualisiert worden sind.[3]

Die Erörterung beruht auf einem Verständnis von Zivilgesellschaft als dem Bereich der „privat, aber nicht gewinnorientiert, gemeinnützig, aber nicht staatlich"[4] ist. Die Rolle der Zivilgesellschaft als „Zwischenbereich von Privatsphäre und Staat"[5] liegt insbesondere in ihrer Kontroll- und Schutzfunktion gegenüber staatlicher Willkür sowie in der Einübung ziviler Tugenden wie Toleranz, Solidarität, Zivilcourage, Eigenverantwortung, Gemeinwohlorientierung, soziales und politisches Engagement und gewaltfreie Konfliktlösung. Den institutionellen Kern der Zivilgesellschaft bilden im Sinne von Habermas und anderen Theoretikern „Zusammenschlüsse auf freiwilliger Basis"[6]. Bereits Tocqueville hebt im Besonderen die Pressefreiheit und freie Assoziationen als bedeutende Gegengewichte gegen die „Tyrannei der Mehrheit" hervor.[7] In Anlehnung an Taylor[8] wird von der Grundannahme ausgegangen, dass eine vom Staat unabhängige gesellschaftliche Sphäre nur dann als Zivilgesellschaft fungiert, wenn sie Einfluss auf die politische und gesellschaftliche Willensbildung auszuüben vermag. Im Sinne von Croissant/Lauth/Merkel wird versucht, der Arbeit eine funktionalistische Betrachtungsweise von Zivilgesellschaft zu Grunde zu legen, wonach sich die (Nicht)Zugehörigkeit bestimmter Akteure zur Zivilgesellschaft über funktionale Leistungen und nicht allein

---

3   MERKEL, Wolfgang; LAUTH Hans-Joachim. Systemwechsel und Zivilgesellschaft: Welche Zivilgesellschaft braucht die Demokratie? In: Aus Politik und Zeitgeschichte B 6-7, 30. Januar 1998, S. 3-12. Vgl. CROISSANT, Aurel; LAUTH Hans-Joachim; MERKEL Wolfgang. Zivilgesellschaft und Transformation: ein internationaler Vergleich. In: Merkel, Wolfgang (Hrsg.). Systemwechsel 5. Zivilgesellschaft und Transformation (Unter Mitarbeit von Christian Henkes). Opladen: Leske + Budrich 2000.

4   VOIGT, Rüdiger. Abschied vom Staat – Rückkehr zum Staat? In: Voigt, Rüdiger (Hrsg.). Abschied vom Staat – Rückkehr zum Staat? Baden-Baden 1993, S. 19.

5   MERKEL, Wolfgang; LAUTH Hans-Joachim. Systemwechsel und Zivilgesellschaft: Welche Zivilgesellschaft braucht die Demokratie? In: Aus Politik und Zeitgeschichte B 6-7, 30. Januar 1998, S. 7.

6   HABERMAS, Jürgen. Strukturwandel der Öffentlichkeit. Untersuchungen zu einer Kategorie der bürgerlichen Gesellschaft. Mit einem Vorwort zur Neuauflage 1990. Frankfurt am Main [4]1995. S. 46; vgl. THAA, Winfried. Die Wiedergeburt des Politischen. Zivilgesellschaft und Legitimitätskonflikt in den Revolutionen von 1989. Opladen 1996; KÖSSLER, Reinhart; MELBER Henning. Chancen internationaler Zivilgesellschaft. Frankfurt am Main 1993; FEIN, Elke; MATZKE Sven. Zivilgesellschaft. Konzept und Bedeutung für die Transformation in Osteuropa. Arbeitspapier des Osteuropa-Instituts der Freien Universität Berlin, Heft 7, Berlin 1997.

7   SCHMIDT, Manfred G. Demokratietheorien. Eine Einführung. Opladen: Leske+ Budrich 1997. S. 89-92.

8   TAYLOR, Charles. Die Beschwörung der Civil Society. In: Michalski, Krzysztof (Hrsg.). Europa und die Civil Society. Castelgandolfo-Gespräche 1989, Stuttgart 1991, S. 57.

über ihre Organisationsform ergibt. Als derartige Demokratiefunktionen der Zivilgesellschaft definieren die Autoren: die Schutz-, Vermittlungs-, Sozialisierungs-, Integrations- und Kommunikationsfunktion.[9] Diese aus der politischen Philosophie abgeleiteten Funktionen „schützen das Individuum vor staatlicher Willkür (Locke), stützen die Herrschaft des Gesetzes und die Balance der Gewalten (Montesquieu), schulen Bürger und rekrutieren politische Eliten (Tocqueville) und institutionalisieren mit dem öffentlichen Raum ein Medium demokratischer Selbstreflexion (Habermas)".[10] Im Hinblick auf ihre Funktion werden im Folgenden als „potenzielle" zivilgesellschaftliche Akteure schwerpunktmäßig die russländische NGO- und Medienlandschaft analysiert. Die zivilgesellschaftliche Relevanz von Gewerkschaften und Kirchen ist zu hinterfragen.[11]

Den zeitlichen Rahmen bildet das Jahrzehnt seit dem Ende der Sowjetunion im Jahr 1991. Wenn auch zivilgesellschaftliche Akteure ihre Wurzeln zum Teil in der DissidentInnenbewegung und in der aufkeimenden Demokratiebewegung Ende der 80er Jahre haben[12], so bestehen erst seit 1990/91 prinzipiell veränderte Möglichkeiten zur politischen Artikulation. Als Meilensteine dieser Entwicklung gelten die Abschaffung des Artikel 6 der sowjetischen Verfassung über das Machtmonopol der KPdSU sowie die gesetzliche Verankerung der Pressefreiheit im Jahr 1990. Erst im postsowjetischen Russland vollzog sich der Übergang von der „informellen Phase" zur „offenen" Tätigkeit rechtlich abgesicherter zivilgesellschaftlicher Akteure. Auf dieser Periode liegt der Schwerpunkt der vorliegenden Arbeit, da sie zumindest „formal" die Wahrnehmung sämtlicher Demokratiefunktionen der Zivilgesellschaft verwirklichbar erscheinen lässt.

Die Untersuchung basiert in erster Linie auf ExpertInneninterviews, die im Herbst 2001 in Russland geführt wurden. Befragt wurden vorwiegend VertreterInnen gesellschaftlicher Organisationen aus der Hauptstadt. Soweit es möglich war, wurden Personen aus anderen Subjekten der Russischen Föderation einbezogen. Als Quellen dienten weiters Fachliteratur und Publikationen russländischer NGOs über ihre Rolle und den Zustand der russländischen Zivilgesellschaft, Analysen in Zeitungen und Zeitschriften sowie Gesetzestexte.

---

9   CROISSANT, Aurel; LAUTH Hans-Joachim; MERKEL Wolfgang. Zivilgesellschaft und Transformation: ein internationaler Vergleich. In: Merkel, Wolfgang (Hrsg.). Systemwechsel 5. Zivilgesellschaft und Transformation (Unter Mitarbeit von Christian Henkes). Opladen: Leske + Budrich 2000, S. 11, 17–18.

10 MERKEL, Wolfgang; LAUTH Hans-Joachim. Systemwechsel und Zivilgesellschaft: Welche Zivilgesellschaft braucht die Demokratie? In: Aus Politik und Zeitgeschichte B 6–7, 30. Januar 1998, S. 6.

11 Andere Akteure, z. B. aus dem Kultur- oder Bildungsbereich, werden im Rahmen dieser Studie nicht gesondert berücksichtigt.

12 Vgl. EICHWEDE, Wolfgang. Abweichendes Denken in der Sowjetunion. In: Geschichte und Gesellschaft 1, 1987, S. 39–62; EICHWEDE, Wolfgang. Bürgerrechtsbewegung und neue Öffentlichkeit in der UdSSR. In: Osteuropa 1, 1988, S. 18–34; IGRUNOV, Vjačeslav. Öffentlichkeitsbewegungen in der UdSSR: Vom Protest zum politischen Selbstbewußtsein. In: Segbers, Klaus (Hrsg.). Perestrojka: Zwischenbilanz. Frankfurt am Main 1990, S. 76–100; LUCHTERHANDT, Galina und Otto. Die Genesis der politischen Vereinigungen, Bewegungen und Parteien in Rußland. In: Veen, Hans-Joachim; Weilemann Peter R. (Hrsg.). Rußland auf dem Weg zur Demokratie? Politik und Parteien in der Russischen Föderation (Redaktion: Wolfgang Pfeiler). Studien zur Politik Band 20, Hg. i. A. der Konrad-Adenauer-Stiftung, Paderborn-München-Wien-Zürich 1993, S. 125–213; VORONKOV, Viktor. Die Protestbewegung der „Sechziger"-Generation. Der Widerstand gegen das sowjetische Regime 1956–1985. In: Osteuropa 10, 1993, S. 939–948; BEICHELT, Timm; KRAATZ Susanne. Zivilgesellschaft und Systemwechsel in Rußland. In: Merkel, Wolfgang (Hrsg.). Systemwechsel 5. Zivilgesellschaft und Transformation (Unter Mitarbeit von Christian Henkes). Opladen: Leske + Budrich 2000, S. 115–143; u. a.

2. *Graždanskoe obščestvo* – Zivilgesellschaftsverständnis in Russland

Im Russischen steht für die Zivilgesellschaft der Begriff „graždanskoe obščestvo", wortwörtlich übersetzt „bürgerliche Gesellschaft". Eine Unterscheidung der beiden deutschen Termini findet in der russischen Sprache keine Entsprechung. Obwohl Russland ein Land mit „wenig Tradition einer Zivilgesellschaft in Theorie und Praxis"[13] ist, erlebt der Begriff Zivilgesellschaft Hochkonjunktur. Er trägt in Russland einen stark normativen Charakter und fungiert als „Oppositionsstrategie". Vor dem Hintergrund der in der Sowjetunion erlebten Dichotomie und Antagonie zwischen der „staatlichen Macht"[14] und der „Gesellschaft" wird Zivilgesellschaft vorwiegend negativ über die Nichtzugehörigkeit zur staatlichen Struktur definiert.[15] Sie bildet eine kritische Gegen-Öffentlichkeit, die in der Schaffung nichtstaatlicher Organisationen ihren Ausdruck findet. Ihr Ziel ist es, ein möglichst starkes Gegengewicht gegenüber staatlichem Handeln aufzubauen. Diese Auffassung deutet auf eine Hervorhebung der „Lockeschen Funktion" der Zivilgesellschaft im Sinne des Schutzes vor staatlichen Übergriffen auf die Privatsphäre. Sie ist nach Merkel/Lauth als „conditio sine qua non" aller liberalen Demokratien zu betrachten.[16]

Die „staatsunabhängigen" Organisationen der zivilen Gesellschaft gelten in Russland nicht nur als „Gegengewichte" gegenüber den Strukturen des Staates, sondern auch als Vermittler zwischen Staat und Gesellschaft.[17] Ihnen kommt die Aufgabe zu, als „Schutzschicht" zwischen den Machthabern und der Bevölkerung zu fungieren und die Regierenden zu kontrollieren.[18] Dieser Zweck der „öffentlichen Kontrolle" (*obščestvennyj kontrol'*) nähert sich mittlerweile verstärkt dem Begriff der „Zivilgesellschaft" an und wird häufig als Attribut beigefügt.[19] Er trifft gut den Bedeutungsgehalt der „Zivilgesellschaft" in Russland. Während die Kontrollfunktion im westlichen Denken in der Tradition von Montesquieu[20] Institutionen wie Gerichten und Parlamenten zugeschrieben wird, stellt die russische Zivilgesellschaft diesen (hohen) Anspruch an sich selbst.

In Russland wird von NGOs erwartet, dass sie dort, wo staatliches Handeln versagt, die Lücke füllen. Dies ist mehr als die „watch-dog"-Funktion, die nichtstaatliche Orga-

---

13 von BEYME, Klaus. Zivilgesellschaft – Von der vorbürgerlichen zur nachbürgerlichen Gesellschaft? In: In: Merkel, Wolfgang (Hrsg.). Systemwechsel 5. Zivilgesellschaft und Transformation (Unter Mitarbeit von Christian Henkes). Opladen: Leske + Budrich 2000, S. 57.

14 Im Russischen steht dafür der (abstrakte) Begriff „vlast'", der alle Strukturen umfasst, die dem „Staat" zugeordnet werden: Behörden, Regierung, Parlament, Präsident aber auch Polizei, Gerichte, Staatsanwaltschaft, Parteien etc.

15 GRAŽDANSKOE OBŠČESTVO. Mirovoj opyt i problemy Rossii. Institut mirovoj ėkonomiki i meždunarodnych otnošenij Rossijskoj Akademii nauk (Hrsg.), Moskva 1998. S. 285.

16 MERKEL, Wolfgang; LAUTH Hans-Joachim. Systemwechsel und Zivilgesellschaft: Welche Zivilgesellschaft braucht die Demokratie? In: Aus Politik und Zeitgeschichte B 6–7, 30. Januar 1998, S. 6.

17 VERBICKIJ, Andrej. NGO, razvitie i demokratija. In: Verbickij, Andrej (Hrsg.). NGO, obščestvennost', biznes i vlast': ot vzaimodejstvija k partnerstvu. Materialy seminara 6.–9. 4. 1996, Moskva 1996, S. 10.

18 SMIRNOV, Aleksej. Licom k licu s vlast'ju. In: Pravozaščitnik 1, 1994, S. 10; vgl. das eingangs angeführte Putin-Zitat.

19 Vgl. AL'TŠULER, Boris. Čto možno sdelat', kogda sdelat' ničego nel'zja? Konstruktivnyj kommentarij k programmnoj stat'e Vladimira Putina. 2000. http://www.openweb.ru/p_z/Ku/put0100.htm [Stand 5. 11. 2001]

20 MERKEL, Wolfgang; LAUTH Hans-Joachim. Systemwechsel und Zivilgesellschaft: Welche Zivilgesellschaft braucht die Demokratie? In: Aus Politik und Zeitgeschichte B 6–7, 30. Januar 1998, S. 5.

nisationen in demokratischen Gesellschaften als „Mahnerinnen" erfüllen[21], denn NGOs „ersetzen" nach dieser Auffassung den Staat. Zum Beispiel weist die Ansicht in diese Richtung, dass auf Grund der Desorganisiertheit staatlicher Institutionen nichtstaatliche Gruppen vor allem im Sozialbereich zur Bekämpfung der Armut unbedingt notwendig sind.[22] Die Auffassung von Zivilgesellschaft als Alternative zum Staat – nicht als „komplementäre Ergänzung"[23] – ist der zentrale Unterschied zur westlichen Perzeption, die in gleichem Ausmaß die entscheidende Unterstützungsfunktion des Staates hervorhebt.[24] Beispielsweise schreibt John A. Hall: "The notion that groups, albeit of the right type, should balance the state is subtly wrong. This manner of conceptualizing state-society relations leaves much to be desired because it tends to see the state exclusively as a threat. [...] The current situation of Russia, bereft of the rule of law, demonstrates the weakness of this view. The state is needed by civil society for protection and so as to ensure basic social conditions."[25]

Die russländische Perzeption kann am ehesten mit der Situation in manchen Ländern Afrikas, Ostasiens oder Lateinamerikas verglichen werden, in denen zivilgesellschaftliche Gruppen auf Grund mangelnder staatlicher Aktivität als funktionaler „Staatsersatz" operieren und beispielsweise Aufgaben im Bildungs- und Gesundheitsbereich übernehmen.[26] Allerdings ist zu hinterfragen, inwieweit NGOs dieser „staatlichen Rolle" mehr als nur in punktueller Form gerecht werden können. Nicht zuletzt erfordert eine derartige Tätigkeit enorme finanzielle und personelle Ressourcen. Die reiche Zahl an „Demokratiedefekten" und die ungünstigen ökonomischen Rahmenbedingungen lassen für den Fall Russland eine große Diskrepanz zwischen „Wünschen und Möglichkeiten"[27] der Substitution staatlichen Handelns durch NGOs vermuten. Weiters sind die Bedenken von Croissant/Lauth/Merkel zu berücksichtigen, wonach zivilgesellschaftliche Organisationen in diesem Fall „eher zu sozialpolitischen Dienstleistern denn zu demokratie- und partizipationsfördernden Agenturen"[28] werden.

21 HUNDEWADT, Erik. The Role of Voluntary Associations (NGOs) in a Democratic Society. In: Schramm, Jürgen (Hrsg.). The role of Non-Governmental Organizations in the new European Order: Theory – International Relations – Area Reports. Baden-Baden 1995, S. 9–11.

22 GORDON, Leonid. Oblast' vozmožnogo. Varianty social'no-političeskogo razvitija Rossii i sposobnost' rossijskogo obščestva perenosit' tjagoty perechodnogo vremeni. Moskva 1995. S. 166.

23 MERKEL, Wolfgang; LAUTH Hans-Joachim. Systemwechsel und Zivilgesellschaft: Welche Zivilgesellschaft braucht die Demokratie? In: Aus Politik und Zeitgeschichte B 6–7, 30. Januar 1998, S. 11.

24 NARDIN, Terry. Private and Public Roles in Civil Society. In: Walzer, Michael (Hrsg.). Toward a Global Civil Society. The Friedrich Ebert Stiftung series on international political currents vol. 1, Providence/Oxford 1998, S. 31.

25 HALL, John A. In Search of Civil Society. In: Hall, John A. (Hrsg.). Civil Society. Theory, History, Comparison. Cambridge 1995, S. 16.

26 CROISSANT, Aurel; LAUTH Hans-Joachim; MERKEL Wolfgang. Zivilgesellschaft und Transformation: ein internationaler Vergleich. In: Merkel, Wolfgang (Hrsg.). Systemwechsel 5. Zivilgesellschaft und Transformation (Unter Mitarbeit von Christian Henkes). Opladen: Leske + Budrich 2000, S. 28 bis 29.

27 Ein russischer Trinkspruch lautet „Auf die Übereinstimmung unserer Wünsche mit unseren Möglichkeiten".

28 CROISSANT, Aurel; LAUTH Hans-Joachim; MERKEL Wolfgang. Zivilgesellschaft und Transformation: ein internationaler Vergleich. In: Merkel, Wolfgang (Hrsg.). Systemwechsel 5. Zivilgesellschaft und Transformation (Unter Mitarbeit von Christian Henkes). Opladen: Leske + Budrich 2000, S. 29.

Wie bereits angeklungen wird Zivilgesellschaft in Russland zumeist mit dem Dritten Sektor gleichgesetzt, der aus NGOs besteht[29]. Die Begriffe fungieren als Äquivalente.[30] Dies ist eine Tendenz, die nicht allein in Russland zu beobachten ist, sondern dem alltagssprachlichen Verständnis von Zivilgesellschaft, das sich vielerorts gebildet hat, entspricht. Russländische NGOs verstehen sich als „Institutionen der Zivilgesellschaft", die trotz der von der politischen Macht ausgehenden antidemokratischen Entwicklung langfristig einen Beitrag zu einer demokratischeren Politik und zur demokratischen Erziehung der Gesellschaft leisten.[31] Die Zivilgesellschaft trägt in diesem Selbstverständnis bedeutende Mitverantwortung an der Demokratisierung. Indem sie gleichzeitig als Mittel und Ziel des Demokratisierungsprozesses betrachtet wird, gerät sie in Gefahr, zu einem „catch-all concept" zu werden. Beispielsweise ist nach Avak'jan Zivilgesellschaft letztlich ein Wesenszug eines demokratischen Staates und nichts anderes als eine hoch entwickelte Gesellschaft mit einem bestimmten ökonomischen, sozialen und ethischen Niveau bei einem hohen Organisations- und Informationsgrad der Bevölkerung.[32] Als normatives Zukunftsprojekt entweicht die Zivilgesellschaft auf diese Weise der Gegenwart. Sie übernimmt die Funktion einer Utopie und wird im russländischen Kontext durchwegs als etwas betrachtet, das noch zu schaffen ist.[33] Der Menschenrechtsaktivist und Duma-Abgeordnete Sergej Kovalev formuliert seine Ziel- und Wunschvorstellung der (Zivil)Gesellschaft so: „Das ist die bürgerliche Gesellschaft – eine Gesellschaft, die tolerant ist und die Meinung des anderen respektiert und die zugleich sich selbst als eine Einheit begreift."[34] Tugenden wie Gewaltfreiheit und Toleranz gelten als Kernelemente jeder Zivilgesellschaft. Dies ist einer der Gründe, dass angesichts des Krieges in Tschetschenien, um nur das eklatanteste Beispiel zu nennen, und des fehlenden oder wirkungslosen Widerstandes dagegen mitunter die Existenz einer Zivilgesellschaft in Russland in Abrede gestellt wird. Diese Ansicht übersieht die Akteure, die in den letzten zehn Jahren zivilgesellschaftliche Funktionen übernommen haben und sich selbst der Gewaltfreiheit verschrieben haben.

3. Der rechtliche Kontext und die Rechtswirklichkeit

Der Bereich, in dem die Handlungsspielräume zivilgesellschaftlicher Akteure am stärksten von Maßnahmen staatlicher Organe bestimmt werden, liegt in der Schaffung rechtlicher Rahmenbedingungen und in der Gewährleistung der Einhaltung der Geset-

---

29   Neben dem staatlichen und kommerziellen Sektor.
30   VERBICKIJ, Andrej. NGO, razvitie i demokratija. In: Verbickij, Andrej (Hrsg.). NGO, obščestvennost', biznes i vlast': ot vzaimodejstvija k partnerstvu. Materialy seminara 6.–9. 4. 1996, Moskva 1996, S. 10.
31   KOWALEW, Sergej. Die Überwindung des Totalitarismus in Rußland. In: Menschenrechte März/Juni, 1998, S. 38.
32   AVAK'JAN, S. A. Političeskij pljuralizm i obščestvennye ob"edinenija v Rossijskoj Federacii: konstitucionno-pravovye osnovy, Moskva: Rossijskij Juridičeskij izdatel'skij dom 1996. S. 16–17.
33   Vgl. GRAŽDANSKOE OBŠČESTVO. Mirovoj opyt i problemy Rossii. Institut mirovoj ėkonomiki i meždunarodnych otnošenij Rossijskoj Akademii nauk (Hrsg.), Moskva 1998. S. 292–295.
34   KOWALEW, Sergej. Die russische Menschenrechtsbewegung heute. Sergej Kowalew im Gespräch. In: Menschenrechte Januar–März, 2000, S. 10.

ze. Im Laufe der 90er Jahre wurde eine Reihe von Rechtsnormen beschlossen, die die Gründung und Tätigkeit von nichtstaatlichen Organisationen regeln. Noch vor dem Zerfall der Sowjetunion 1991 wurden sowohl auf Unionsebene als auch im Bereich der RSFSR Gesetze und Verordnungen erlassen, die gesellschaftliche Organisationen betrafen und die Entstehung eines nichtstaatlichen Sektors ermöglichten.[35] In der Verfassung der Russischen Föderation von 1993 ist die Vereins- und Versammlungsfreiheit festgeschrieben.[36] Die Verfassung sowie die Gesetze „Über gesellschaftliche Vereinigungen" (*Ob obščestvennych ob"edinenijach*) von 1995 und „Über nichtkommerzielle Organisationen[37]" (*O nekommerčeskich organizacijach*) von 1996 bilden nunmehr die Grundlage für das Agieren nichtstaatlicher Organisationen. Den verschiedenen Typen von Organisationen trugen weitere Gesetze Rechnung wie beispielsweise die Gesetze über Gewerkschaften oder Wohltätigkeitsorganisationen. Abgesehen davon enthält das Bürgerliche Gesetzbuch (*Graždanskij Kodeks*) Bestimmungen über ihren rechtlichen Status. Auf der Ebene der Föderationssubjekte existieren zudem lokale, den Dritten Sektor betreffende normative Akte.[38] Dieses System an Rechtsnormen verleiht der Tätigkeit von NGOs grundsätzlich eine hinreichende gesetzliche Basis.[39]

Das größte Problem für NGOs liegt laut Jurij Džibladze, dem Präsidenten des (nicht-staatlichen) Zentrums für die Entwicklung der Demokratie und der Menschenrechte (*Centr razvitija demokratii i prav čeloveka*), in der undurchsichtigen Steuergesetzgebung des Landes, die den non-profit-Charakter von NGOs unzureichend berücksichtigt und keine Anreize für Spendentätigkeit schafft.[40] Im Gegenteil, das zu Beginn des Jahres 2001 in Kraft getretene Steuergesetzbuch (*Nalogovyj Kodeks*) nahm keine Rücksicht auf nichtkommerzielle Organisationen, die kostenlose (Dienst)Leistungen beispielsweise in Form juristischer Beratung oder Nahrungsmittelvergabe erbringen. Gemäß den Bestimmungen müssen NGOs für ihre Gratisleistungen eine Mehrwertsteuer entrichten, die sich an Marktpreisen für derartige Leistungen orientiert. Die Personen, die die Leistung (gratis) empfangen, werden dafür ebenfalls steuerlich belastet.[41] Diese gesetzliche Maßnahme wurde von den betroffenen InterviewpartnerInnen scharf kritisiert, da sie ihre Tätigkeit stark zu beeinträchtigen droht. Viel wird davon abhängen, wie konsequent die Regelung in der Praxis umgesetzt wird und ob sich „gesetzliche Schlupflöcher" finden lassen.

---

35 AVAK'JAN, S. A. Političeskij pljuralizm i obščestvennye ob"edinenija v Rossijskoj Federacii: konstitucionno-pravovye osnovy, Moskva: Rossijskij Juridičeskij izdatel'skij dom 1996. S. 49–51.
36 KONSTITUCIJA Rossijskoj Federacii. Moskva: Juridičeskaja literatura 1993. S. 13.
37 Der Begriff „nichtkommerzielle Organisationen" entspricht dem Ausdruck „Nonprofit-Organisationen".
38 SEVORT'JAN, Anna. Tema nomera: „Territorija NKO": Granicy otkryty. In: Agentstvo Social'noj Informacii. Informacionno-Analitičeskij Bjulleten' 16 (46), oktjabr' 2000 g., S. 2–3.
39 Interview mit POLJAKOVA, Mara (Nezavisimyj Ėkspertno-pravovoj Sovet), 12. 9. 2001, Moskau.
    Vgl. BEICHELT, Timm; KRAATZ Susanne. Zivilgesellschaft und Systemwechsel in Rußland. In: Merkel, Wolfgang (Hrsg.). Systemwechsel 5. Zivilgesellschaft und Transformation (Unter Mitarbeit von Christian Henkes). Opladen: Leske+Budrich 2000. S. 124.
40 Zitiert nach: SEVORT'JAN, Anna. Tema nomera: „Territorija NKO": Granicy otkryty. In: Agentstvo Social'noj Informacii. Informacionno-Analitičeskij Bjulleten' 16 (46), oktjabr' 2000 g., S. 3; vgl. JARYGINA, Tatjana. Auf dem Weg zur Zivilgesellschaft. Der nichtkommerzielle Sektor in Russland. In: Der Bürger im Staat 2/3, 2001.
    http://www.lpb.bwue.de/aktuell/bis/23_01/russland7.htm [Stand 23. 2. 2002]
41 Interview mit POLJAKOVA, Mara (Nezavisimyj Ėkspertno-pravovoj Sovet), 12. 9. 2001, Moskau.

Zu Schwierigkeiten kam es auch im Zusammenhang mit den Registrierungsregelungen, da sich nach der Annahme des Gesetzes „Über gesellschaftliche Vereinigungen" 1995 vor diesem Zeitpunkt bereits registrierte Organisationen spätestens bis zum 1. Juli 1999 einer neuerlichen Registrierung unter Prüfung der Gesetzmäßigkeit der Statuten zu unterziehen hatten. Andernfalls drohte die Liquidierung.[42] Der Föderationsrat brachte ein Gesetz zur Verlängerung dieser Frist zu Fall.[43] Nicht allein die Uninformiertheit vieler NGOs über die Notwendigkeit dieses Schrittes führte zu Problemen, auch wurde einer großen (nicht näher definierten) Anzahl an Organisationen die Neuregistrierung verweigert oder sie unterlagen bei der Vorlage ihrer Dokumente Schikanen seitens der zuständigen Justizbehörden. In den meisten derartigen Fällen gab man als Begründung die Nichtübereinstimmung der Papiere mit den gesetzlichen Anforderungen an.[44] Beispielsweise beanstandeten die Justizbehörden in den Statuten von Menschenrechtsorganisationen vor allem die Verankerung des Menschenrechtsschutzes als Ziel der Vereinsarbeit. Sie stellten sich auf den Standpunkt, dass dies die Aufgabe des Staates sei und gesellschaftliche Vereinigungen lediglich zur Mitwirkung berufen seien.[45] In ähnlicher Weise konnten sich eine Reihe von Umweltorganisationen, die gegen das Atomkraftwerk in Rostov aufgetreten waren, des Eindrucks nicht erwehren, dass sie ihren Status aus diesem (politischen) Grund nicht erneuern konnten. Das Informationszentrum der Menschenrechtsbewegung (Informacionnyj centr pravozaščitnogo dviženija) und das Zentrum für die Entwicklung der Demokratie und der Menschenrechte werteten die Vorgangsweise der Behörden als gezielte gegen NGOs ausgerichtete Politik.[46] Mara Poljakova, Gründerin des Unabhängigen RechtsexpertInnenrates (*Nezavisimyj Ėkspertno-pravovoj sovet*), dem namhafte russländische JuristInnen angehören, spricht von „absoluter Willkür" fern von jeder gesetzlichen Grundlage, im Zuge derer viele Organisationen ihren Status als juristische Personen verloren haben.[47] Andere schätzten die Lage weniger dramatisch ein. Mila Bogdan, Direktorin des Instituts zur Unterstützung gesellschaftlicher Initiativen ISAR (*Institut sodejstvija obščestvennym iniciativam* / ISAR), geht davon aus, dass viele NGOs tatsächlich mangelhafte Unterlagen vorgelegt hätten und es sich bei den meisten liquidierten Organisationen um „tote Vereinigungen" gehandelt habe. Allerdings bestreitet sie Fälle politisch motivierter Entscheidungen nicht.[48] Wenngleich Anna Pastuchova aus Ekaterinburg nicht ausschließt, dass vereinzelt Organisationen gestärkt aus dieser Situation hervorgingen[49], stellte die notwendige Neuregistrie-

---

42   FEDERAL'NYJ ZAKON „Ob obščestvennych ob"edinenijach". Moskva: Izdatel'stvo „Os'-89" 1996. S. 28–29.
43   HUMAN RIGHTS NETWORK: Registracija NKO. E-Mail vom 30. 11. 1999.
44   SEVORT'JAN, Anna. „Karatel'nye" mery kak vernost' zakonu. Rezul'taty i posledstvija pere-registracii. In: Vestnik blagotvoritel'nosti 5–6 (41–42), sentjabr'-dekabr' 1999, S. 37; vgl. Interview mit PASTUCHOVA, Anna (Memorial Ekaterinburg), 1. 9. 2001, Moskau.
45   KOWALEW, Sergej. Die russische Menschenrechtsbewegung heute. Sergej Kowalew im Gespräch. In: Menschenrechte Januar–März, 2000, S. 11; vgl. Interview mit ORLOV, Oleg (Pravozaščitnyj centr Memorial), 2. 9. 2001, Moskau.
46   NATIONS IN TRANSIT 2001. http://216.119.117.183/pdf.docs/research/nitransit/2001/25_russia.pdf [Stand 14. 8. 2001] S. 317.
47   Interview mit POLJAKOVA, Mara (Nezavisimyj Ėkspertno-pravovoj Sovet), 12. 9. 2001, Moskau.
48   Interview mit BOGDAN, Mila (Institut sodejstvija obščestvennym iniciativam / ISAR), 13. 9. 2001, Moskau.
49   Interview mit PASTUCHOVA, Anna (Memorial Ekaterinburg), 1. 9. 2001, Moskau.

rung für viele NGOs zweifelsohne einen „schweren Moment"[50] in ihrem juristischen (Über)Leben dar.

Die Registrierungsfrage verdeutlicht, dass die Gesetzeslage sowie insbesondere deren Auslegung unmittelbare Auswirkungen auf die Tätigkeit von NGOs haben. In den letzten zehn Jahren bemühten sich NGOs aktiv um die Verankerung demokratischer Rechtsnormen und um Einfluss auf den Gesetzgebungsprozess. Dies erfolgt durch die Erstellung von ExpertInnengutachten zu Gesetzesprojekten, die Erarbeitung von alternativen Entwürfen und Lobbyarbeit in der Staatsduma oder in den gesetzgebenden Versammlungen der Föderationssubjekte oder diverser Stadtparlamente. Mitunter kam es auch zu Unterschriften- und Postkartenaktionen gegen bestimmte Gesetzesvorhaben.[51]

Insbesondere die Reformierung der Gesetze im Bereich des Gerichtswesens ist von zentraler Bedeutung für einen Staat, der sich in der Verfassung zum Prinzip der Rechtsstaatlichkeit, zum Schutz der Menschenrechte und zur Gewaltenteilung bekennt. Die Gewährleistung der Einhaltung der Gesetze steht und fällt mit der Funktionsfähigkeit des Gerichtswesens als Hüter des Rechts. An ihr hängt maßgeblich der Spielraum zivilgesellschaftlicher Akteure, die zur Durchsetzung ihrer Interessen und der Rechte ihrer Klientel häufig den Gerichtsweg beschreiten. Die Gerichtsreform nahm 1991 nach der Unabhängigkeitserklärung Russlands mit der von Präsident El'cin in den Obersten Sowjet der RSFSR eingebrachten Konzeption der Gerichtsreform ihren Ausgangspunkt. Sie wurde als prioritäres Anliegen des Gesetzgebungsprozesses definiert, jedoch nach Einschätzung des früheren Verfassungsgerichtshofpräsidenten Vladimir Tumanov nicht als solches behandelt. Dennoch sei die Konzeption der Gerichtsreform im letzten Jahrzehnt im Kern realisiert worden. Dies wertet er als Fortschritt, der jedoch durch die (mangelnde) Qualität der Rechtsprechung relativiert werde.[52] Der bekannte Jurist Sergej Pašin[53] nennt als wichtigste Errungenschaften der Gerichtsreform unter anderem die Festschreibung der richterlichen Unabhängigkeit, die Gründung des Verfassungsgerichtshofes, die unmittelbare Rechtskraft der Verfassung, die Einführung der Geschworenengerichtsbarkeit, die derzeit in neun Subjekten der Russischen Föderation umgesetzt ist, und die schrittweise Rücknahme der Anwendung der Todesstrafe.[54] Im Rückblick kommt Pašin insgesamt aber zu dem Schluss, dass die Gerichtsreform im Jahr 1995 zum Stillstand gekommen ist und sich in eine „bürokratische Pyramide" verwandelt habe.[55] Die Gerichte gerieten in Abhängigkeit von den lokalen Machthabern. Da die Geldmittel aus dem Bundesbudget weder ausreichen noch verlässlich eintreffen,

---

50 Interview mit ORLOV, Oleg (Pravozaščitnyj centr Memorial), 2. 9. 2001, Moskau.
51 Vgl. die Interviews mit GEFTER, Valentin (Institut po pravam čeloveka), 31. 8. 2001, Moskau; JANIN, Dmitrij (Konfederacija obščestv potrebitelej KonfOP), 13. 9. 2001, Moskau; VACHNINA, Ljudmila (Bjulleten' „Za mirnuju Rossiju"), 6. 9. 2001, Moskau; ORLOV, Oleg (Pravozaščitnyj centr Memorial), 2. 9. 2001, Moskau.
52 TUMANOV, Vladimir. O sudebnoj reforme v Rossii. In: Obščaja tetrad'. Vestnik Moskovskoj Školy Političeskich Issledovanij 3 (18), 2001, S. 28–29.
53 Ihm wurde als Richter zweimal gesetzwidrig sein Rang aberkannt, woraufhin er nach seiner erreichten Wiedereinsetzung selbst aus seiner Funktion ausschied.
54 PAŠIN, S. A. Obzor hoda i rezul'tatov sudebnoj reformy (sudoustrojstvo i ugolovnoe sudoproizvodstvo). Nezavisimyj Ėkspertno-Pravovoj Sovet. Ėkspertiza. http://www.hro.org/docs/expert/survey.htm [Stand 20. 2. 2002]
55 PAŠIN, Sergej. Sudebnaja bezotcovščina. In: Itogi, 16. 11. 1999, S. 46.

sind die Gerichte auf Geldmittel aus den regionalen Budgets angewiesen. Das Prinzip der Gewaltenteilung wird erheblich verletzt.[56] Die schlechte finanzielle Ausstattung vieler Gerichte macht eine ernsthafte Befassung mit der Vielzahl zu bearbeitender Fälle praktisch unmöglich.[57] Die RichterInnen sind zudem vom auf Lebenszeit bestellten Vorsitzenden des Gerichts abhängig. Seine Gunst entscheidet beispielsweise über Zuweisungen von Wohnungen oder über lukrative Auslandsdienstreisen, die das niedrige Gehalt aufbessern. Nicht von den „Texten auf dem Papier" gehe die Gefahr aus, so Pašin, sondern von der Praxis der Rechtsprechung und der Arbeit der Gerichte. Das Schmiergeldwesen sei zum Usus geworden. „Bei den Gerichten weiden Vermittler", meint er wörtlich. Als Beispiel nennt er Personen, die nach Erhalt von Schmiergeldern die rasche Bearbeitung eines Falles zusichern. Daraufhin bearbeitet der Richter oder die Richterin, ohne selbst Geld entgegengenommen zu haben, den betreffenden Fall in völligem Einklang mit dem Gesetz zu einem früheren Zeitpunkt. Ein weiteres Problem sei, dass die Staatsanwaltschaft „wie zu Sowjetzeiten" arbeite und über Foltermethoden im Polizeigewahrsam hinwegsieht. Für die „einfachen BürgerInnen" sei keine Verbesserung eingetreten, sondern eher eine Verschlechterung, wenngleich vielen Menschen, die zur Sowjetzeit keine Möglichkeit hatten, ein Gericht anzurufen, dieses Recht nun zusteht. De facto ist aber auch die Umsetzung von Gerichtsurteilen nicht gewährleistet. Angesichts dieser allgemein bekannten Situation versteht Pašin den mitunter geäußerten Vorwurf nicht, die Menschen in Russland würden Gesetze nicht achten. Er dreht die Frage um: „Wozu sollte man sie achten?"[58]

Die Ursachen für die negative Entwicklung liegen für Pašin auf der Hand: „Zum einen existiert die Last der alten Traditionen – die Bereitschaft sich dem unterzuordnen, der die Nahrung bereitstellt und Geld gibt – zum anderen befasst sich die führende Richterschaft in erster Linie mit der Festigung der eigenen Stellung."[59] Den RichterInnen mangelt es an Verständnis für die Rechtsstaatlichkeit. Zur Sowjetzeit erhielten sie die Anweisungen von Partei und Staatsanwaltschaft. Ihnen fehlt die Erfahrung, sich am Gesetz zu orientieren, unabhängige Urteile zu fällen oder freizusprechen. Die Unschuldsvermutung gilt nur auf dem Papier. Die RichterInnen sind ihrer neuen Rolle als „unabhängige rechtsprechende Instanzen" größtenteils nicht gewachsen. Zudem verfügen sie über kein öffentliches Ansehen und fühlen sich gedemütigt.[60] Die Juristinnen und Juristen, die das Recht als Grundlage ihrer Arbeit sehen, stellen die Minderheit dar[61], die zudem mit Unverständnis und Schwierigkeiten rechnen muss, wie der Fall Pašin selbst bewies.[62] „Auf dem Papier haben wir wesentlich mehr Demokratie als im praktischen Leben", so Mara Poljakova. In Russland hätten viele Gesetze – letztlich auch die Verfassung – den Charakter von Deklarationen, an denen sich in der Praxis niemand orientie-

---

56   Interview mit SVIRIDOVA, Ol'ga (Strategija), 14. 2. 1997, Moskau.
57   PAŠIN, Sergej. Sudebnaja bezotcovščina. In: Itogi, 16. 11. 1999, S. 46.
58   Interview mit PAŠIN, Sergej (Nezavisimiyj Ekspertno-pravovoj Sovet), 11. 9. 2001, Moskau.
59   Ebd.
60   SCHMIDT-HÄUER, Christian. Rußland in Aufruhr. Innenansichten aus einem rechtlosen Reich. München 1993. S. 35–36, 183; PAŠIN, Sergej. Sudebnaja bezotcovščina. In: Itogi, 16. 11. 1999, S. 48.
61   PAŠIN, Sergej. Sudebnaja bezotcovščina. In: Itogi 16. 11. 1999, S. 46.
62   Siehe FN 53.

re. Sie könne als Fachfrau, die lange Zeit in der Staatsanwaltschaft tätig war, mit wenigen Ausnahmen in keinem einzigen Fall einer Verurteilung garantieren, dass die betreffende Person für ein Verbrechen verurteilt wurde, das sie in der Tat begangen hat. Der Hauptgrund dafür liegt in der häufigen Anwendung von Folter zur Erpressung von Geständnissen. Das Gerichtssystem gäbe keinen Anlass zu einer optimistischen Zukunftsprognose. Die einzige Hoffnung liegt laut Poljakova in der Geschworenengerichtsbarkeit.[63]

In manchen Bereichen lässt auch die Demokratie auf dem Papier zu wünschen übrig. Tendenzen in Richtung eines Abbaus an Rechtsgarantien kommen insbesondere im Prozessrecht zum Ausdruck.[64] Als Beispiel kann die neue Strafprozessordnung (*Ugolovno-processual'nyj Kodeks*) angeführt werden, die im Dezember 2001 von Putin unterzeichnet wurde. Trotz mancher positiver (deklarativer) Festlegungen – wie etwa der Ausdehnung der Geschworenengerichtsbarkeit auf alle Regionen Russlands – sorgte die Strafprozessordnung bereits im Vorfeld für heftige Kritik seitens namhafter russischer JuristInnen und Menschenrechtsorganisationen, die es mit den Worten „Inquisitionsmodell"[65], „repressiv"[66] oder sogar als „Kodex eines totalitären Regimes"[67] charakterisierten. RichterInnen werden in die Rolle von BeweisführerInnen gedrängt, Normen, die es ermöglichen würden, unter Folter gemachte Geständnisse vor Gericht zu widerrufen, fehlen[68], das Verfahren zur Verurteilung Beschuldigter, die ein Schuldbekenntnis (dessen „Freiwilligkeit" zumindest zu bezweifeln ist) abgeben, wird erleichtert. Eine Reihe von Bestimmungen widerspricht nach der Analyse des „Unabhängigen RechtsexpertInnenrates" der Verfassung.[69] Auch die Arbeit von NGOs wird durch die neue Strafprozessordnung in wesentlichen Bereichen eingeschränkt. Zum einen werden sie des Statuses eines Verteidigers vor Gericht beraubt. Damit bleibt die Verteidigung Rechtsanwälten vorbehalten, die sich die Mehrheit der russischen BürgerInnen nicht leisten kann. Für sie bleibt daher nur die Beistellung eines schlecht bezahlten und dementsprechend „engagierten" Pflichtverteidigers. Eine zusätzliche Beiziehung anderer Vertrauenspersonen obliegt dem Ermessen des Gerichts. Zum anderen ist nunmehr die Aufnahme von Gerichtsverhandlungen auf Audiokassetten nur mehr mit Erlaubnis des Gerichts gestattet, um zwei Beispiele zu nennen.[70]

---

63   Interview mit POLJAKOVA, Mara (Nezavisimyj Ékspertno-pravovoj Sovet), 12. 9. 2001, Moskau.
64   PAŠIN, S. A. Obzor hoda i rezul'tatov sudebnoj reformy (sudoustrojstvo i ugolovnoe sudoproizvodstvo). Nezavisimyj Ékspertno-Pravovoj Sovet. Ékspertiza.
        http://www.hro.org/docs/expert/survey.htm [Stand 20. 2. 2002]
65   Siehe: CELMS, Georgij. Gibrid vodoprovoda s kanalizaciej. In: Novye Izvestija, 14. 6. 2001, S. 5.
66   PAŠIN, S. A. Zaključenie na proekt UPK (Memorandum). Nezavisimyj Ékspertno-pravovoj sovet. Ékspertiza. 15. 6. 2001.
        http://www.hro.org/docs/expert/pashin-0601.htm [Stand 20. 2. 2002]
67   Interview mit POLJAKOVA, Mara (Nezavisimyj Ékspertno-pravovoj Sovet), 12. 9. 2001, Moskau.
68   Im Detail siehe: CELMS, Georgij. Gibrid vodoprovoda s kanalizaciej. In: Novye Izvestija, 14. 6. 2001, S. 5.
69   Details dazu siehe: PAŠIN, S. A. Zaključenie na proekt UPK (Memorandum). Nezavisimyj Ékspertnopravovoj sovet. Ékspertiza. 15. 6. 2001.
        http://www.hro.org/docs/expert/pashin-0601.htm [Stand 20. 2. 2002]
70   Ebd.; vgl. Artikel 49, § 2 sowie 241, § 5 in: UGOLOVNO-PROCESSUAL'NYJ KODEKS Rossijskoj Federacii. 18. 12. 2001.
        http://www.akdi.ru/gd/proekt/084513GD.SHTM [Stand 20. 2. 2002]

Frühere Prognosen, wonach „Recht und Rechtswirklichkeit sich auseinander entwickeln würden statt zu konvergieren"[71], scheinen eine (Kehrt)Wendung im Sinne einer der Rechtswirklichkeit entgegenkommenden repressiveren Gesetzgebung zu nehmen. Nach zehn Jahren Gerichts- und Rechtsreform ist Russland ein „Rechtsstaat", in dem sich sowohl Behörden und politische Amtsträger leichtfertig über rechtliche Regelungen und verfassungsrechtliche Prinzipien hinwegsetzen wie auch die Gerichte zu keinen funktionierenden Institutionen im Dienste der Rechtsstaatlichkeit avancierten. Diese Tatsache stellt eines der größten Hindernisse für jene Akteure dar, die zivilgesellschaftliche Kontroll- und Schutzfunktionen wahrzunehmen trachten. Ein maßgeblicher Teil ihrer Tätigkeit ist daher gerade auf die Schaffung besserer rechtlicher Rahmenbedingungen und die Gewährleistung ihrer Einhaltung ausgerichtet, da der Staat in diesem Kernbereich versagt.

4. Zivilgesellschaftliche Akteure

4.1 Nichtstaatliche Organisationen (NGOs)

Der NGO-Sektor hat als Bereich, der quasi per definitionem nicht staatlich und nicht gewinnorientiert ist, quantitativ betrachtet im letzten Jahrzehnt in allen Bereichen (Soziales, Gesundheit, Ökologie, Kultur, Menschenrechte, Frauen, Jugend, Bildung, Sport etc.) eine deutliche Zunahme erfahren. Betrug die Zahl der NGOs im Jahr 1993 noch 30.000 so waren es im Jahr 1999 etwa 286.000.[72] Für 2001 wird bereits die Zahl 300.000 angegeben. Experten schätzen jedoch, dass davon real lediglich 70.000 aktiv sind und der Rest nur auf dem Papier existiert.[73] Darunter ist die schwer zu schätzende Zahl an „nichtstaatlichen" Akteuren, die unter Beteiligung staatlicher Stellen entstanden sind. Diese haben zwar den Status von NGOs, sind jedoch staats- oder regierungsnah. Für derartige Formationen sind die Ausdrücke GONGOs (*government organized nongovernmental organization*) oder QUANGOs (*quasi-nongovernmental organization*) u. ä. gebräuchlich.[74]

Gemäß den Untersuchungen der Charities Aid Foundation (CAF) dominiert bei der Ausrichtung der NGOs der Sozialbereich mit 22 %, gefolgt von Berufsverbänden (18 %) und Vereinigungen nach spezifischen Interessen wie z. B. Sportklubs (17 %). 7 % entfallen auf Menschenrechts- und Konsumentenschutzorganisationen, 6 % auf Öko-Organisationen. Den Rest teilen sich die anderen Bereiche.[75] Auf Grund der Größe des Lan-

71 HEINRICH, Hans-Georg. Vom realen Sozialismus zum surrealen Kapitalismus. In: Österreichische Zeitschrift für Politikwissenschaft 3, 1997, S. 288.
72 BARANOVA, Irina; ZDRAVOMYSLOVA Ol'ga; KIGAJ Natal'ja; KISELEVA Ksenija. Otnošenie naselenija k blagotvoritel'nosti v Rossii. Moskva: CAF 2001. S. 4.
73 SIMONOV, Aleksej. Kozly i ovečki. 25. 6. 2001. http://www.gdf.ru/arh/pub/simonov45.shtml [Stand 31. 8. 2001]; vgl. O GRAŽDANSKOM FORUME. Informacionnoe pis'mo Pravlenija obščestva „Memorial". 12. 9. 2001. http://www.memo.ru/daytoday/inf_let.htm [Stand 26. 11. 2001]
74 KÖSSLER, Reinhart; MELBER Henning. Chancen internationaler Zivilgesellschaft. Frankfurt am Main 1993. S. 58.
75 OTDEL PO RABOTE S NKO. http://www.a-z.ru/caf/nko.htm [Stand 16. 11. 2001]

des und der Diversität dieses Sektors ist es kein leichtes Unterfangen, die russländische NGO-Landschaft einer Analyse zu unterziehen. Es sei darauf hingewiesen, dass es sich um keine flächendeckende Betrachtung handeln kann, sondern allein um den Versuch, auf Grundlage des zur Verfügung stehenden Materials und der geführten Interviews Charakteristika festzuhalten, die im Hinblick auf die Bewertung der zivilgesellschaftlichen Rolle von NGOs relevant sind.

Die überwiegende Mehrheit der Befragten war sich darüber einig, dass der NGO-Sektor seit dem Ende der Sowjetunion nicht nur zahlenmäßig gewachsen ist, sondern in den vergangenen Jahren auch in qualitativer Hinsicht trotz ungünstiger politischer und wirtschaftlicher Rahmenbedingungen die Effizienz der eigenen Arbeit steigern konnte. Zu Beginn der 90er Jahre gab es kaum einen Dialog mit politischen Strukturen, keinen „sozialen Auftrag", im Zuge dessen NGOs mit der Übernahme bestimmter Projekte von staatlicher Seite betraut wurden, keinerlei Finanzierung aus staatlichen Quellen und keine Zusammenarbeit mit dem kommerziellen Sektor. Die NGOs waren vorwiegend mit sich selbst beschäftigt. In der Zwischenzeit haben viele Organisationen ihr eigenes Profil entwickelt, ihre Tätigkeit auf eine langfristig funktionierende Basis gestellt, Erfahrungen in Projekten gesammelt, Strukturen in mehreren Regionen aufgebaut, Netzwerke geschaffen und Kontakte zu Medien geknüpft. Es fanden unzählige Konferenzen und Schulungen zu den verschiedensten Themen statt, das Know-how der MitarbeiterInnen verbesserte sich, in vielen Städten wurden Messen des Dritten Sektors durchgeführt, um das Interesse der Bevölkerung sowie der kommerziellen und staatlichen Strukturen zu wecken. Landesweite Kampagnen wurden durchgeführt wie z. B. das Volksbegehren zur Einleitung eines Referendums über das Verbot der Einfuhr von Atommüll, dem es gelang, über zwei Millionen Unterschriften zu sammeln.[76] Es entstanden „channels of cooperation and confrontation" mit politischen Parteien und staatlichen Strukturen. Nicht zuletzt wurden neue Quellen zur Finanzierung nichtstaatlicher Projekte erschlossen. Die Professionalisierung äußert sich auch in der zunehmenden Zahl an JuristInnen, die in NGOs arbeiten.[77] Weiters erfolgte eine Spezialisierung auf bestimmte Arbeitsgebiete, die das frühere „gleichzeitige Befassen mit allem"[78] weitgehend ablöste. Wesentlich klarer als vor zehn Jahren stellen sich das Selbstverständnis und die Zukunftsziele dar, wie an folgendem Anforderungsprofil zu erkennen ist: „Um erfolgreich tätig zu sein, muss man die Gesetzeslage sehr gut kennen, Beziehungen mit staatlichen Strukturen aufbauen, Pressearbeit leisten, Kampagnen durchführen, konkrete Projekte in Angriff nehmen und Fundraising betreiben. Ohne dem kann eine Organisation heute nicht mehr existieren."[79]

Die schrittweise „Konsolidierung" des Dritten Sektors bedeutet grundsätzlich eine Erweiterung seiner Handlungsspielräume und Einflussmöglichkeiten. Die Zahl der

---

76   HASSEL, Florian. Die Heilsarmee als Staatsfeind. In: Greenpeace Magazin 2/01. http://www.greenpeace-magazin.de/archiv/hefte01/2_01/staatsfeind_heilsarmee.html [Stand 28. 11. 2001]

77   Interview mit POLJAKOVA, Mara (Nezavisimiyj Ėkspertno-pravovoj Sovet), 12. 9. 2001, Moskau.

78   Interview mit IVANOVA, Sofija (Memorial Rjazan'), 7. 9. 2001, Moskau.

79   Ebd.

AktivistInnen, die in NGOs tätig sind, wird mittlerweile auf 1 bis2 Millionen geschätzt.[80] Die Zahl der Menschen, die die Leistungen von NGOs in Anspruch nehmen, soll bei etwa 20 Millionen liegen.[81] Dennoch vollzieht sich die Entwicklung des NGO-Sektors von der breiteren Öffentlichkeit unbemerkt. Eine in acht Städten Russlands durchgeführte Studie kam zu dem Schluss, dass die Rolle von NGOs im Leben der Gesellschaft nicht gestiegen ist und im Durchschnitt die BewohnerInnen Russlands mit NGOs kaum in Berührung kommen. Weiterhin bestehen nur sehr vage Vorstellungen über die Arbeit von nichtstaatlichen, wohltätigen, gesellschaftlichen oder nichtkommerziellen Organisationen. Selbst eine „geteilte" Begrifflichkeit hat sich noch nicht gebildet. Es herrscht Misstrauen gegenüber dieser Art von Tätigkeit und ein großes Informationsdefizit bzw. –vakuum.[82] Dies verdeutlicht, dass der Einfluss auf die gesellschaftliche Willensbildung bisher ausgeblieben bzw. marginal ist. Die zivilgesellschaftliche Integrations- und Kommunikationsfunktion fehlt fast gänzlich. Die o. a. Studie kam zu dem Schluss, dass NGOs häufig die Wichtigkeit einer gesellschaftlichen Rückkoppelung unterschätzen. Wenn dies auch durch den Mangel an zeitlichen und finanziellen Ressourcen sowie die mangelnde Erfahrung in der Öffentlichkeitsarbeit und insbesondere in der Medienarbeit erklärbar sein mag[83], so bleibt dennoch ein Potenzial ungenützt, das zu mehr Rückhalt in der Bevölkerung führen könnte. Die Studie stieß auf große prinzipielle Bereitschaft, sowohl unter UnternehmerInnen als auch den RepräsentantInnen der Mittelschicht, freiwillige Unterstützungsleistungen zu erbringen. Es gibt jedoch zwischen diesen beiden Gruppen keine Kommunikation. Auf Grund der fehlenden Information und der Erfahrung im Umgang mit Organisationen „sowjetischen Typs" dominiert bei vielen RespondentInnen ein negatives Bild dieses Sektors bis hin zum Vorwurf der Korruption, Steuerhinterziehung und Geldwäsche. Einige derartige Skandale in „Wohltätigkeitsorganisationen", die durch die Medien gingen, warfen ihre Schatten auf den gesamten Sektor.[84] Diese allgemeinen Einstellungen beeinflussen aber nicht zwingend die Bewertung einzelner Organisationen, die bereits einen gewissen Bekanntheitsgrad erreicht haben und die durchaus positiv rezipiert werden. Als Beispiele können Greenpeace, Memorial, die Bewegungen der Soldatenmütter oder das Rote Kreuz angeführt werden.[85]

Dies ist ein Hinweis darauf, dass sich der NGO-Sektor in „verschiedenen Geschwindigkeiten" entwickelt. Es bestehen unter den NGOs enorme Differenzen hinsichtlich ihrer Größe, ihrer internen Kommunikations- und Organisationsstruktur, ihres Selbst-

---

80   Memorial geht von 1 Million aus. O GRAŽDANSKOM FORUME. Informacionnoe pis'mo Pravlenija obščestva „Memorial". 12. 9. 2001. http://www.memo.ru/daytoday/inf_let.htm [Stand 26. 11. 2001] Aleksej Simonov spricht von 2 Millionen. Vortrag von SIMONOV, Aleksej (Fond zaščity glasnosti). Im Rahmen der Veranstaltung „Prava čeloveka v Rossii". Vstreča s pravozaščitnikami", Moskovskaja meždunarodnaja knižnaja jarmarka/ Vserossijskij Vystovočnyj Centr, 9. 9. 2001, Moskau.
81   Ebd. Hierin stimmen beide Quellen überein.
82   BARANOVA, Irina; ZDRAVOMYSLOVA Ol'ga; KIGAJ Natal'ja; KISELEVA Ksenija. Otnošenie naselenija k blagotvoritel'nosti v Rossii. Moskva: CAF 2001. S. 9.
83   Vgl. Interview mit GRIŠINA, Elena (Informacionnyj centr pravozaščitnogo dviženija), 3. 9. 2001, Moskau.
84   OTDEL PO RABOTE S NKO. http://www.a-z.ru/caf/nko.htm [Stand 16. 11. 2001]
85   BARANOVA, Irina; ZDRAVOMYSLOVA Ol'ga; KIGAJ Natal'ja; KISELEVA Ksenija. Otnošenie naselenija k blagotvoritel'nosti v Rossii. Moskva: CAF 2001. S. 5–15; vgl. Interview mit SESTRENSKIJ, Oleg (Charities Aid Foundation), 14. 9. 2001, Moskau.

verständnisses und ihrer Arbeitsweise. Alle diese Komponenten determinieren letztlich die Möglichkeit bzw. das „Vermögen", zivilgesellschaftliche Funktionen wahrzunehmen. Nach Meinung von Oleg Sestrenskij von der Charities Aid Foundation fehlt eine „kritische Masse an Vereinigungen". Es gäbe im Grunde nur wenige funktionierende Organisationen, die ihre Ziele nicht nur deklarieren, sondern auch umsetzen. Diese bilden jedoch ein Fundament, das in der Lage ist, sich Gehör zu verschaffen, wie beispielsweise im Kontext des Zivilen Forums deutlich wurde (siehe später), und auf dem weiter aufgebaut werden könne. Als wirksamste Bewegungen nennt Sestrenskij die Menschenrechts- und die Umweltbewegung.[86] Sie thematisieren Probleme gesamtgesellschaftlichen Charakters.[87] Ähnlich hebt Sergej Kovalev die Menschenrechtsorganisationen als „Keimzellen der bürgerlichen Gesellschaft" hervor, die „wie die Gänse auf dem Kapitol schnattern, wenn Gefahr droht".[88] Dieses Bild symbolisiert die zivilgesellschaftliche Schutzfunktion. Im Unterschied zu anderen nichtstaatlichen Organisationen wie beispielsweise jenen im Sozialbereich, die häufig nur im Falle vorhandener Geldmittel aktiv sind, steht bei Menschenrechts- und Umweltorganisationen der Einsatz für die „Sache" im Vordergrund.[89] Sie rekrutieren daher auch die meisten Freiwilligen und ehrenamtlich tätigen Personen für die Vereinsarbeit – ein Kriterium, das Sestrenskij als grundlegend für die Zivilgesellschaft hervorhebt und das letztlich der Sozialisierungsfunktion entspricht. Dabei gelingt es vor allem den Umweltorganisationen, auch jugendliche AktivistInnen zu gewinnen[90], wenngleich die Einbindung der Jugend zunehmend auch Anliegen anderer Gruppierungen ist.[91] Ein Manko sozialer Organisationen sieht Sestrenskij darin, dass sie zwar eine Reihe von Konsultationen anbieten, jedoch die Hilfe Suchenden nicht beim Beschreiten des Gerichtsweges unterstützen. In der Durchsetzung der Rechte vor Gericht liege das Hauptproblem für die Betroffenen. Für eine derartige (Vermittlungs)-Tätigkeit fehle es der Mehrheit der Organisationen an Professionalität und Kompetenz.[92] Bei allen Typen von NGOs gibt es das Phänomen, dass viele „Organisationen" lediglich

86 Interview mit SESTRENSKIJ, Oleg (Charities Aid Foundation), 14. 9. 2001, Moskau.
87 SOCIAL'NAJA POLITIKA V ROSSII 2 (37), mart 1999 g., S. 11.
88 KOWALEW, Sergej. Die russische Menschenrechtsbewegung heute. Sergej Kowalew im Gespräch. In: Menschenrechte Januar–März, 2000, S. 10.
89 Interview mit SESTRENSKIJ, Oleg (Charities Aid Foundation), 14. 9. 2001, Moskau. Vgl. Interview mit PASTUCHOVA, Anna (Memorial Ekaterinburg), 1. 9. 2001, Moskau. Sie nennt Memorial eine „weltanschauliche, geistige Vereinigung". In ähnlichen Worten spricht ORLOV, Oleg (Pravozaščitnyj centr Memorial) von einer „Gruppe Gleichgesinnter". Interview, 2. 9. 2001, Moskau.
90 Interview mit SESTRENSKIJ, Oleg (Charities Aid Foundation), 14. 9. 2001, Moskau.
91 Beispielsweise findet im Rahmen von Memorial heuer bereits zum dritten Mal ein russlandweiter SchülerInnenwettbewerb zum Thema „Der Mensch in der Geschichte. Russland – XX. Jahrhundert" statt, der sich mittlerweile zum Vorzeigeprojekt der Organisation entwickelt hat. Die Leiterin des Projekts Irina ŠČERBAKOVA betont, dass es mit Hilfe des Wettbewerbs gelang, viele engagierte Menschen zu gewinnen. Interview, 8. 9. 2001, Moskau. Details zum Wettbewerb siehe unter: ČELOVEK V ISTORII. ROSSIJA – XX vek. http://www.konkurs.memo.ru [Stand 28. 2. 2002]. In ähnlicher Weise veranstaltet die Konföderation der Verbraucherschutzorganisationen KonfOP unter den 1500 Schulklassen, die mittlerweile auf der Basis ihres Schulbuches „Grundkenntnisse für KonsumentInnen" (Osnova potrebitel'skih znanij) unterrichtet werden, einen gleichnamigen russlandweiten Wettbewerb und lädt die GewinnerInnen zu einem Sommerlager ein. Dabei werden mit Hilfe von Rollenspielen das BürgerInnen- und Rechtsbewusstsein der TeilnehmerInnen gestärkt. Im Vorjahr waren erstmals auch einige Jugendliche der Memorial-Struktur eingebunden, 2002 ist eine weitere Vernetzung mit jungen Öko-AktivistInnen geplant. Interview mit JANIN, Dmitrij (Konfederacija obščestv potrebitelej KonfOP), 13. 9. 2001, Moskau.
92 Interview mit SESTRENSKIJ, Oleg (Charities Aid Foundation), 14. 9. 2001, Moskau.

aus einer oder ein paar Personen bestehen, die den Ton angeben. Mit dem Wegfall dieser Führerpersönlichkeit ist häufig das Ende der Organisation verbunden.[93] Die wenigsten Gruppierungen verfügen über interne demokratische Mechanismen. Im Gegensatz dazu existieren nach Ansicht von Kovalev bereits „fertige Zellen der Zivilgesellschaft". Als Beispiel führt er die Gesellschaft Memorial an. Für Memorial sei charakteristisch, dass Menschen verschiedenster politischer Ansichten zusammenarbeiten, wobei die Meinung jeder einzelnen Person durch Gewährleistung einer internen demokratischen Entscheidungsfindung geschützt sei.[94]

Sestrenskij stellt die These auf: „Je schwieriger die Bedingungen in Russland für die Entwicklung des NGO-Sektors waren, desto schneller hat man Erfahrungen gesammelt."[95] Dies würde das Argument stützen, wonach demokratische Widerstandskräfte durch antidemokratische Tendenzen eine Stärkung erfahren können.[96] Es kann aber nicht darüber hinwegtäuschen, dass nicht alle Organisationen gleichermaßen in der Lage sind, auf äußeren Druck „defensiv" zu reagieren und daraus „positive Impulse" abzuleiten. Anna Pastuchova spricht in diesem Zusammenhang von „starken" und „schwachen" Organisationen und verweist auf ein Stadt-Land-Gefälle.[97] Grundsätzlich gilt, dass sich „alles Leben in den großen Städten abspielt".[98] Organisationen in Moskau haben zudem den Vorteil des Zugangs zu föderalen Stellen, die in der Hauptstadt angesiedelt sind, und verfügen über zahlreiche Kontakte zu internationalen Organisationen[99] sowie internationalen NGOs, zu denen regionale Vereinigungen schwerer Zutritt erlangen. Gleichzeitig „verpflichtet" sie dies aber zur Wahrnehmung von Koordinationsaufgaben gegenüber den Regionen.[100] Das Stadt-Land-Gefälle äußert sich grundsätzlich nicht nur zwischen der Hauptstadt und den übrigen Subjekten der Russischen Föderation, sondern auch auf lokaler Ebene zwischen den regionalen Zentren und den umliegenden Gebieten. Da die Dichte und Vernetzung der Organisationen im städtischen Bereich und insbesondere in den Großstädten mit Moskau an der Spitze höher ist, können sie dem Druck seitens der Behörden leichter standhalten als „Einzelkämpfer" in abgelegenen Regionen.[101] Die Gründung einer politisch unabhängigen Organisation ist in kleinen Städten bedeutend schwieriger. Die Abhängigkeit von der lokalen politischen Macht ist dort stärker.[102] Die Größe des Landes und die damit verbundenen regionalen Unter-

---

93   Vgl. Interview mit MIRONOVA, Viktorija (Memorial Bratsk), 9. 9. 2001, Moskau.
94   Interview mit KOVALEV, Sergej (Rossijskoe obščestvo Memorial), 11./13. 9. 2001, Moskau; vgl. Interview mit ORLOV, Oleg (Pravozaščitnyj centr Memorial), 2. 9. 2001, Moskau.
95   Interview mit SESTRENSKIJ, Oleg (Charities Aid Foundation), 14. 9. 2001, Moskau.
96   CROISSANT, Aurel; LAUTH Hans-Joachim; MERKEL Wolfgang. Zivilgesellschaft und Transformation: ein internationaler Vergleich. In: Merkel, Wolfgang (Hrsg.). Systemwechsel 5. Zivilgesellschaft und Transformation (Unter Mitarbeit von Christian Henkes). Opladen: Leske + Budrich 2000, S. 35.
97   Interview mit PASTUCHOVA, Anna (Memorial Ekaterinburg), 5. 3. 1997, Moskau.
98   Interview mit SESTRENSKIJ, Oleg (Charities Aid Foundation), 14. 9. 2001, Moskau.
99   Die Rolle internationaler Organisationen für die russländische Zivilgesellschaft wird in diesem Rahmen nicht genauer beleuchtet. Es sei lediglich darauf verwiesen, dass insbesondere die Möglichkeit der Anrufung des Europäischen Gerichtshofes für Menschenrechte in Strassburg neue Perspektiven eröffnet.
100 Interview mit PONOMAREV, Lev (dviženie „Za prava čeloveka"), 5. 9. 2001, Moskau.
101 Interview mit PASTUCHOVA, Anna (Memorial Ekaterinburg), 5. 3. 1997, Moskau.
102 Interview mit SESTRENSKIJ, Oleg (Charities Aid Foundation), 14. 9. 2001, Moskau.

schiede sowohl hinsichtlich des Klimas und der Bevölkerungsdichte als auch hinsichtlich der politischen und wirtschaftlichen Gegebenheiten sind Faktoren, die nicht oft genug erwähnt werden können.[103] Im europäischen Teil Russlands gibt es laut Mila Bogdan tendenziell mehr NGOs als in Sibirien und dem Fernen Osten, wo „geringe EinwohnerInnenzahlen, riesige räumliche Flächen und weniger Städte, die menschliche Ressourcen bereitstellen"[104], vorhanden sind. Dennoch entwickelt sich der nichtstaatliche Bereich dort nicht zuletzt angesichts schwerer Umweltschäden sehr dynamisch.[105] Es gilt daher auch für den NGO-Sektor, dass die lokalen politischen wie gesellschaftlichen Kräfteverhältnisse jeder Region in starkem Ausmaß die Handlungsmöglichkeiten bestimmen und zu spezifischen Rahmenbedingungen führen können.

4.1.1 Die Zusammenarbeit von NGOs mit staatlichen Strukturen

Die Schlüsselfrage, die sich im Hinblick auf die Ausübung zivilgesellschaftlichen Einflusses auf die politische Willensbildung stellt, ist die nach der Zusammenarbeit von NGOs mit staatlichen Strukturen. „Partnerschaftliche Beziehungen" zwischen diesen zwei Bereichen sind ein Merkmal des (Ideal)Modells einer „reflexiven Zivilgesellschaft".[106] Der Nations In Transit 2001 Report hält für Russland fest: "Government officials and NGOs view each other with mutual mistrust. The government (at all levels) has made little effort to include NGOs in the policy-making process, although in a few places [...] there has been some engagement. Most regional and municipal governments have not adopted laws or put mechanisms in place that enable them to interact with NGOs on a broader scale."[107] Wie bereits erwähnt wurde, ist die Zusammenarbeit in Sachfragen und Teilbereichen im Vergleich zum Beginn der 90er Jahre nichtsdestotrotz stark angewachsen. Beispiele dafür sind die Mitarbeit von NGO-AktivistInnen an der Erstellung von Gesetzesvorlagen, Aktivitäten von NGOs im Bildungsbereich und das Vorhandensein beratender Gremien, die NGO-VertreterInnen mit PolitikerInnen und BeamtInnen an einen Tisch bringen. Derartige „Verhandlungsplattformen" (peregovornye ploščadki) sind die Voraussetzung für einen Dialog. Die Praxis hat gezeigt, dass die Berührungsängste und Konflikte in der Zusammenarbeit zwischen staatlichen Strukturen und NGOs dort am höchsten sind, wo die Tätigkeitsbereiche der NGOs politische Fragen betreffen. Mit anderen Worten befinden sich insbesondere NGOs menschenrechtlicher- und ökologischer Ausrichtung in der „exponiertesten" Lage.[108] Es sind dies

---

103 Vgl. Interview mit MIRONOVA, Viktorija (Memorial Bratsk), 9. 9. 2001, Moskau.
104 Interview mit BOGDAN, Mila (Institut sodejstvija obščestvennym iniciativam / ISAR), 13. 9. 2001, Moskau.
105 Ebd.
106 MERKEL, Wolfgang; LAUTH Hans-Joachim. Systemwechsel und Zivilgesellschaft: Welche Zivilgesellschaft braucht die Demokratie? In: Aus Politik und Zeitgeschichte B 6–7, 30. Januar 1998, S. 10.
107 NATIONS IN TRANSIT 2001. http://216.119.117.183/pdf.docs/research/nitransit/2001/25_russia.pdf [Stand 14. 8. 2001] S. 317.
108 Insbesondere ökologische Forderungen stehen dabei zumeist in unmittelbarem Gegensatz zu den ökonomischen Interessen des Staates.

die Organisationen, die am häufigsten behördlichen Schikanen und Einschüchterungsversuchen ausgesetzt sind. Diese „selektive Repression"[109] äußerte sich in Schwierigkeiten bei der Neuregistrierung ebenso wie darin, dass diese Organisationen von der Bildung von „Doppelgängerorganisationen" oder Diffamierungen in der Presse, hinter denen politische Kräfte vermutet werden, am stärksten betroffen sind. Vor diesem Hintergrund überrascht auch nicht, dass das erwähnte Referendum über den Atommüllimport letztlich nicht zu Stande kam, da die Zentrale Wahlkommission 700.000 der 2,5 Mio. Unterschriften für ungültig erklärte und dadurch die Zahl unter die erforderliche 2 Millionen-Marke drückte.[110] In jüngster Zeit fiel weiters auf, dass Behörden, die mit NGOs zusammenarbeiteten, entmachtet oder überhaupt liquidiert wurden. Ein Beispiel ist die russische Umweltbehörde, die im Jahr 2000 unter dem Vorwand des Kampfes gegen die Bürokratie aufgelöst bzw. ins Ministerium für natürliche Ressourcen überführt wurde.[111] Ähnlich erging es der Aufsichtsbehörde für Nuklearanlagen, die den Dauerkonflikt mit dem Atomministerium im Hinblick auf atomare Sicherheitsvorschriften verlor, als ihr die russische Regierung in Schlüsselbereichen Entscheidungsbefugnisse entzog.[112] Das „Schicksal" der Schließung ereilte auch die Migrationsbehörde, mit der Menschenrechtsorganisationen in regelmäßigem Kontakt standen.[113] Im Dezember 2001 folgte die Auflösung der Begnadigungskommission beim Präsidenten der Russischen Föderation, die nunmehr durch regionale Strukturen ersetzt werden soll.[114] Der Amtsantritt Putins habe innerhalb kürzester Zeit die Mehrheit aller derartigen Verbindungen zerstört, beklagt Oleg Orlov vom Menschenrechtszentrum Memorial.[115]

In den Reihen der NGOs reisst daher die Diskussion über die Sinnhaftigkeit einer Zusammenarbeit mit staatlichen Strukturen nicht ab, die nach dem Prinzip „mit einer Hand geben, mit der anderen nehmen" handeln. Hinzu kommt bei vielen die Angst, durch eine Kooperation die eigene Glaubwürdigkeit und Unabhängigkeit zu verlieren. Dennoch wird die Notwendigkeit einer Zusammenarbeit mehrheitlich anerkannt. Es setzt sich schrittweise die Auffassung durch, dass die „autonomy" einer gesellschaftlichen

---

109 CROISSANT, Aurel; LAUTH Hans-Joachim; MERKEL Wolfgang. Zivilgesellschaft und Transformation: ein internationaler Vergleich. In: Merkel, Wolfgang (Hrsg.). Systemwechsel 5. Zivilgesellschaft und Transformation (Unter Mitarbeit von Christian Henkes). Opladen: Leske + Budrich 2000, S. 23.
110 HASSEL, Florian. Die Heilsarmee als Staatsfeind. In: Greenpeace Magazin 2/01. http://www.greenpeace-magazin.de/archiv/hefte01/2_01/staatsfeind_heilsarmee.html [Stand 28. 11. 2001]
111 Das o. a. Referendum bezog sich auch auf diesen Punkt und hatte die (Wieder)Einrichtung einer unabhängigen Umwelt- sowie Waldbehörde zum Ziel. Siehe dazu: DAS REFERENDUM IM WORTLAUT. http://www.greenpeace.ch/action11/referendum_wortlaut.html [Stand 28. 11. 2001]
112 IMPRESSIONEN ZUM RUSSISCHEN UMWELTSCHUTZ. http://www.greenpeace.ch/action11/russische_atomplane.html [Stand 28. 11. 2001]
113 Interview mit ORLOV, Oleg (Pravozaščitnyj centr Memorial), 2. 9. 2001, Moskau. Migrationsagenden wanderten nach einer Zwischenstation im Föderationsministerium (Ministerstvo po delam federacii, nacional'noj i migracionnoj politiki), das im Oktober 2001 aufgelöst wurde, ins Innenministerium. INFORMACIONNYJ CENTR pravozaščitnogo dviženija. Obzor publikacii central'noj pressy i internet-izdanij N°1 s 1 po 13 dekabrja 2001 goda.
114 Ihre Entmachtung zeichnete sich bereits Monate vorher ab und wurde von Protesten zahlreicher NGOs und Printmedien begleitet. Der ehemalige Vorsitzende, der Schriftsteller Anatolij Pristavkin, wurde zum Berater des Präsidenten in Begnadigungsfragen bestellt. Er zweifelt an der Effektivität dieser Maßnahme. INFORMACIONNYJ CENTR pravozaščitnogo dviženija. Obzor publikacii central'noj pressy i internet-izdanij N°1 (3) s 1 po 17 janvarja 2002 goda.
115 Interview mit ORLOV, Oleg (Pravozaščitnyj centr Memorial), 2. 9. 2001, Moskau.

Organisation – eines der Kriterien von Fish für die Relevanz unabhängiger Assoziationen für die Schaffung einer Zivilgesellschaft[116] – im (selbst)bewussten Dialog mit dem Staat aufrechterhalten werden kann. Der Dialog mit staatlichen Strukturen ist die Voraussetzung dafür, dass NGOs nicht nur Interessen akkumulieren, repräsentieren und in politische Forderungen ummünzen, sondern auch Zugang zu politischen Entscheidungsträgern erlangen und diese beeinflussen – Fishs „access and control"-Funktion.[117] Obwohl es russländischen NGOs gelingt, punktuell derartigen Einfluss geltend zu machen, liegt eine demokratiestützende reflexive Zivilgesellschaft noch in weiter Ferne. Vielmehr entsprechen die Marginalität der „public relevance" und der angespannte Dialog – unter Anwendung der Zivilgesellschaftstypen im Systemwechsel von Merkel/ Lauth[118] – der ersten Phase einer „strategischen Zivilgesellschaft" (in der Phase der Liberalisierung des autokratischen Regimes) und ansatzweise der zweiten Phase einer „konstruktiven Zivilgesellschaft" (in der Phase der Institutionalisierung der Demokratie). Die Rolle des Staates ist hiebei als zentral anzusehen, da die NGOs in vielem auf den „guten Willen" des Staates angewiesen sind. Würde der Widerstand gegenüber NGOs seitens staatlicher Akteure fallen und ein Mindestmaß an Übereinstimmung über Entwicklungsperspektiven erreicht werden, dann könnte eine „normale Zivilgesellschaft" entstehen, so Sestrenskij.[119]

4.1.2 Die Vernetzung von NGOs

Eine wichtige Voraussetzung für das Akkumulieren und Artikulieren von Forderungen gegenüber staatlichen Akteuren ist die koordinierte Interessenswahrnehmung. Die Schwierigkeiten einer landesweiten Vernetzung im Riesenreich ergeben sich auch in anderen Politikbereichen. Die Vernetzung nichtstaatlicher Organisationen wurde im letzten Jahrzehnt aktiv betrieben. Im Vordergrund stand der Aufbau von Kooperationen zwischen regionalen Sektionen derselben Organisation und die Bildung von Netzwerken von NGOs der gleichen Ausrichtung. Das Aufrechterhalten permanenter Beziehungen ist ein schwieriges Unterfangen. Davon zeugt folgendes Statement des Vorstandsvorsitzenden der in mehreren Regionen vertretenen Gesellschaft Memorial Arsenij Roginskij: „Memorial – ist zweifelsohne eine gewaltige Struktur und es ist unmöglich zu wissen, was in welcher Stadt wann geschieht. Das Wichtigste ist, dass die Arbeit überall läuft und keinen einzigen Tag zum Stillstand kommt."[120] Eine Vernetzung ist zudem vielfach nur unter Organisationen möglich, die über einen Internetanschluss verfügen. Für die

116 Vgl. SCHMITTER, Philippe C. Some Propositions about Civil Society and the Consolidation of Democracy (Hg. v. Institut für Höhere Studien, Reihe Politikwissenschaft Nr. 10). Wien 1993. S. 1.
117 FISH, M. Steven. Democracy from scratch. Opposition and regime in the new Russian revolution. Princeton, NJ 1995. S. 53–54.
118 MERKEL, Wolfgang; LAUTH Hans-Joachim. Systemwechsel und Zivilgesellschaft: Welche Zivilgesellschaft braucht die Demokratie? In: Aus Politik und Zeitgeschichte B 6–7, 30. Januar 1998, S. 8–9.
119 Interview mit SESTRENSKIJ, Oleg (Charities Aid Foundation), 14. 9. 2001, Moskau.
120 ROGINSKIJ, Arsenij. Premija mira. In: Memorial Nr. 23, ijun'-avgust 2001, S. 22.

anderen bleibt „die Welt verschlossen".[121] Weiters diente eine Vielzahl von Seminaren und Tagungen dem Erfahrungsaustausch und der Planung gemeinsamer Aktivitäten. Allerdings sind diese häufig auf bestimmte Regionen oder Organisationen beschränkt. Im Jänner 2001 fand beispielsweise in Moskau ein landesweiter Kongress menschenrechtlicher Organisationen statt.[122] Selten besteht die Möglichkeit, zu derartigen Veranstaltungen eine grosse Zahl von TeilnehmerInnen aus den Regionen einzuladen. Im Oktober 2000 wurde in Moskau auf Betreiben der Charities Aid Foundation die „Erste Nationale Konferenz nichtkommerzieller Organisationen Russlands" abgehalten.[123] Das Besondere dieser Konferenz sieht Sestrenskij darin, dass sich erstmals NGOs verschiedenster Ausrichtung trafen, um in thematischen Arbeitskreisen gemeinsame Probleme zu diskutieren. Der Sinn und die Notwendigkeit eines derartigen Treffens liege schon allein darin, „sich zu treffen und zu verstehen, dass wir nicht alleine sind".[124] Trotz dieser zunehmenden Initiativen kann nicht davon ausgegangen werden, dass der Dritte Sektor mit den Worten der Direktorin der Charities Aid Foundation Ol'ga Alekseeva bereits „ein Gesicht" habe.[125] Matthias Morgner vom Deutsch-Russischen Austausch hält den NGO-Sektor für sehr inhomogen und NGOs „nur zum Teil bereit bzw. in der Lage, über die Grenzen der eigenen Stadt, der eigenen Probleme und Motivationen hinaus mit anderen zu kommunizieren".[126]

Im Gegensatz dazu arbeiten einige Moskauer Organisationen intensiv an der Schaffung ihres „Gesichtes" und der Wahrnehmung ihrer „mediator"-Funktion. Eine neue Entwicklung zeichnet sich ab, die in einer zunehmenden Tendenz zur Vernetzung über den eigenen Tellerrand hinaus besteht. Im Jahr 2001 wurden zwei informelle Gesprächsforen eingerichtet: Das erste Forum trägt den Namen „Volksversammlung" (*Narodnaja Assambleja*), das zweite nennt sich „Demokratische Beratung" (*Demokratičeskoe soveščanie*). Erstere wurde von jenen nichtstaatlichen Organisationen gebildet, die über die größten landesweiten Netzwerke verfügen (Sozial-ökologische Union, Journalistenverband Russlands, Konföderation der Verbraucherschutzorganisationen, Memorial, Moskauer Helsinki-Gruppe u. a.). Auslöser für das Auftreten der „Volksversammlung" war das In-Kraft-Treten des neuen Steuerrechts, das Nonprofit-Organisationen nicht berücksichtigte. Im Namen der „Volksversammlung" wurden Gespräche mit RegierungsvertreterInnen mit dem Ziel geführt, diese Mängel zu beheben. Nach Ansicht von

---

121 Interview mit BOGDAN, Mila (*Institut sodejstvija obščestvennym iniciativam* / ISAR), 13. 9. 2001, Moskau. Die Ausstattung mit Computern und Internetzugängen ist zweifelsohne erheblich gestiegen, dennoch schätzt Bogdan, dass die Mehrheit der NGOs weiterhin ohne dieses Medium arbeiten (muss). Oleg Orlov gibt zu Bedenken, dass z. B. nur ein Drittel der regionalen Organisationen von Memorial über einen ständigen Zugang ins Netz verfügen. Auf den Postverkehr wird daher noch lange nicht verzichtet werden können. Interview mit ORLOV, Oleg (*Pravozaščitnyj centr Memorial*), 2. 9. 2001, Moskau.
122 Details dazu siehe: VSEROSSIJSKIJ S"EZD v zaščitu prav čeloveka. http://www.hro.org/ngo/congress [Stand 8. 2. 2001]
123 Details dazu siehe: PERVAJA NACIONAL'NAJA KONFERENCIJA nekommerčeskich organizacij Rossii. http://www.a-z.ru/caf [Stand 4. 11. 2000]
124 Interview mit SESTRENSKIJ, Oleg (Charities Aid Foundation), 14. 9. 2001, Moskau.
125 Zitiert nach: MORGNER, Matthias (Deutsch-Russischer Austausch): Bericht über die „Erste Nationale Konferenz des Russischen Non-Profit Sektors" 11.–14. 10. 2000, Moskau. E-Mail vom 4. 11. 2000.
126 Ebd.

Aleksandr Auzan, des Präsidenten der Konföderation der Verbraucherschutzorganisationen (*Konfederacija obščestv potrebitelej* / KonfOP), habe die wirtschaftliche Krise des Jahres 1998 deutlich gezeigt, dass es Aufgaben gäbe, die eine Organisation alleine nicht lösen könne und die zum „Zusammenschluss" zwingen würden.[127] Das zweite Forum, das im Juni 2001 erstmals zusammentraf, geht auf die Initiative der Partei Jabloko zurück und versteht sich als „Runder Tisch" verschiedener „demokratischer" Akteure.[128] An der „Demokratischen Beratung" beteiligen sich einige der o. a. „starken" NGOs und VertreterInnen politischer Parteien, in erster Linie der Partei Jabloko und der Union rechter Kräfte (*Sojuz pravych sil* / SPS). Man kam überein, miteinander regelmäßig wichtige Fragen des öffentlichen Lebens zu behandeln, und wies Vermutungen zurück, es sei in Wahrheit die Schaffung einer oppositionellen politischen Kraft beabsichtigt. Ein Auftreten im Namen der „Demokratischen Beratung" ist nur dann vorgesehen, wenn in einer bestimmten Sachangelegenheit Einstimmigkeit erzielt wird. Die erste beschlossene einstimmige Erklärung bestand in einer ablehnenden Haltung gegenüber der zwangsweisen Rückführung von Flüchtlingen in die Republik Tschetschenien.[129] Während davon ausgegangen werden muss, dass viele Organisationen in den Regionen über keinerlei Informationen über diese Art von Lobbyarbeit in der Hauptstadt verfügen und für sie Moskau in weiter Ferne liegt, gibt es auch kritische Stimmen seitens regionaler NGOs, die bedauern, dass sie nicht stärker in diese Konsolidierungsprozesse und „Moskauer Partys" eingebunden sind.

4.1.3 Die Finanzierung von NGOs

Mit der Frage der Zusammenarbeit mit staatlichen Strukturen ist auch das Problem der Finanzierung von NGOs verbunden. Im Westen herrscht die Auffassung vor, dass NGOs vom Staat finanziell unterstützt werden können, ohne dabei ihre rechtliche und organisatorische Unabhängigkeit gegenüber dem Staatsapparat zu verlieren.[130] Es wird als Pflicht des Staates angesehen, dass er die Tätigkeit von NGOs fördert. Im russischen Kontext ist es nahezu undenkbar, dass eine Organisation ihre Unabhängigkeit bewahrt, obwohl sie Geld vom Staat (oder auch von finanzstarken Gruppen) empfängt. Dieser „Gewissenskonflikt" trifft wiederum in erster Linie Menschenrechts- und Öko-Organisationen, aber auch feministische Organisationen, die im Gegensatz zu wohltätigen Ver-

---

127 Damals wurde innerhalb eines Monats von mehreren verschiedenen Organisationen ein „Moskauer Gläubigerklub" gegründet, der in der Folge Verhandlungen mit der Regierung über die Schuldenrückzahlung führte. Zitiert nach: GOCHMAN, Michail. V graždanskom obščestve načal'nikov net. In: Izvestija Nr. 102-M, 10. 6. 2001, S. 7. Zitiert nach: Dajdžest publikacij central'noj pressy ot 13. 6. 2001 podgotovlennyj Informacionnym centrom pravozaščitnogo dviženija. http://www.hro.org/editions/press/0601/13/13060108.txt [Stand 26. 11. 2001]
128 Das erste Treffen fand unter dem Vorsitz von Michail Gorbačev statt. Details siehe: DEMOKRATIČESKOE SOVEŠČANIE. http://www.yabloko.ru/Themes/Democrats [Stand 28. 2. 2002]
129 ROGINSKIJ, Arsenij. Premija mira. In: Memorial Nr. 23, ijun'–avgust 2001, S. 23–24; Interview mit ORLOV, Oleg (Pravozaščitnyj centr Memorial), 2. 9.2001, Moskau.
130 HUNDEWADT, Erik. The Role of Voluntary Associations (NGOs) in a Democratic Society. In: Schramm, Jürgen (Hrsg.). The role of Non-Governmental Organizations in the new European Order: Theory – International Relations – Area Reports. Baden-Baden 1995, S. 8.

einen häufig eine unmittelbare staatliche Förderung aus prinzipiellen Gründen ausschlie-
ßen und dadurch vom Problem der Finanzierung am stärksten betroffen sind[131], zumal
auch das örtliche Fundraising bei Privatsponsoren sehr schwach entwickelt ist.[132] „Ein
guter Menschenrechtler ist ein hungriger Menschenrechtler" und er nimmt kein Geld
vom Staat, formulierte Viktor Gurskij von der Nižnji Novgoroder Gesellschaft für Menschenrechte (*Nižegorodskoe obščestvo prav čeloveka*).[133] Umgekehrt ist es fraglich, ob
staatliche Stellen Interesse an einer dauerhaften finanziellen Förderung kritischer
Menschenrechtsorganisationen haben. Es gibt dafür vorerst keine Anzeichen. Da der
Staat als Subventionsgeber aus den genannten Gründen ausfällt, überwiegt bei der Mehrheit dieser NGOs die Finanzierung durch westliche Fonds (z. B. *Ford Foundation, Soros
Foundation,* Heinrich Böll-Stiftung, *National Endowment for Democracy* u. a.). Diese
stellen wiederum ihrerseits vor allem Gelder für das Spektrum der menschenrechtlichen
und ökologischen Organisationen zur Verfügung und kaum für den Sozialbereich.[134]
Die Vertretungen der Fonds konzentrieren sich in erster Linie auf Moskau. Allerdings
verlagert sich das Förderungsgebiet immer stärker in die Provinz. Als ausländische
Förderer treten abgesehen von Fonds auch Regierungen und internationale Organisationen sowie internationale Nichtregierungsorganisationen auf. Ohne den Ressourcenein-
satz externer Akteure wäre die Entfaltung der Tätigkeit der in diesem Zusammenhang
genannten NGO-Bereiche in dem Ausmaß, wie es sich heute präsentiert, kaum denk-
bar.[135] Unter dem Einfluss westlicher Sponsoren vollzog sich zum Teil auch eine Verbesserung der Funktionsfähigkeit und der internen Arbeitsorganisation, da die Förderer
Ansprechpartner mit klar festgelegter Verantwortlichkeit und mit überschaubaren
Entscheidungsgremien und -mechanismen bevorzugten. Allerdings gibt es auch Kritik
an westlichen Geldgebern, die lautet, dass die Vorgaben einen sinnvollen flexiblen Umgang mit Mitteln nicht gestatten[136] und bewirken, dass NGOs ihre Ziele nach den vorhandenen Mitteln ausrichten. Aus rechtlicher Sicht ist der Bezug finanzieller oder mate-
rieller Hilfe von ausländischen (staatlichen oder privaten) Stellen an gesellschaftliche
Organisationen gedeckt (mit Ausnahme von politischen Parteien und Vereinigungen,
die an Wahlen teilnehmen). Derzeit gibt es jedoch Gerüchte über politische Pläne, diese
Möglichkeit insofern einzuschränken, als die Geldflüsse unter staatliche Kontrolle gestellt werden könnten.[137]

Während also Menschenrechtsorganisationen und feministische Vereine nach Daten
der Charities Aid Foundation zu 90 % von westlichen Zuwendungen leben, ergibt die
Verteilung der Finanzierung des nichtkommerziellen Sektors in Summe ein völlig ande-

131 KUKLINA, Ida. Nepravitel'stvennye organizacii Rossii i graždanskoe obščestvo. In: Graždanskoe
     obščestvo v posttotalitarnoj strane? Doklady i dokumenty Kruglogo stola Chel'sinskoj Graždanskoj
     Assamblei 16.–20. 9. 1996. Moskva 1996, S. 11; vgl. POLJANOVSKIJ, Ed. Raskol. In: Rycari bez
     straha i upreka. Pravozaščitnoe dviženie: diskussii poslednih let. Moskva 1998, S. 73–77.
132 Interview mit SCHIFFER, Stefanie (Deutsch-Russischer Austausch), 14. 7. 1999, Berlin.
133 Vortrag von GURSKIJ, Viktor (Nižegorodskoe obščestvo prav čeloveka). Im Rahmen des „Treffens
     von MenschenrechtsaktivistInnen Russlands", Sacharow-Zentrum, 2. 11. 1996, Moskau.
134 Interview mit SESTRENSKIJ, Oleg (Charities Aid Foundation), 14. 9. 2001, Moskau.
135 Interview mit VACHNINA, Ljudmila (bjulleten' „Za mirnuju Rossiju"), 6. 9. 2001, Moskau.
136 MORGNER, Matthias (Deutsch-Russischer Austausch): Bericht über die „Erste Nationale Konfe-
     renz des Russischen Non-Profit Sektors" 11.–14. 10. 2000, Moskau. E-Mail vom 4. 11. 2000.
137 Interview mit KOVALEV, Sergej (Rossijskoe obščestvo „Memorial"), 11./13. 9. 2001, Moskau.

res Bild: 20 % der Finanzierung stammen aus staatlichen Zuwendungen, 50 % macht die Unterstützung seitens kommerzieller Strukturen aus, 10 % sind ausländische Projektgelder, 15 % werden aus kostenpflichtigen Leistungen lukriert, 3 % aus Mitgliedsbeiträgen und 2 % aus anderen Quellen.[138] Nicht zu vergessen ist die Masse russländischer NGOs, die ohne jede Finanzierung existieren. Vor allem für junge Neugründungen, die noch kein Image haben, stellt es ein großes Problem dar, Kontakte zu Geldgebern aufzubauen.[139]

NGO-VertreterInnen beklagen, dass die „neuen russländischen Kapitalisten" die Bedeutung der Förderung gesellschaftlicher Vereinigungen noch nicht erkannt haben.[140] Zwei russische „Oligarchen" sind derzeit als Förderer auf dem „NGO-Markt" tätig. Vladimir Potanin, der Präsident der Holding Interross, unterhält seit Jänner 1999 einen Wohltätigkeitsfonds, der vor allem Studierende und Lehrende an Universitäten mit Stipendien fördert.[141] Unter anderem finanzierte sein Fonds die bereits erwähnte von der Charities Aid Foundation initiierte landesweite NGO-Konferenz.[142] Im Dezember 2000 gründete Boris Berezovskij in den USA den mit 25 Millionen USD dotierten „Fonds für bürgerliche Freiheiten" (*Fond graždanskich svobod/International Foundation for Civil Liberties*). Die Mittel des Fonds werden zur Förderung regionaler nichtstaatlicher Organisationen – vorwiegend menschenrechtlicher Ausrichtung, zur Unterstützung von Journalisten, jugendlichen Häftlingen und Soldaten in Russland sowie für die Russisch sprechende Diaspora im Baltikum eingesetzt. Der Schwerpunkt liegt auf Russland und der „Förderung von Institutionen der Zivilgesellschaft". Einige Organisationen wurden schwerpunktmäßig mit einer einmaligen Zahlung bedacht – so etwa bekam der Sacharow-Fonds 3 Millionen USD für das Sacharowzentrum und – museum in Moskau. Weiters erhielten rund 160 regionale russländische NGOs (von ca. 400 ansuchenden) eine Förderung in der Höhe ihres Jahresbudgets, wobei der Unterschied zu anderen Sponsoren laut Auskunft des Leiters der Moskauer Vertretung des Fonds Pavel Arsen'ev darin besteht, dass die NGOs keine Programmrichtlinien erhalten, sondern Geld „für das, womit sie sich beschäftigen". „Unsere Aufgabe ist es", so Arsen'ev, „funktionstüchtige Organisationen auszuwählen und ihnen Geld in die Hand zu geben".[143] Die Einrichtung des Fonds führte unter Russlands NGOs zu einer regen Diskussion, welche Ziele Berezovskij damit verfolge und ob es „legitim" sei, Geld aus Berezovskijs Fonds anzunehmen oder mit dem Fonds zu kooperieren.[144] KritikerInnen heben hervor, dass die Schaffung des Fonds im Kontext von Berezovskijs „Flucht" ins Ausland und seinen politischen Plänen der Stärkung der Opposition gegen Putin zu sehen sei und die Gefahr bzw. die Gewissheit bestünde, dass die geförderten NGOs zu politischen Zwecken missbraucht würden.

---

138 BREDUN, Julija. Pomošč' idet peškom. Rossijskie blagotvoritel'nye organizacii v poiskach putej vyživanija. In: Itogi, 19. 1. 1999, S. 41.
139 Interview mit SESTRENSKIJ, Oleg (Charities Aid Foundation), 14. 9. 2001, Moskau.
140 Interview mit KOVALEV, Sergej (Rossijskoe obščestvo „Memorial"), 11./13. 9. 2001, Moskau.
141 V. POTANIN CHARITY FUND. http://www.interros.ru:8101/english/charity/fund.htm [Stand 26. 11. 2001]. Details siehe unter: OBRAZOVATEL'NYE PROGRAMMY VLADIMIRA POTANINA. http://www.stipendia.ru [Stand 26. 11. 2001]
142 Interview mit SESTRENSKIJ, Oleg (Charities Aid Foundation), 14. 9. 2001, Moskau.
143 Interview mit ARSEN'EV, Pavel (Fond graždanskich svobod), 11. 9. 2001, Moskau.
144 Details siehe unter: KOLOKOL.ORG. Internet-žurnal fonda graždanskich svobod. http://www.kolokol.org [Stand 26. 11. 2001]

Memorial schloss beispielsweise aus diesen Gründen eine Förderung seiner menschenrechtlichen Tätigkeit aus.[145] Arsen'ev wies die Kritik als „gewissenlos" zurück.[146]
Kovalev spricht hingegen Berezovskij jede „Gewissenhaftigkeit" seiner „politischen
Spiele" und Methoden ab.[147] Abgesehen von dieser prinzipiellen Diskussion, die manche als Versuch werten, „päpstlicher als der Papst" sein zu wollen[148], bedeutet der Fonds
für bürgerliche Freiheiten für viele regionale Organisationen eine finanzielle Überlebens-
perspektive und die Möglichkeit einer Verbesserung der Betreuung ihrer „Klienten" (z. B.
Häftlinge). Viele NGOs haben sich daher zu einer Kooperation mit dem Fonds ent-
schlossen. Namhafte NGO-VertreterInnen gehören als „ExpertInnen" Gremien des Fonds
an, z. B. RepräsentantInnen der Union der Soldatenmütterkomitees Russlands (*Sojuz
komitetov soldatskich materej Rossii*), der *Glasnost Defense Foundation (Fond zaščity
glasnosti)* und des Zentrums für Gefängnisreform (*centr „Sodejstvie reforme ugolovnogo
pravosudija"*).[149] In jedem Fall ist die Existenz eines derartigen Fonds neu, sein Einfluss auf die Stärkung zivilgesellschaftlicher Organisationen noch nicht abschätzbar und
weiter zu beobachten. Auf Grund der Gesetzeslage, die die Tätigkeit wohltätiger Fonds
in Russland erschwert und keine steuerlichen Anreize dafür schafft, glauben Beobachter
nicht daran, dass den beiden bereits existierenden Fonds Potanins und Berezovskijs in
Bälde weitere folgen werden.[150]

4.2 Gewerkschaften

Im Gegensatz zu nichtstaatlichen Organisationen, die als „Zusammenschlüsse auf
freiwilliger Basis"[151] entstanden, ist die Mehrheit der heutigen russländischen Gewerkschaften direkt aus den sowjetischen Strukturen hervorgegangen. Die Gewerkschafts-
landschaft teilt sich in Russland in diese ehemals staatlichen Gewerkschaften, die den
Zusammenbruch des Sowjetsystems überlebt und beträchtliche materielle Ressourcen
„herübergerettet" haben, und neue alternative Gewerkschaften. Erstere dominieren. Die
bei weitem höchsten Mitgliederzahlen verbuchen weiterhin Nachfolgeorganisationen
der ehemals kommunistischen Gewerkschaften, die in der FNPR, der Föderation der
unabhängigen Gewerkschaften Russlands (*Federacija Nezavisimych Profsojuzov Rossii*),
vereint sind.[152] Wenngleich diese Struktur dem zivilgesellschaftlichen Anspruch, sich
„von unten/bottom up" gebildet zu haben, nicht genügt, stellen sich die Fragen, ob die

145 Interview mit ORLOV, Oleg (Pravozaščitnyj centr Memorial), 2. 9.2001, Moskau; Interview mit
      KOVALEV, Sergej (Rossijskoe obščestvo Memorial), 11./13. 9. 2001, Moskau.
146 Interview mit ARSEN'EV, Pavel (Fond graždanskich svobod), 11. 9. 2001, Moskau.
147 Interview mit KOVALEV, Sergej (Rossijskoe obščestvo Memorial), 11./13. 9. 2001, Moskau.
148 Zitiert nach: KONONOV, Nikolaj. Den'gi dlja graždanskogo obščestva, ili „tjaželaja artillerija"
      politika? In: den'gi i blagotvoritel'nost' maj, 2001, S. 11.
149 Interview mit ARSEN'EV, Pavel (Fond graždanskich svobod), 11. 9. 2001, Moskau.
150 KONONOV, Nikolaj. Den'gi dlja graždanskogo obščestva, ili „tjaželaja artillerija" politika? In: den'gi
      i blagotvoritel'nost' maj, 2001, S. 10–11.
151 HABERMAS, Jürgen. Strukturwandel der Öffentlichkeit. Untersuchungen zu einer Kategorie der
      bürgerlichen Gesellschaft. Mit einem Vorwort zur Neuauflage 1990. Frankfurt am Main [4]1995. S. 46.
152 NATIONS IN TRANSIT 2001. http://216.119.117.183/pdf.docs/research/nitransit/2001/25_russia.pdf
      [Stand 14. 8. 2001] S. 318.

Gewerkschaften im heutigen Russland im „Zwischenbereich von Privatsphäre und Staat"[153] angesiedelt sind oder das Erbe der Staatsnähe weiterwirkt und ob Gewerkschaften in Russland in der Interessensvermittlung zwischen Berufsgruppen und dem Staat nachgefragt sind.

Die FNPR behielt ein Wesensmerkmal ihrer Vorgängerorganisation bei, das im Bestreben besteht, den staatlichen Stellen als Partner zu dienen. Im Präsidentenwahlkampf 2000 unterstützte sie Putin[154]. Es liegt in ihrem Interesse, die Monopolstellung unter den Gewerkschaften möglichst beizubehalten[155]. Die ersten neuen Gewerkschaften entstanden im Zuge der Bergarbeiterstreiks des Jahres 1989.[156] Als „freie Gewerkschaften" (*svobodnye profsojuzy*), wie sie in Russland auch genannt werden, befinden sie sich gleichsam in „doppelter" Opposition. Zur Interessenswahrnehmung gegenüber staatlichen Stellen oder Arbeitgebern kommt die Konkurrenz mit den „traditionellen" ehemals sowjetischen Gewerkschaften hinzu. Auf föderaler Ebene äußert sich diese beispielsweise in den Auseinandersetzungen um die Bestellung des sozialpartnerschaftlichen Gremiums namens Russländische Trilaterale Kommission (*Rossijskaja trehstoronnaja komissija*).[157] Aleksandr Šepel', Präsident der Konföderation der Arbeit Russlands (*Konfederacija Truda Rossii*), einer der Dachorganisationen freier Gewerkschaften, und Vorsitzender der Russischen Gewerkschaft der Hafenarbeiter (*Rossijskij Profsojuz Dokerov*) will nicht von „direkter Konkurrenz" sprechen. Der Unterschied bestünde darin, dass die neuen Gewerkschaften mit dem Ziel gegründet wurden, „tatsächlich die Funktionen zu erfüllen, zu denen Gewerkschaften berufen sind", während die alten Strukturen „im Wesentlichen nichts anderes waren als Sozialabteilungen des Arbeitgebers". Als solche seien sie „fließend in den heutigen Tag übergegangen". Die Rolle der Gewerkschaften für die Entstehung der Zivilgesellschaft sieht Šepel' im Eintreten für eine angemessene Bezahlung der geleisteten Arbeit und für einen wirksamen Kündigungsschutz. Dies seien Formen von Eigentum, die den Menschen erst zum Bürger/zur Bürgerin machen. Die FNPR bezeichnet er weiterhin als „Sozialabteilung der Regierung". Die hierarchische Innenstruktur und die „Orientierung darauf, was von oben gesagt wird", verhindere, dass Teilorganisationen und Personen, deren Linie von der offiziellen Politik der FNPR abweicht, „laut ihren Standpunkt kundmachen können". Fällt diese „psychologische Barriere", so üben diese Menschen bisweilen scharfe Kritik an ihrer Dachorganisation.[158] Durch die enge Verflechtung der Gewerkschaftskomitees „der alten Schule" mit den

---

153 MERKEL, Wolfgang; LAUTH Hans-Joachim. Systemwechsel und Zivilgesellschaft: Welche Zivilgesellschaft braucht die Demokratie? In: Aus Politik und Zeitgeschichte B 6–7, 30. Januar 1998, S. 7.

154 The Russian Union Messenger N°1 June 2000. http://www.attac.org/fra/inte/doc/russia.htm [Stand 23. 2. 2002]

155 The Russian Union Messenger N°2 July–August 2000. http://www.attac.org/fra/inte/doc/russia2.htm [Stand 23. 2. 2002]

156 The Russian Union Messenger N°1 June 2000. http://www.attac.org/fra/inte/doc/russia.htm [Stand 23. 2. 2002]

157 FÜLLSACK, Manfred. Sozialpartnerschaft in Russland: Überzogene Hoffnungen und beschränkte Möglichkeiten der postsowjetischen Beschäftigungspolitik. In: Österreichische Zeitschrift für Politikwissenschaft 4, 2000, S. 485; vgl. STYKOW, Petra. Staat, Verbände und Interessengruppen in der russischen Politik. In: Merkel, Wolfgang; Sandschneider, Eberhard (Hrsg.). Systemwechsel 4. Die Rolle von Verbänden im Transformationsprozess (Unter Mitarbeit von Katja Gehrt und Marianne Rinza). Opladen: Leske+Budrich 1999. S. 142.

158 Interview mit ŠEPEL', Aleksandr (Konfederacija Truda Rossii), Moskau, 12. 9. 2001.

jeweiligen Arbeitgebern, ist die „freie Wahlmöglichkeit" der ArbeitnehmerInnen zwischen den im Betrieb vorhandenen Gewerkschaften wesentlich eingeschränkt.[159] Nichtsdestotrotz kommt es in Sachfragen zu Koalitionen und gemeinsamen Aktionen der verschiedenen Gewerkschaften. „Wir kommen einander nicht aus", so Šepel'.[160]

Die existierenden Bruchlinien innerhalb der gewerkschaftlichen Öffentlichkeit traten im Zusammenhang mit der Annahme des neuen Arbeitsrechts (*Trudovoj Kodeks*), das von der Duma im Dezember 2001 beschlossen wurde[161], erneut deutlich zu Tage. Es löste (wie auch im Fall der Strafprozessordnung) die bis dahin lediglich novellierte sowjetische Gesetzgebung ab. Im Vorfeld verhalf zwar die Diskussion um die Gesetzesentwürfe zum Arbeitsrecht allen Gewerkschaften zu etwas mehr Relevanz,[162] gleichzeitig gab es aber neben der Regierungsvorlage, die jahrelang von den Gewerkschaften erfolgreich blockiert wurde, gleich mehrere alternative Gesetzesmodelle. Die FNPR mit Michail Šmakov an der Spitze unterstützte nach Verhandlungen und Anpassungen[163] schließlich die Regierungsvorlage[164] und zeigte sich mit dem verabschiedeten Kodex sehr zufrieden[165]. Boris Kagarlickij kommentiert dies mit den Worten: „Die FNPR kritisierte die Vorlage erbittert, nur um einige Monate später mit der Regierung in einer Schlichtungskommission mitzuarbeiten, deren 'Kompromissvariante' sich kaum vom Original unterschied. Die wenigen Verbesserungen im Gesetzesentwurf resultierten aus den Forderungen alternativer Gewerkschaften, die in der Kommission mitarbeiteten."[166]

Das neue Arbeitsrecht erlaubt es den Beschäftigten, bei einer Verzögerung der Lohnauszahlung um mehr als 15 Tage die Arbeit niederzulegen. Mindestlöhne dürfen nicht unter dem Existenzminimum, das derzeit 55 USD im Monat beträgt, liegen. Befürworter betonen, dass die neue Rechtslage dem flexiblen Arbeitsmarkt entspricht. Freie Gewerkschaften kritisierten hingegen die Begünstigung der Arbeitgeber, die Verminderung der Rolle von Gewerkschaften, insbesondere der kleinen unabhängigen, und die Einschränkung der Streikrechte.[167] Die Vereinigung der Gewerkschaften Russlands SOCPROF

---

159 Vgl. Ebd.
160 Ebd.
161 TRUDOVOJ KODEKS Rossijskoj Federacii.
       http://www.akdi.ru/gd/proekt/086157GD.SHTM [Stand 24. 2. 2002].
       Nach einem Jahr Probezeit unterliegt das Gesetz einer Revision.
162 Vgl. RUSSLANDS flexibler Arbeitsmarkt wird legalisiert. Neues Arbeitsrecht ersetzt überholte Sowjet-Gesetzgebung. In: NZZ Online, 20. 12. 2001.
       http://www.nzz.ch/2001/12/20/wi/page-article7V6OA.html [Stand 23. 2. 2002].
163 Details dazu siehe: ANOCHIN, Konstantin. Trudovoj kodeks s ispytatel'nym srokom. In: Kommersant N 8/P, 21. 1. 2002, S.6, zitiert nach: Dajdžest publikacij central'noj pressy ot 21 janvarja 2002 g., podgotovlennyj Informacionnym centrom pravozaščitnogo dviženija. Osnovnye social'nye i trudovye prava.
       http://www.hro.org/editions/press/0102/21/21010220.htm [Stand 20. 2. 2002].
164 Interview mit ŠEPEL', Aleksandr (Konfederacija Truda Rossii), Moskau, 12. 9. 2001.
165 Vgl. NOVOSTI Prinjat Trudovoj kodeks Rossijskoj Federacii.
       http://www.fnpr.ru [Stand 23. 2. 2002]
166 KAGARLITSKY, Boris. The Russian Left Today. Die russische Linke heute. Übersetzt: H. Fiedler.
       http://hfiedler.covers.de/Kagarlitsky.html [Stand 23. 2. 2002]
167 BBC NEWS. 'Capitalist' labour laws come to Russia. 1. 2. 2002.
       http://news.bbc.co.uk/hi/english/business/newsid_1795000/1795925.stm [Stand 23. 2. 2002].
       Vgl. INFORMACIONNYJ CENTR pravozaščitnogo dviženija. Obzor publikacii central'noj pressy i internet-izdanij N°2 s 14 po 29 dekabrja 2001 goda. E-Mail vom 21. 2. 2002.

nennt das Gesetz deswegen gar einen „Kodex der Sklaverei".[168] Vor der Annahme des neuen Arbeitsrechts demonstrierten die Gewerkschaften ihre Uneinigkeit bei parallelen Pro- und Kontra-Kundgebungen vor der Duma.[169]

Dies ist gleichzeitig ein Beispiel dafür, dass es Gewerkschaften bisweilen gelingt, Menschen auf die Straße zu bringen. Es gibt immer wieder zahlreiche Streiks und Protestaktionen an verschiedenen Orten. Den Grund dafür bildete in den letzten Jahren insbesondere die Nichtauszahlung von Löhnen.[170] Massenproteste zu mobilisieren, wie dies Ende der 80er/Anfang der 90er Jahre der Fall war, glückt allerdings nicht. Der gewerkschaftliche Organisationsgrad, der gegen Ende der Sowjetunion noch nahezu 100 % betrug, ist in Russland im vergangenen Jahrzehnt stark gefallen.[171] Der Mitgliederschwund erklärt sich zum einen durch die starke Zunahme an nicht gewerkschaftlich organisierten Berufsgruppen auf dem privaten kommerziellen Sektor, zum anderen durch den Verlust der früheren (Verteilungs)Funktionen der Gewerkschaften.[172] Umfragen zufolge hält eine Mehrzahl von ArbeitnehmerInnen Gewerkschaften für bedeutungslos.[173] Dies zeigt, dass die „mediator"-Funktion von Gewerkschaften, die gesellschaftliche Anliegen in politische Forderungen umwandelt, schwach ausgeprägt ist. Eine Schwierigkeit besteht auch darin, Medien dazu zu bewegen, über Protestaktionen zu berichten. Šepel' veranschaulicht dies anhand einer landesweiten Aktion gegen das neue Arbeitsrecht, die in den Medien kaum Niederschlag fand. Im gesamten Land, das sich über mehrere Zeitzonen erstreckt, legten alle Hafenarbeiter für zehn Minuten ihre Arbeit nieder und ließen die Sirenen heulen. Als die Aktion im Fernen Osten begann, berichteten die Medien noch darüber, als die Reihe jedoch an die (westlichen) Häfen St. Petersburg, Murmansk und Archangelsk kam, vernahm man/frau in den Medien kein Wort mehr darüber.[174]

Das Beispiel zeigt, dass die Probleme freier Gewerkschaften in manchem ähnlich gelagert sind wie die anderer nichtstaatlicher Organisationen. Auch die Lösungsmodelle gleichen einander. Bei freien Gewerkschaften ist ebenso die Tendenz nach einer stärkeren landesweiten Vernetzung untereinander und mit anderen „oppositionellen" Kräften

---

168 KAK ZAŠČITIT' SEBJA RABOTNIKU? Novyj Trudovoj Kodeks. Naemnoe rabstvo i naš otvet. http://www.sotsprof.ru/rs/news-24-12-1.html [Stand 23. 2. 2002].
Vgl. auch den Kommentar zum Ausschluss des Wehr- und Zivildienstes aus der Kategorie „Zwangsarbeit" in: Zakonotvorčeskij process v Gosudarstvennoj Dume. 36-j vypusk. obzor za dekabr' 2001 goda. Blok „Armija i prava čeloveka". Trudovoj kodeks Rossijskoj Federacii. 7. 2. 2002. http://www.hro.org/ngo/duma/36/57.htm [Stand 20. 2. 2002]

169 INFORMACIONNYJ CENTR pravozaščitnogo dviženija. Obzor publikacii central'noj pressy i internet-izdanij N°2 s 14 po 29 dekabrja 2001 goda.

170 The Russian Union Messenger N°1 June 2000. http://www.attac.org/fra/inte/doc/russia.htm [Stand 23. 2. 2002]

171 STYKOW, Petra. Staat, Verbände und Interessengruppen in der russischen Politik. In: Merkel, Wolfgang; Sandschneider Eberhard (Hrsg.). Systemwechsel 4. Die Rolle von Verbänden im Transformationsprozess (Unter Mitarbeit von Katja Gehrt und Marianne Rinza). Opladen: Leske+Budrich 1999. S. 142.

172 NATIONS IN TRANSIT 2001. http://216.119.117.183/pdf.docs/research/nitransit/2001/25_russia.pdf [Stand 14. 8. 2001] S. 318.

173 STYKOW, Petra. Staat, Verbände und Interessengruppen in der russischen Politik. In: Merkel, Wolfgang; Sandschneider Eberhard (Hrsg.). Systemwechsel 4. Die Rolle von Verbänden im Transformationsprozess (Unter Mitarbeit von Katja Gehrt und Marianne Rinza). Opladen: Leske+Budrich 1999. S. 142.

174 Interview mit ŠEPEL', Aleksandr (Konfederacija Truda Rossii), Moskau, 12. 9. 2001.

des Landes zu beobachten.[175] Laut Oleg Orlov vom Menschenrechtszentrum Memorial ist es wahrscheinlich, dass freie Gewerkschaften früher oder später in die „Demokratische Beratung" (*Demokratičeskoe soveščanie*) einbezogen werden.[176] Allerdings verfolgt die gewerkschaftliche Bewegung seit längerem das Ziel, sich auch als politische Bewegung zu formieren und am politischen Wettstreit teilzunehmen. Darin unterscheidet sie sich vom im vorherigen Abschnitt beschriebenen Dritten Sektor, für den dieser Weg mehrheitlich nicht in Betracht kommt.[177] Am 12. 1. 2002 fand in Moskau die Gründungsversammlung der Russischen Partei der Arbeit (*Rossijskaja partija Truda*) statt, die auf Initiative zahlreicher freier Gewerkschaften zu Stande kam.[178] Die weitere Entwicklung ist derzeit schwer abzuschätzen. Ob sich die Gewerkschaften als politische Kraft etablieren werden können, bleibt offen und wird vermutlich in Wahlen entschieden werden. Kagarlickij erwartet, dass dabei die Arbeiter, die sich von der auf Putinkurs schwimmenden Kommunistischen Partei abgewandt haben, eine wichtige Rolle spielen werden.[179]

Was die FNPR betrifft, kann sie weiterhin als bürokratische Struktur gelten. Sie verharrt in der Wahrnehmung von Eigeninteressen, die sie im neuen Arbeitsrecht gegenüber der „Gefahr" der neuen Gewerkschaften absichern konnte, wogegen das Aneignen zivilgesellschaftlicher Funktionen hintansteht und den DissidentInnen in den eigenen Reihen vorbehalten bleibt. Auf diese Weise trägt die FNPR wenig zur demokratischen Selbstreflexion bei. Ihr Einfluss auf den politischen Willensbildungsprozess ist eher Ausdruck ihrer Nähe zu staatlichen Strukturen denn einer erfolgreichen Vermittlungsfunktion zwischen „privat" und „Staat".

Die Schwäche der gewerkschaftlichen Bewegung als „mediator" ist unter anderem auch darin zu sehen, dass die Konfliktlinie zwischen „Kapital" und „Arbeit" in Russland nicht über eine mit anderen europäischen Ländern vergleichbare Dominanz verfügt. Die Rolle einer korporatistischen Interessenvermittlung im Rahmen der Sozialpartnerschaft ist daher gering. Dazu schreibt Petra Stykow: „Die russische Gesellschaft ist keineswegs entlang sozialer Positionen in ‚Säulen' strukturiert, deren Interessen durch Gewerkschaften bzw. Unternehmerverbände organisiert werden können. Die institutionelle Schwäche dieser Verbandstypen ist vielmehr auch ein Abbild der *sozial*[180] unscharfen Interessenslagen."[181] Andere (regionale/sektorale) Formen der Interessenre-

175 Vgl. The Russian Union Messenger N°2 July–August 2000.
     http://www.attac.org/fra/inte/doc/russia2.htm [Stand 23. 2. 2002] sowie Interview mit ŠEPEL',
     Aleksandr (Konfederacija Truda Rossii), Moskau, 12. 9. 2001.
176 Interview mit ORLOV, Oleg (Pravozaščitnyj centr Memorial), Moskau, 2. 9. 2001.
177 Vgl. ebd.
178 PRESS-RELIZ. Učreditel'nyj s"ezd Rossijskoj partii Truda. http://www.sotsprof.ru/rs/news-15-01.html
     [Stand 23. 2. 2002]
179 KAGARLITSKY, Boris. The Russian Left Today. Die russische Linke heute. Übersetzt: H. Fiedler.
     http://hfiedler.covers.de/Kagarlitsky.html [Stand 23. 2. 2002]
180 Hervorhebung im Original.
181 STYKOW, Petra. Staat, Verbände und Interessengruppen in der russischen Politik. In: Merkel, Wolf-
     gang; Sandschneider, Eberhard (Hrsg.). Systemwechsel 4. Die Rolle von Verbänden im Transfor-
     mationsprozess (Unter Mitarbeit von Katja Gehrt und Marianne Rinza). Opladen: Leske+Budrich
     1999. S. 162.

präsentation bestehen in informellen Seilschaften, die ihren Einfluss auf politische Amtsträger abseits von Verbandsstrukturen geltend machen.[182]

4.3 Kirchen und religiöse Vereinigungen

Zum „institutionellen Kern" der Zivilgesellschaft zählt Habermas unter anderem Kirchen.[183] Eine funktionalistische Betrachtungsweise erfordert eine Hinterfragung der zivilgesellschaftlichen Rolle von Kirchen und religiösen Vereinigungen in Russland. Die Ausführungen beziehen sich in erster Linie auf die Russisch-Orthodoxe Kirche, wobei hier der Fokus auf die Kirchenführung und die föderale Ebene gerichtet ist. Unter allen Glaubensgemeinschaften, die in Russland vertreten sind, dominiert die Russisch-Orthodoxe Kirche das kirchenpolitische Feld. Sie verfügt nicht nur über die meisten kirchlichen Gemeinden – die Zahl stieg zwischen 1990 und 2000 von 3451 auf 9200[184], sondern erfährt auch von der politischen Führung des Landes Unterstützung.

In der Sowjetzeit spielte die Russisch-Orthodoxe Kirche keine von der politischen Macht unabhängige Rolle, sondern gab eine Loyalitätserklärung ab, die sie allerdings nicht vor jeglicher Verfolgung bewahrte. Nach dem Zerfall der Sowjetunion 1991 blieb die Aufarbeitung der eigenen Vergangenheit als Teil dieses Systems aus. Das Moskauer Patriarchat setzte alles daran zu verhindern, dass belastendes Archivmaterial über die Verflechtung der Geistlichkeit mit dem KGB an die Öffentlichkeit drang. Wenige Geistliche wie Gleb Jakunin oder der 1990 einem bis heute ungeklärten Mord zum Opfer gefallene Priester Aleksandr Men' traten für die Enthüllung der Wahrheit ein.[185] Es kann vermutet werden, dass dieses (Ver)Schweigen einer Einübung zivilgesellschaftlicher Ideale wie Eigenverantwortung und Zivilcourage nicht dienlich war. Die Trennung von Kirche und Staat wurde 1990 in einem neuen, sehr liberalen Religionsgesetz verankert, das gleichzeitig den Weg für die Entfaltung verschiedenster Konfessionen und neuer religiöser Strömungen bereitete, darunter Sekten, wobei die Grenze zwischen letzteren beiden mitunter schwer zu ziehen ist. Die Russisch-Orthodoxe Kirche verfolgte (wie auch breite Teile der Öffentlichkeit) das Aufkommen „nicht-traditioneller" religiöser Vereinigungen und „totalitärer Sekten" mit Argwohn und machte deren Bekämpfung zu einem ihrer Hauptanliegen.[186] Gleichzeitig ist ihr das Erstarken des Protestantismus

---

182 Dazu sowie auch zu Unternehmerverbänden siehe ebd., S. 137–179.
183 HABERMAS, Jürgen. Strukturwandel der Öffentlichkeit. Untersuchungen zu einer Kategorie der bürgerlichen Gesellschaft. Mit einem Vorwort zur Neuauflage 1990 (Unveränderter Nachdruck der 1962 erschienenen Ausgabe). Frankfurt am Main [4]1995. S. 46.
184 FILATOW, Sergej. Religion in Russland. Religiosität und Religionsgemeinschaft in Russland zwölf Jahre nach Zusammenbruch des Kommunismus. In: Der Bürger im Staat 2/3, 2001. http://www.lpb.bwue.de/aktuell/bis/23_01/russland8.htm [Stand 23. 2. 2002]
185 FEIN, Elke. Vergangenheitspolitik und Religion in Russland. Die Russisch-Orthodoxe Kirche und ihr Umgang mit der sowjetischen Vergangenheit. In: Stobbe, Heinz-Günther; Bremer Thomas (Hrsg.). Religion und Konflikt. Jahrbuch für ökumenische Friedensforschung Band 1, Münster. [erscheint voraussichtlich im Frühjahr 2002] vgl. OTEC Gleb Jakunin, opal'nyj svjaščennik, večnyj opponent Moskovskoj patriarhii. In: Zaščita prav i svobod čeloveka 15, maj-ijun' 2001 g., S. 2.
186 FILATOW, Sergej. Religion in Russland. Religiosität und Religionsgemeinschaft in Russland zwölf Jahre nach Zusammenbruch des Kommunismus. In: Der Bürger im Staat 2/3, 2001. http://www.lpb.bwue.de/aktuell/bis/23_01/russland8.htm [Stand 23. 2. 2002]

sowie Katholizismus ein Dorn im Auge.[187] Mit der islamischen Glaubensgemeinschaft
besteht ein entspannteres Einvernehmen.[188] Die Russisch Orthodoxe Kirche forciert
damit einen Diskurs, der neue religiöse Vereinigungen, insbesondere ausländischen Ur-
sprungs, als dem russischen Wesen fremd und zerstörerisch charakterisiert. In dieser
Argumentation ist „russisch" gleichbedeutend mit „russisch-orthodox". Die Kirche trifft
daher immer wieder der Vorwurf, dem rechten Spektrum nahegerückt zu sein, zumal
Beispiele für eine direkte Zusammenarbeit kirchlicher Vertreter mit nationalistischen
Kreisen existieren. Dem Patriarch Aleksij II wird vorgehalten, antiökumenische, rassis-
tische und antisemitische Propaganda innerhalb der Kirche zumindest zu dulden.[189]
    Der Staat setzt seinerseits ebenso auf die prioritäre Zusammenarbeit mit „traditionel-
len religiösen Organisationen". Das Verhältnis zwischen der politischen und der orthodoxen Elite ist von der Übereinstimmung darin geprägt, dass vor allem die Russisch-
Orthodoxe Kirche dazu berufen ist, das „ideologische Vakuum", das der Kommunismus
hinterlassen habe, zu füllen.[190] Die Russisch-Orthodoxe Kirche wird dabei „als Kern
der russischen Kultur und als Identitätssymbol"[191] empfunden. Die Politik erhofft sich
von dieser Allianz auch eine Erhöhung des Vertrauens in die staatlichen Strukturen. Die
Wiederbelebung der Orthodoxie erfolgt durch politische Argumente im „Begriffskontext
der weltlichen Kultur" unter Berufung auf die Notwendigkeit der Pflege nationaler Traditionen. Laut Sergej Filatov geht das wachsende Bekenntnis zur Orthodoxie daher nicht
mit einem Wachstum an Religiosität einher. Er stellt fest: „Die Russisch-Orthodoxe Kirche hat im Grunde die religionsfremde Aufnahme der Religion gefördert."[192] Auch in
den Föderationssubjekten mit nicht-orthodoxer Bevölkerungsmehrheit forcierten die
staatlichen Organe und die dortigen „nationalen Religionen" ihre Glaubensrichtung –
dies ist in Tatarstan, Baškortostan und den nordkaukasischen Republiken der Islam, in
Kalmykija und Tyva der Buddhismus.[193]
    Das neue russländische Gesetz „Über Gewissensfreiheit und über religiöse Verei-
nigungen" (O svobode sovesti i o religioznych ob"edinenijach) von 1997[194] war Ausdruck dieser Tendenz. Im Gegensatz zum Gesetz von 1990, das die Gleichbehandlung

187 Das Verhältnis zur katholischen Kirche wurde zuletzt dadurch getrübt, dass der Vatikan in Russland
     vier Bistümer errichtete. Der Papst, der Russland gerne einen Besuch abstatten würde, wird auf die
     Einladung der Russisch-Orthodoxen Kirche wohl weiterhin warten müssen. Siehe dazu: Orthodoxe
     Empörung über den Vatikan. Protest gegen die Gründung von Bistümern in Russland. In: Neue Zür-
     cher Zeitung, 14. 2. 2002.
     http://www.kirchen.ch/pressespiegel/nzz/2002021403.pdf [Stand 23. 2. 2002]
188 Ebd., zum Islam in Russland siehe u. a.: SAFRONOV, Sergej. Islam v političeskoj žizni Rossii 1999
     – načala 2000 g. In: Regiony Rossii v 1999 g.: Ežegodnoe priloženie k „Političeskomu al'manahu
     Rossii"/ Pod red. N. Petrova. Mosk. Centr Karnegi. Moskva: Gendal'f 2001, S. 163–172.
189 VERCHOVSKIJ, Aleksandr; PRIBYLOVSKIJ Vladimir; MICHAJLOVSKAJA Jekaterina.
     Nacionalizm i ksenofobija v rossijskom obščestve. Moskva: OOO „Panorama" 1998, S. 165–176.
190 Vgl. z. B. ČAPLIN, Vsevolod. Cerkov' i gosudarstvo. Partnerstvo ili „bufernye zony"? In: Pravo-
     slavnaja Beseda 4, 2001, S. 11.
191 FILATOW, Sergej. Religion in Russland. Religiosität und Religionsgemeinschaft in Russland zwölf
     Jahre nach Zusammenbruch des Kommunismus. In: Der Bürger im Staat 2/3, 2001.
     http://www.lpb.bwue.de/aktuell/bis/23_01/russland8.htm [Stand 23. 2. 2002]
192 Ebd.
193 Ebd.
194 FEDERAL'NYJ ZAKON o svobode sovesti i o religioznych ob"edinenijach. In: Sbornik zakonov
     Rossijskoj Federacii/ Pod obščej redakcii red. Ju.N. Vlasova. Moskva: Omega-Ėl 2000, S. 250–255.

aller religiösen Organisationen garantierte, gibt es nun zwei Kategorien. Zum einen die begünstigten „religiösen Organisationen", die nachweisen können, seit mehr als 15 Jahren in Russland tätig zu sein, und eine Reihe von Vorrechten genießen (Recht auf Schulen, Grund und Boden, religiöse Literatur etc.). Zum anderen die „religiösen Gruppen", deren Rechte auf die Ausübung des Gottesdienstes beschränkt sind. Die Russisch-Orthodoxe Kirche unterstützte das Gesetz aktiv, da ihre Anerkennung als „religiöse Organisation" außer Zweifel stand.[195] Jüngere autonome religiöse Vereinigungen waren gezwungen, sich älteren anzuschliessen.[196] Das völlige Verbot einer religiösen Vereinigung ist in Russland weiterhin eine Seltenheit.[197] Bei der Neuregistrierung hatten jedoch einige Gruppierungen (z. B. in Moskau die Zeugen Jehovas und die Heilsarmee) ähnlich wie NGOs Schwierigkeiten, sodass ihre Fälle vor Gericht kamen.[198] KritikerInnen warnen vor der Zunahme religiöser Xenophobie.[199] Aufgrund zahlreicher Übergriffe auf Angehörige verschiedener Kulte oder ihre Einrichtungen betonte Odincov, der zum Stab des Menschenrechtsbeauftragten der Russischen Föderation zählt, bei einer Veranstaltung im November 2001 die Wichtigkeit der Erziehung im Geiste der (zivilen Tugend) Toleranz.[200] Unterdessen sind zwei Konzeptionen über die Beziehungen zwischen dem Staat und den Konfessionen im Umlauf, die von Behörden und wissenschaftlichen Instituten erarbeitet wurden und beide die Zusammenarbeit mit traditionellen Glaubensgemeinschaften als Priorität festschreiben.[201] Während manche Zeitungskommentare vor der „Gefahr des staatlichen Klerikalismus" warnen[202], betonen andere, dass verstärkte staatliche Beziehungen mit auserwählten Konfessionen dem Prinzip der Gleichheit aller religiösen Vereinigungen vor dem Gesetz nicht widersprechen.[203] Im Zuge der Diskussion und im Vorfeld angeblich geplanter Änderungen im Religionsgesetz tauchte auch die Idee auf, ein Religionenministerium einzurichten. Berichten zufolge tritt, für manche überraschend, auch die Russisch-Orthodoxe Kirche aus Angst vor einem staatlichen Kontrollinstrument gegenüber religiösen Vereinigungen gegen ein derartiges Vor-

195 GUNN, Jeremy T. Cäsars Schwert: Das Gesetz der Russischen Föderation über Gewissensfreiheit und über religiöse Vereinigungen von 1997. In: Gewissen und Freiheit 51, 1998, S. 113–114.
196 FILATOW, Sergej. Religion in Russland. Religiosität und Religionsgemeinschaft in Russland zwölf Jahre nach Zusammenbruch des Kommunismus. In: Der Bürger im Staat 2/3, 2001. http://www.lpb.bwue.de/aktuell/bis/23_01/russland8.htm [Stand 23. 2. 2002]
197 VERCHOVSKIJ, Aleksandr; PRIBYLOVSKIJ Vladimir; MICHAJLOVSKAJA Jekaterina. Nacionalizm i ksenofobija v rossijskom obščestve. Moskva: OOO „Panorama" 1998, S. 186.
198 LAMPSI, Aleksej. Budet li „Ministerstvo very"? In: NG-religii 18, 2001, S. 1, 4. Zitiert nach: Dajdžest publikacij central'noj pressy ot 26 sentjabrja 2001 g., podgotovlennyj Informacionnym centrom pravozaščitnogo dviženija. http://www.hro.org/editions/press/0901/26/26090112.txt [Stand 2. 11. 2001]
199 VERCHOVSKIJ, Aleksandr; PRIBYLOVSKIJ Vladimir; MICHAJLOVSKAJA Jekaterina. Nacionalizm i ksenofobija v rossijskom obščestve. Moskva: OOO „Panorama" 1998, S. 188.
200 INFORMACIONNYJ CENTR pravozaščitnogo dviženija. Obzor publikacii central'noj pressy i internet-izdanij N° 1 s 1 po 13 dekabrja 2001 goda.
201 Siehe dazu u. a.: BUR'JANOV, Sergej; MOZGOVOJ Sergej. Celi i metody religioznoj politiki. Nužna li Rossii koncepcija otnošenij gosudarstva i religioznych ob"edinenij? In: Nezavisimaja gazeta, 24. 10. 2001. http://religion.ng.ru/caesar/2001-10-24/6_methods.html [Stand 26. 2. 2002]
202 KANEVSKIJ, Konstantin. Ugroza gosudarstvennogo klerikalizma. Nužno li Rossii Ministerstvo po delam veroispovedanij? In: Nezavisimaja gazeta, 26. 12. 2001. http://religion.ng.ru/caesar/2001-12-26/6_threat.html [Stand 26. 2. 2002]
203 KUZNECOV, Michail; PONKIN Igor'. Protivorečit li ponjatie „tradicionnye organizacii" Konstitucii Rossii? Realizacija prava gosudarstva na vybor, s kem emu sotrudničat', ne uščemljaet prav verujuščich. In: Nezavisimaja gazeta, 28. 11. 2001. http://religion.ng.ru/caesar/2001-11-28/6_constitution.html [Stand 26. 2. 2002]

haben auf.[204] Der Diskussionsprozess ist also im Gange und wird weiter beobachtet werden müssen. Die Pläne scheinen noch zu vage, als dass eine Beurteilung dessen möglich wäre, ob die Errichtung einer (weiteren) „Machtvertikale" – Vergleiche zum Medienministerium drängen sich auf – vorbereitet wird. Dies fällt jedoch in den Bereich der Spekulation, zumal der Staat bisher wenig an kritischer „Opposition" seitens der Glaubensgemeinschaften zu befürchten hatte.

In den Stellungnahmen der Russisch-Orthodoxen Kirche zu aktuellen Fragen ist kein Selbstverständnis als zivilgesellschaftliche Kontroll- und Schutzinstanz gegenüber staatlicher Willkür erkennbar. Filatov stellt fest: „Der Patriarch und die meisten Bischöfe verweisen in ihren sozial ausgerichteten Reden und Predigten pathetisch vor allem auf die Notwendigkeit, im Einvernehmen, Frieden, ohne Spaltung zu leben sowie die Regierung zu respektieren."[205] Dies zeigt sich insbesondere in der „unterstützend-neutralen" Haltung der Russisch-Orthodoxen Kirche in der Frage der Tschetschenienkriege. Der Moskauer Patriarch rechtfertigt die „antiterroristische Operation" des Staates.[206] Orthodoxe Geistliche sind zum Teil in Militärhubschraubern und Panzern unterwegs, um die in den Krieg ziehenden (multikonfessionellen) Soldaten zu segnen.[207] Die Russisch-Orthodoxe Kirche beteiligt sich an keinerlei Antikriegsaktivitäten. Pazifistische Politik und Einsatz für gewaltfreie Konfliktlösung gehören offensichtlich nicht zu ihren Anliegen. Auch die Vertreter der islamischen Glaubensgemeinschaft erheben kaum eine kritische Stimme in der Öffentlichkeit.[208] Das politische und gewaltfreie Engagement bleibt kleinen religiösen Gruppierungen „vorbehalten". Eine große Zahl der russländischen Wehrdienstverweigerer sind Protestanten oder Zeugen Jehovas, die für eine klare antimilitaristische Linie stehen.[209] Protestantische Bewegungen sind es außerdem, die als im Wohltätigkeits- und Kulturbereich besonders engagiert gelten. Landesweit gibt es auch orthodoxe Klöster und Pfarreien, die soziale zivilgesellschaftliche Leistungen erbringen[210], oder vereinzelt Geistliche, die im gesellschaftspolitischen Bereich auf lokaler Ebene aktiv sind.[211] Die Russisch-Orthodoxe Kirche hätte jedoch als größte in der

---

204 KANEVSKIJ, Konstantin. Ugroza gosudarstvennogo klerikalizma. Nužno li Rossii Ministerstvo po delam veroispovedovanij? In: Nezavisimaja gazeta, 26. 12. 2001. http://religion.ng.ru/caesar/2001-12-26/6_threat.html [Stand 26. 2. 2002]; vgl. LAMPSI, Aleksej. Budet li „Ministerstvo very"? In: NG-religii 18, 2001, S. 1, 4. Zitiert nach: Dajdžest publikacij central'noj pressy ot 26 sentjabrja 2001 g., podgotovlennyj Informacionnym centrom pravozaščitnogo dviženija. http://www.hro.org/editions/press/0901/26/26090112.txt [Stand 2. 11. 2001]

205 FILATOW, Sergej. Religion in Russland. Religiosität und Religionsgemeinschaft in Russland zwölf Jahre nach Zusammenbruch des Kommunismus. In: Der Bürger im Staat 2/3, 2001. http://www.lpb.bwue.de/aktuell/bis/23_01/russland8.htm [Stand 23. 2. 2002]

206 ERTL, Josef: Tschetschenien liegt in Europa. Der OSZE-Gipfel in Istanbul sollte gegen Russland energischer vorgehen. In: Der Standard, 18. 11. 1999, S. 40.

207 Interview mit PASTUCHOVA, Anna (Memorial Jekaterinburg). Moskau, 1. 9. 2001.

208 Interview mit PONOMAREV, Lev (dviženie „Za prava čeloveka"). 5. 9. 2001, Moskau.

209 MALACHOVA, Evgenija. Budet li v Rossii al'ternativnyj voennyj prizyv? Zakonodatel'stvo našej strany poka ne gotovo obespečit' prava verujuščich graždan služit' Otečestvu vsemi sposobami. In: Nezavisimaja gazeta, 11. 12. 2001. http://religion.ng.ru/facts/2001-12-11/1_appeal.html [Stand 26. 2. 2002]

210 FILATOW, Sergej. Religion in Russland. Religiosität und Religionsgemeinschaft in Russland zwölf Jahre nach Zusammenbruch des Kommunismus. In: Der Bürger im Staat 2/3, 2001. http://www.lpb.bwue.de/aktuell/bis/23_01/russland8.htm [Stand 23. 2. 2002]

211 Zum Beispiel nennt MIRONOVA, Viktorija (Memorial Bratsk) im Interview (Moskau, 9. 9. 2001) einen orthodoxen Priester in Bratsk, der in seinen Predigten historische Aufklärungsarbeit leistete und die Errichtung eines Denkmales für die Opfer der politischen Repressionen unterstützte.

Öffentlichkeit präsente Religionsgemeinschaft tendenziell erheblich mehr Potenzial, eine vom Staat unabhängige Rolle zu spielen und in der Gesellschaft zivilgesellschaftliches Engagement zu fördern. Diese Ressourcen bleiben vorerst ungenützt. Stattdessen wird die Russisch-Orthodoxe Kirche laut einer journalistischen Einschätzung von der Mehrheit der russländischen Bevölkerung als „nicht wegzudenkendes Subjekt der russischen Geschichte und faktisch als Teil des Staates" betrachtet.[212] Filatov nennt die religiösen Organisationen Russlands im Vergleich zu den USA oder zu diversen europäischen Ländern „als Subjekt der Zivilgesellschaft eine unbedeutende Größe".[213] Im Vergleich zur Situation am Ende der Sowjetunion haben aber sicherlich auch Kirchen ihren Beitrag zur Selbstorganisation der Gesellschaft geleistet. Die Zukunft wird in vielem wiederum von der Haltung der Russisch Orthodoxen Kirche abhängen.

5. Der mediale Kontext

Nach dem Verständnis von Zivilgesellschaft als Bereich, der „privat, aber nicht gewinnorientiert, gemeinnützig, aber nicht staatlich" ist, sind Medien per se nicht Teil der Zivilgesellschaft, denn sie sind in ihrer überwiegenden Mehrzahl gewinnorientiert oder staatlich. Indem sie jedoch im Idealfall einen öffentlichen Raum für die demokratische Selbstreflexion einer Gesellschaft konstituieren, übernehmen sie die Habermas'sche zivilgesellschaftliche Funktion[214] und beeinflussen die öffentliche Meinung, ohne selbst nach der politischen Macht zu streben. Voraussetzung dafür sind kritikfähige freie Medien.

Was die Freiheit der Medien in Russland betrifft, so wurde sie noch vor nicht allzu langer Zeit gerne als Errungenschaft des postsowjetischen Russlands bezeichnet.[215] Diese Ansicht muss spätestens seit Herbst 1999 revidiert werden, als die Medien anlässlich des (zweiten) Tschetschenienkrieges und der darauf folgenden Wahlkämpfe unter massiven Druck gerieten.[216] Es galt, Putin zum Präsidenten zu machen. Seine Amtszeit ist von einer deutlichen Einengung der Medienlandschaft und der Pressefreiheit gekennzeichnet. Dennoch beginnen die Probleme des Mediensektors nicht erst mit Putin.

Der jährliche Survey of Press Freedom von Freedom House bewertet Russlands Medien seit 1992 als „partly free". Im Jahr 2000 wurde selbst dieser Befund auf Grund politischer Maßnahmen in Zweifel gezogen.[217] Die Ausschaltung oppositioneller Medien, die Putin auf föderaler Ebene vollzieht, ist nach Einschätzung der Glasnost De-

212 MATANIS, Viktorija. Svoboda sovesti po-russki. Pravoslavnye, protestanty i ateisty rassuždajut o pravach verujuščich. In: NG-Religii 16 (87), 22. 8. 2001, S. 6.
213 FILATOW, Sergej. Religion in Russland. Religiosität und Religionsgemeinschaft in Russland zwölf Jahre nach Zusammenbruch des Kommunismus. In: Der Bürger im Staat 2/3, 2001. http://www.lpb.bwue.de/aktuell/bis/23_01/russland8.htm [Stand 23. 2. 2002]
214 MERKEL, Wolfgang; LAUTH Hans-Joachim. Systemwechsel und Zivilgesellschaft: Welche Zivilgesellschaft braucht die Demokratie? In: Aus Politik und Zeitgeschichte B 6–7, 30. Januar 1998, S. 5–7.
215 Interview mit POLJAKOVA, Mara (Nezavisimiyj Ékspertno-pravovoj Sovet), 12. 9. 2001, Moskau.
216 Vgl. FOSSATO, Floriana. The Russian Media: From Popularity to Distrust. http://www.internews.ru/article/evaluate.html [Stand 3. 11. 2001]
217 NATIONS IN TRANSIT 2001. http://216.119.117.183/pdf.docs/research/nitransit/2001/25_russia.pdf [Stand 14. 8. 2001] S. 319.

fense Foundation in 70 % der russländischen Regionen bereits zuvor erfolgt.[218] Die
Mehrheit der russländischen Medien befindet sich unter der Kontrolle politischer Amtsträger. Ruslan Gorevoj nennt mehrere Fallbeispiele. In Penza wurden fünf demokratische Zeitungen verklagt. Gegenüber jenen, die sich mit dem Gouverneur „einigen" konnten, wurde die Anklage fallen gelassen. Die anderen müssen jederzeit mit ihrer Schließung rechnen. In mehreren Republiken (Tatarstan, Marij Ël, Baškortostan, Mordovija,
Čuvašskaja Respublika) stellt der Zugang zur Information das größte Problem dar. Dort
haben die regionalen Administrationen Pressestellen eingerichtet, die über die Informationsflüsse wachen. In Tatarstan geht dies so weit, dass die ganze Auflage einer Zeitung konfisziert wurde, da sie Material veröffentlicht hatte, das nicht mit der Pressestel-
le abgestimmt worden war.[219] Die Reihe der Beispiele könnte weiter fortgesetzt werden.[220] Igor' Jakovenko, Generalsekretär des Journalistenverbands Russlands, spricht
von verschiedenen „Niveaus der Unabhängigkeit" von Medien. Den russländischen Realitäten entsprechend sei es für eine Stadtzeitung bereits ein Schritt zu größerer Unabhängigkeit, wenn die Finanzierung nicht aus dem Stadtbudget sondern dem regionalen
Gebietsbudget erfolgt. Die Abhängigkeit von staatlichen Stellen aller Ebenen sei deswegen so groß, da im Normalfall die Einnahmen aus der Reklame und die Unterstützung seitens der Leserschaft das wirtschaftliche Überleben nicht sichern können.[221]
Abgesehen davon praktizieren viele Journalistinnen und Journalisten die noch in der
Sowjetzeit eingeübte „Selbstzensur" und verstärken dadurch in „voreiligem Gehorsam"
die wirkenden Mechanismen medialer Abhängigkeit. Die Praxis der Entgegennahme
bezahlter „Auftragsartikel", häufig bedingt durch niedrige Gehälter, ist ein weiteres
Merkmal, das die „Unabhängigkeit" der Medien in Frage stellt. Ein derartiges „Selbstverständnis" untergräbt jede journalistische Professionalität. Unterdessen bleibt die journalistische Arbeit in Russland (lebens)gefährlich. Seit 1991 sind nach einem Bericht
des russländischen Menschenrechtsbeauftragten 117 JournalistInnen ums Leben gekommen.[222] Andere kämpfen mit gerichtlicher und aussergerichtlicher Verfolgung.[223]

Eines der größten Probleme des Mediensektors, welches der Wahrnehmung zivilgesellschaftlicher Funktionen entgegensteht, ist das Fehlen öffentlich-rechtlicher TV-
und Radiosender in Russland.[224] Die Akteure im Medienbereich verstehen unter der

---

218 Interview mit GOREVOJ, Ruslan (Fond zaščity glasnosti), 30. 8. 2001, Moskau.
219 Interview mit GOREVOJ, Ruslan (Fond zaščity glasnosti), 30. 8. 2001, Moskau.
220 Detaillierte Analysen der Situation in allen Subjekten der Russischen Föderation sowie eine „Land-
     karte der Medienfreiheit" wurden im Rahmen eines Projektes unter der Leitung des Journalisten-
     verbandes Russlands publiziert. OBŠČESTVENNAJA ĖKSPERTIZA: Anatomija svobody slova 2000.
     Moskva 2000.
221 Interview mit JAKOVENKO, Igor (Sojuz žurnalistov Rossii), 12. 9. 2001, Moskau.
222 DOKLAD o dejatel'nosti Upolnomočennogo po pravam čeloveka v Rossijskoj Federacii v 2000
     godu. Moskva: Juridičeskaja Literatura 2001, S. 124.
223 Einer dieser Fälle ist der des Militärjournalisten Grigorij Pasko, der Umweltsünden der Pazifikflotte
     aufdeckte, des Landesverrats und der Spionage beschuldigt und im Dezember 2001 zu vier Jahren
     Haft verurteilt wurde. Wegen ihrer kritischen Berichterstattung über den Tschetschenienkrieg gerie-
     ten Journalisten wie Andrej Babickij oder Anna Politkovskaja in Konflikt mit der Staatsmacht, um
     nur drei Beispiele zu nennen. Details siehe unter: AKCII I KAMPANII v zaščitu prav i svobod čelove-
     ka v Rossii. http://www.hro.org/actions [Stand 28. 2. 2002]
224 Interview mit JAKOVENKO, Igor (Sojuz žurnalistov Rossii), 12. 9. 2001, Moskau.

Freiheit der Medien die „Freiheit ihrer Eigentümer".[225] Medien sind entweder staatlich und werden dazu benützt, staatliche Politik zu propagieren, oder sie waren – bis zur „Ausschaltung" der Medienmagnaten Vladimir Gusinskij und Boris Berezovskij unter Putin – privat in Händen finanzkräftiger Oligarchen, die ebenso ihre politischen Interessen über ihre Medien transportierten. Im Besonderen traf dies auf den nationalen TV-Sektor zu. Dies bedeutet, dass die politische Berichterstattung der Medien nicht die Funktion der Informationsvermittlung und der öffentlichen Kontrolle über politische Verantwortlichkeiten erfüllt, sondern ihre Sendezeit der politischen Agitation dient. Diese Verschmelzung von Journalismus und PR-Arbeit erfuhr ihren ersten Höhepunkt im Jahr 1996, als sich führende Medien (darunter NTV) im Präsidentschaftswahlkampf auf die Seite El'cins stellten und zu Wahlkampfinstrumenten wurden.[226] Diese Entwicklung setzte sich in den Wahlkämpfen 1999 und 2000 fort, in denen die führenden Fernsehsender wiederum allen Fraktionen als „politische Waffen" dienten. Der russische Journalist Vitalij Tret'jakov ist der Ansicht, dass in Anbetracht des Fehlens tragfähiger politischer Parteien, russische Politiker die Medien als „politische Propagandainstrumente" einsetzen „müssen", wenn sie gewählt werden wollen.[227]

Putin bereitet seine Wiederwahl offensichtlich mit einer Politik vor, die darauf abzielt, das Land „Presse-Frei"[228] – frei von jeder kritischen Presse[229] – zu machen. Wie bereits erwähnt wurde, ist die verschärfte staatliche Gangart gegenüber „unerwünschten" Medien bereits seit 1999 spürbar, als Putin zum Wunschkandidaten für die Nachfolge El'cins auserkoren wurde. Die seitherigen medienpolitischen Schachzüge, die in der Folge kurz skizziert werden sollen, gefährden die ohnehin „partielle Medienfreiheit" weiter.

Umstritten ist die Rolle des noch unter El'cin eingerichteten Medienministeriums unter Michail Lesin. Dieser ist gleichzeitig Minister und Begründer der größten Reklameagentur Russlands „Videointernational", deren Monopolstellung die Herausbildung eines freien Medienmarktes behindert. Die Verflechtung des Ministeriums mit (staatlichen) Wirtschaftsbetrieben steht im Widerspruch zur Wahrnehmung einer „neutralen" Rolle bei der Vergabe von Lizenzen oder bei der Schlichtung medienpolitischer Konflikte. In der jetzigen Form beurteilt Jakovenko das Ministerium als staatliches Mittel zur Kontrollausübung im Medienbereich und als Ausdruck jener Ideen, die in der Doktrin für Informationssicherheit (*Doktrina informacionnoj bezopasnosti*) verankert sind.[230]

---

225 USAČEVA, Veronika. Vlast' i SMI v Rossii: kak izmenilis' ich vzaimootnošenija? In: Pro et Contra, Osen' 2000, S. 125.
226 ČERKASOV, Aleksandr. Den' vtoroj. In: Memorial Nr. 23, ijun'-avgust 2001, S. 12.
227 Vortrag von TRET'JAKOV, Vitalij (ORT). Im Rahmen des Workshops „The Freedom of the Media in Putin's Russia", Dr. Karl Renner Institut, 1. 12. 2001, Wien.
228 CHAFIK, Timour. Russland ist Presse-Frei. 3. 5. 2001.
      http://www.e-politik.de/beitrag.cfm?Beitrag_ID=1167 [Stand 28. 11. 2001]
229 Nach Angaben der Glasnost Defense Foundation (Fond zaščity glasnosti) verdoppelten sich die Verstöße gegen das Presserecht zwischen Herbst 2000 und Herbst 2001. Pro Woche werden ca. 5 schwere Verstöße registriert. Insgesamt sind es aber zwischen 150 und 200 pro Monat. Interview mit GOREVOJ, Ruslan (Fond zaščity glasnosti). 30. 8. 2001, Moskau.
230 Interview mit JAKOVENKO, Igor (Sojuz žurnalistov Rossii), 12. 9. 2001, Moskau; vgl. Interview mit GOREVOJ, Ruslan (Fond zaščity glasnosti). 30. 8. 2001, Moskau.

Dieses Dokument[231], das vom Sicherheitsrat verabschiedet und vom Präsidenten im September 2000 unterzeichnet wurde, verfügt zwar über keine formal-rechtliche Kraft, gibt jedoch deutlichen Aufschluss über die Sicht des Präsidenten auf die Funktion der Medien. Der Kern dieser Doktrin besteht in der Auffassung, dass Informationsflüsse die Sicherheit des Staates gefährden und daher einer Regulierung bedürfen. Medien werden als Hilfsmittel zur Implementierung staatlicher Politik verstanden. Es darf daher nicht verwundern, wenn das Medienministerium Warnungen an Zeitungen richtet, die Interviews mit dem tschetschenischen Präsidenten Maschadov veröffentlicht haben.[232] In ähnlichem Licht ist die Gründung der Journalistenvereinigung Medienunion (Mediasojuz) zu sehen, an der unter anderem Minister Lesin maßgeblich beteiligt war. Als von oben installierte „Parallelstruktur" zum (regierungskritischen) Journalistenverband ist sie mit enormen administrativen Mitteln ausgestattet und garantiert einen „konstruktiven" loyalen Dialog mit dem Staat. Der Präsident der Glasnost Defense Foundation Aleksej Simonov nennt ihre Erfindung die Fabrizierung eines „Schafes Dolly", d. h. ein Beispiel für den Versuch der Klonierung von Zivilgesellschaft durch staatliche Strukturen.[233]

Den größten Einschnitt in die Medienlandschaft stellten zweifelsohne die Übernahme von Gusinskijs Privatsender NTV durch den Staatsbetrieb Gazprom im April 2001[234] und die Schließung von Berezovskijs Privatsender TV-6 auf Grund einer fragwürdigen Gerichtsentscheidung im Jänner 2002 dar.[235] Damit befinden sich nun alle TV-Kanäle mit nationaler Reichweite[236] unter der Kontrolle des Kremls. Der Präsident versteht darunter scheinbar die Verwirklichung seines Wahlkampfversprechens, das „Land vom Einfluss der Oligarchen zu befreien".[237] Die Übernahme von NTV im Vorjahr wurde wirtschaftlich argumentiert. Wenngleich sie auf rechtlicher Grundlage erfolgte, ist sie

---

231 Das Dokument im Wortlaut siehe: DOKTRINA informacionnoj bezopasnosti Rossijskoj Federacii. http://www.gdf.ru/old/law/info/doctrina.html [28. 11. 2001]

232 Vortrag von BELIN, Laura (St.Antony's college, Oxford). Im Rahmen des Workshops „The Freedom of the Media in Putin's Russia", Dr. Karl Renner Institut, 1. 12. 2001, Wien; zum letzten Punkt vgl. NATIONS IN TRANSIT 2001. http://216.119.117.183/pdf.docs/research/nitransit/2001/25_russia.pdf [Stand 14. 8. 2001] S. 319; zur Doktrin für Informationssicherheit siehe auch: ZEMSKOVA, Svetlana. Juridičeskij kommentarij k doktrine informacionnoj bezopasnosti. http://www.gdf.ru/old/law/statia12.html [Stand 28. 11. 2001]

233 SIMONOV, Aleksej. Ovečka Dolli graždanskogo obščestva. 18. 6. 2001. http://www.gdf.ru/arh/pub/simonov44.shtml [Stand 31. 8. 2001]

234 In einem Atemzug erhielt das Journal Itogi neue Eigentümer und verschwand die Zeitung Segodnja vom Markt.

235 Die Details der Machtübernahmen werden hier nicht dargelegt, da sie in der Tagespresse breiten Raum fanden. Siehe dazu insbesondere die ausführlichen Artikel in der Frankfurter Allgemeinen Zeitung sowie in der Süddeutschen Zeitung.

236 NTV hat eine Reichweite von 72 %, TV-6 lag unter der 70-%-Marke. Zum Vergleich: ORT erreicht 99 % der Bevölkerung, RTR 96 %. NATIONS IN TRANSIT 2001. http://216.119.117.183/pdf.docs/research/nitransit/2001/25_russia.pdf [Stand 14. 8. 2001]

237 BELIN, Laura. The Ironies of the NTV Saga. http://www.rferl.org/rpw/2001/04/11-160401.html [Stand 3. 11. 2001] Die Auswirkungen auf die Medienlandschaft sind insofern gravierend, als die zentralen Printmedien vor allem in den von Moskau weit entfernten Regionen kaum mehr gelesen werden. Fernsehen und Radio sind die Einzigen für alle zugänglichen Medien. Die Berichterstattung aus dem föderalen Zentrum beschränkt sich ab sofort auf die staatlichen oder regierungsnahen Fernsehkanäle. Vgl. Interviews mit GOREVOJ, Ruslan (Fond zaščity glasnosti), 30. 8. 2001, Moskau; MIRONOVA, Viktorija (Memorial Bratsk), 9. 9. 2001, Moskau; GRIŠINA, Elena (Informacionnyj centr pravozaščitnogo dviženija), 3. 9. 2001, Moskau.

dennoch kein „Ausdruck der Herrschaft des Gesetzes", sondern der „selektiven Anwendung des Gesetzes".[238] Der politische Hintergrund ist daran erkennbar, dass es de facto keinen Medienbetrieb in Russland gibt, der nicht nach bestehenden Rechtsnormen aufgelöst werden könnte.[239] Daher wirft gerade die Ausschaltung kritischer Medien ein deutliches Licht auf die zu Grunde liegenden medienpolitischen Ziele. Dasselbe Muster wiederholte sich im Fall von TV-6, auf dessen Sendefrequenz bis zur neuerlichen Lizenzvergabe ein Sportkanal läuft. Die nächsten Umwälzungen stehen dem Radiosender Ėcho Moskvy bevor, der symbolisch über 200 MitarbeiterInnen von TV-6 für einen Rubel Gehalt pro Tag übernommen hat.[240] Das Prinzip, nach dem Medienpolitik in der Ära Putin funktioniert, fasst Anna Kačkaeva in dem Satz „Die Presse muss ihren Platz kennen" zusammen.[241]

Es ist derzeit nicht abschätzbar, ob auch die Freiheit im Internet etwa durch geplante rechtliche Regelungen eingeschränkt werden könnte. Statt der direkten Verfolgung regierungskritischer Informationen im Internet setzte die Politik hier bisher das Mittel ein, eine „Flut" an regierungsfreundlicher Information ins Netz zu stellen. Beispiel dafür sind eine Reihe von Nachrichtenseiten (z. B. vesti.ru, smi.ru, strana.ru etc.), die vom Fond für effektive Politik (*Fond ėffektivnoj politiki*), dessen Präsident der Kreml-Berater Gleb Pavlovskij ist, betrieben werden.[242]

Jakovenko resümiert: „Die Pressefreiheit hängt erstens von der politischen Macht ab, zweitens von der Gesellschaft und drittens von den Journalisten selbst. Alle drei Komponenten haben in den letzten zehn Jahren versagt. Sowohl die politische Macht als auch die Gesellschaft und die Journalisten selbst haben eindrucksvoll vorgeführt, dass sie kein vollwertiges Produkt namens Pressefreiheit hervorbringen können. Zum einen versucht die politische Macht ständig, Informationen zu dosieren und die Journalisten zu kontrollieren, zum anderen dürstet die Gesellschaft nicht besonders nach Pressefreiheit und schließlich haben sich die Journalisten selber als nicht sehr gute Beschützer und Begründer der Pressefreiheit erwiesen. […] Daher ist das Resultat, das heisst der Grad an Pressefreiheit, der heute in Russland realisiert ist, ein beeinträchtigtes. Dies ist nicht verwunderlich, da sich Russland in einem langwierigen Übergangsprozess befindet. […] Heute sind wir Zeugen einer gewissen Rückkehr in die Vergangenheit. Zur Zeit El'cins gab es eine gewisse wenn auch beeinträchtigte Garantie, dass es Pressefreiheit gibt. Heute gibt es diese Garantie nicht."[243] Diese unterschiedliche Einschätzung der Präsidenten Putin und El'cin teilten die meisten interviewten NGO-AktivistInnen. In ihrer dritten Sitzung im Februar 2002 konstatierte die „Demokratische Beratung": „Es gibt keine Pressefreiheit in Russland".[244]

---

238 Vortrag von BELIN, Laura (St.Antony's college, Oxford). Im Rahmen des Workshops „The Freedom of the Media in Putin's Russia", Dr. Karl Renner Institut, 1. 12. 2001, Wien.
239 Interview mit JAKOVENKO, Igor (Sojuz žurnalistov Rossii), 12. 9. 2001, Moskau.
240 VERETENNIKOVA, Ksenija. Sotrudniki TV-6 auknulis' „Ėchu". In: Izvestija, 9. 2. 2002, S. 2.
241 Vortrag von KAČKAEVA, Anna (MGU). Im Rahmen des Workshops „The Freedom of the Media in Putin's Russia", Dr. Karl Renner Institut, 1. 12. 2001, Wien.
242 Interview mit JAKOVENKO, Igor (Sojuz žurnalistov Rossii), 12. 9. 2001, Moskau.
243 Ebd.
244 INFORMACIONNYJ CENTR pravozaščitnogo dviženija. Obzor publikacii central'noj pressy i internet-izdanij N°6 (8) s 15 po 21 fevralja 2002 goda.

Die skizzierte Situation veranschaulicht, dass die Gesellschaft und allen voran die Medien ihre zivilgesellschaftliche Öffentlichkeitsfunktion nicht wahrnehmen (können) bzw. die politischen Rahmenbedingungen darauf abzielen, eine demokratische Selbstreflexion zu verhindern. Claus Offe nennt die russische Politik als ein Beispiel für eine Gesellschaft, die auf die Selbstbeobachtung verzichtet.[245]

6. Das Zivile Forum (*Graždanskij forum*)

Wie bereits eingangs erwähnt wurde, fand im Kreml am 21./22.November 2001 das Zivile Forum – oder wie es auf der Internetseite www.civilforum.ru auch genannt wurde – das „Forum der Zivilgesellschaft" statt. Die Geschichte dieses Ereignisses verdeutlicht einige der bereits erwähnten Probleme in den Beziehungen zwischen zivilgesellschaftlichen Akteuren und staatlichen Strukturen und lässt die Beschaffenheit der russländischen Zivilgesellschaft wie die Handlungsmuster staatlicher Institutionen erkennen.

Die Vorgeschichte des Zivilen Forums beginnt mit dem Petersburger Dialog, der von Putin und Schröder zur Förderung des Dialogs der Zivilgesellschaften Deutschlands und Russlands ins Leben gerufen wurde. Auf Anfrage der deutschen Delegation, warum keine russländischen NGOs am Treffen teilnehmen, hieß es noch im April 2001 aus dem Mund von Pavlovskij, der als „Polittechnologe" und graue Eminenz des Kreml gilt, es gäbe in Russland keine Zivilgesellschaft. Bald darauf suchten Vertrauensleute der Regierung Gespräche mit NGO-VertreterInnen, die der Vorbereitung einer Zusammenkunft des Präsidenten mit NGOs dienten. Dieses Treffen fand sodann am 12. Juni 2001 im Kreml statt. Zur Verwunderung der Organisationen, die in der „Volksversammlung" (*Narodnaja Assambleja*) kooperieren, wurde aus ihren Reihen niemand eingeladen. Der Vorsitzende der Konföderation der Verbraucherschutzorganisationen Aleksandr Auzan, der zuvor seine Vorschläge für die Einladungsliste unterbreitet hatte, konnte sich des Eindrucks nicht erwehren, dass seine Liste zur Bestimmung der NGOs verwendet worden war, die auf keinen Fall einzubeziehen seien.[246] In der abfälligen Diktion der KritikerInnen dieser Begegnung fand daher ein Treffen der „Bienen- und Kaninchenzüchter" statt. Zu den auserwählten NGOs zählten z. B. Astronauten, Musiker, Sportler, Politologen und Jugendorganisationen wie etwa die putinnahe Vereinigung „Gemeinsam Schreitende" (*Iduščie vmeste*), während Menschenrechts- und Umwelt-NGOs ausgeschlossen blieben. Darin sahen diese NGOs den Versuch der staatlichen Macht, den Dritten Sektor in „gute" und „schlechte", „kooperationswillige" und „antistaatliche" Gruppierungen aufzuspalten und bestimmte NGOs dadurch ins Abseits zu drängen. Diese Ansicht wurde noch dadurch bestätigt, dass zeitgleich in manchen Medien (z. B. auf der

---

245 Vortrag von OFFE, Claus (Humboldt-Universität Berlin). „Vertrauen als Kategorie der politischen Analyse", Österr. Akademie der Wissenschaften, 29. 9. 1999, Wien.
246 SIEGERT, Jens. Bürgerforum im Kreml – wie es dazu kam. 19. 11. 2001.
     http://www.petersburger-dialog.de/News/morenews.php3?idpart=News&idnews=93&lang=de [Stand 28. 11. 2001]; vgl. Interview mit JANIN, Dmitrij (Konfederacija obščestv potrebitelej KonfOP), 13. 9. 2001, Moskau.

von Pavlovskij betriebenen Internetinformationsseite strana.ru) scharfe Vorwürfe gegen Memorial erfolgten – einer Organisation, die zu den stärksten Kritikerinnen des Tschetschenienkrieges zählt.[247]

An diesem 12. Juni 2001 verkündete man erstmals die Idee der Abhaltung eines Zivilen Forums unter Teilnahme des Präsidenten im Herbst desselben Jahres. Auf der Homepage des Forums wurden NGOs zur Zusammenarbeit aufgefordert und als Perspektive einerseits die Schaffung einer Atmosphäre für einen „konstruktiven Dialog" sowie andererseits die Errichtung „Ziviler Kammern als realer Instrumente der zivilgesellschaftlichen Einflussnahme auf den Staat" in Aussicht gestellt.[248] Das Organisationskomitee stand unter der Leitung des kremlnahen Politologen Sergej Markov. Er nannte als wesentlichstes Ziel des Forums die Schaffung besserer rechtlicher und finanzieller Bedingungen für die Entwicklung der zivilen Gesellschaft in Russland. Ausserdem solle das Forum den Beweis erbringen, dass es in Russland eine Zivilgesellschaft als neue reale Kraft gäbe, die in vielen Fragen ihre eigenen Positionen vertrete. Weiters solle „gesellschaftliches Engagement moralisch rehabilitiert werden". Diesbezüglich bedauerte Markov im Interview, dass Teile der Bevölkerung meinten, es sei das Wichtigste, Geld zu verdienen und glaubten, dass „nur Verrückte gesellschaftliche Tätigkeiten entfalten". Vielmehr müsse eine solche Atmosphäre erzeugt werden, dass „sich jene vor ihren Kindern schämen müssten, die keine gesellschaftlichen Aufgaben wahrnehmen". Er selbst nannte sich und Pavlovskij als „zivilgesellschaftliche Initiatoren" des Forums, die diese Notwendigkeit erkannt und im Kreml Gehör gefunden hätten. Daher sei ihnen die Vorbereitung des Treffens am 12. Juni anvertraut gewesen, wobei Pavlovskij für die Auswahl der TeilnehmerInnen und er für die Abhaltung des Treffens verantwortlich gewesen sei.[249] Für viele NGOs blieb undurchsichtig, wer letzlich die inhaltliche Verantwortung und die politische Initiative trug. Pavlovskijs Name schien nicht im Organisationskomitee auf. Auch fand sich kein Hinweis auf der Homepage, wer den Auftrag zur Durchführung des Forums erteilt hatte. Schwerlich kann die Idee zur Abhaltung des Forums im Sinne Markovs als Initiative „von unten" gewertet werden und Pavlovskij, der als Drahtzieher hinter den Kremlkulissen gilt, als „Repräsentant der Zivilgesellschaft" dargestellt werden. Es handelt sich vielmehr um einen der wichtigsten politischen Strategen des Kreml.

Nicht wenige NGOs werteten den Plan zur Abhaltung des Forums als Mittel, nach der „gelenkten Demokratie" (*upravljajemaja demokratija*) nun eine „gelenkte Zivilgesellschaft" (*upravljajemoe graždanskoe obščestvo*) zu schaffen. Sergej Kovalev sah im Forum die Absicht des Kreml, gesellschaftliche Organisationen in Reih und Glied auftreten zu lassen und zu unterwerfen. Er zog diesbezüglich folgende Analogien: „Mit den politischen Parteien ist dies bereits geschehen. Mit dem Parlament, mit dem Ober- und dem Unterhaus, ist dies bereits geschehen. Mit der Presse ist dies bereits geschehen. Sie

---

247 Interview mit ORLOV, Oleg (Pravozaščitnyj centr Memorial), 2. 9.2001, Moskau; vgl. SIEGERT, Jens. Bürgerforum im Kreml – wie es dazu kam. 19. 11. 2001. http://www.petersburger-dialog.de/News/morenews.php3?idpart=News&idnews=93&lang=de [Stand 28. 11. 2001]
248 MARKOV, S.A. Uvažaemye kollegi! http://www.civilforum.ru [Stand 31. 8. 2001]
249 Interview mit MARKOV, Sergej (Orgkomitet Graždanskogo Foruma), 14. 9. 2001, Moskau.

ist zwar nicht einer so strengen Zensur wie zur Sowjetzeit ausgesetzt aber durchaus nicht selbstständig und durchaus nicht unabhängig. Das ist offensichtlich. Das bedeutet, dass nun noch die gesellschaftlichen Organisationen untergeordnet werden müssen. Grob gesprochen besteht die Logik der Organisatoren in etwa darin: Es heißt, dass es in Russland keine Zivilgesellschaft gibt? Gar nicht wahr! Es gibt sie. Hier sehen Sie die Versammlung. Sie hat ein Komitee oder etwas Ähnliches gewählt. Dieses hat einstimmig für dieses und jenes gestimmt und die Bemühungen des Staates in diesem oder jenem Bereich unterstützt. Das ist die Zivilgesellschaft. Dann gibt es die anderen Organisationen, die nicht zustimmen wollten. Diese sind marginal."[250] In der Tat alarmierte vor allem die Idee der Einrichtung Ziviler Kammern, die sich möglicherweise befugt sehen würden, repräsentativ für alle NGOs in Russland zu sprechen und die von staatlichen Stellen als „einzige legitime Vertretung der Zivilgesellschaft" anerkannt werden könnten, die NGOs aus den Reihen der „Volksversammlung", da sie laufende Verhandlungen sowohl auf nationaler als auch auf regionaler Ebene gefährdet sahen. Diese Befürchtungen bewahrheiteten sich im Falle der Gespräche zum Steuerkodex, die unter dem Hinweis auf das bevorstehende „NGO-Treffen" mit dem Präsidenten von Regierungsseite abgebrochen wurden.[251]

In der NGO-community entflammte – wie so oft – eine „moralische" Diskussion, ob eine Teilnahme am Zivilen Forum vertretbar sei oder nicht. Das Spektrum der Meinungen reichte von vehementen GegnerInnen bis zur Auffassung, darin eine Chance für eine stärkere Zusammenarbeit zu sehen. Die Kritik an der Schaffung einer „Zivilgesellschaft von oben" mittels des Zivilen Forums wurde jedoch immer stärker. Neben den NGOs äußerten Medien und einzelne ParteienvertreterInnen zunehmend ihre Bedenken. Auch Teile der Präsidentenadministration waren schließlich daran interessiert, den Vorwurf zu entkräften und Mitglieder der „Volksversammlung" einzubeziehen. Es kam am 20. August 2001 zu einem Treffen dieser NGOs und des stellvertretenden Leiters der Präsidentenadministration Surkov bei Memorial. Die Tatsache, dass derartige Gespräche erstmals auf dem „Territorium" einer NGO stattfanden, wurde unter diesen bereits als erster Erfolg gewertet. Die NGOs formulierten ihre Bedingungen für ihre Teilnahme am Zivilen Forum in inhaltlichen und organisatorischen Punkten[252]: Das Forum dürfe zu keinem Propagandainstrument werden, das dazu diene, das Land und die Welt von der breiten gesellschaftlichen Unterstützung für den gegenwärtigen Präsidenten zu überzeugen. Es müssten unter der zwingenden Beteiligung von VertreterInnen aus der exekutiven, legislativen und judikativen Gewalt in Runden Tischen konkrete Probleme diskutiert werden inklusive der Tschetschenien- und Umweltpolitik des Landes. Die Initiatoren müssten transparent gemacht werden. Insbesondere die Präsidentenadministration müsse als reale Organisatorin des Forums im Organisationskomitee vertreten sein. Es dürfe keine wie immer geartete Wahlen unter den an der Teilnahme interessierten NGOs im Vorfeld des Forums und keine Wahlen auf dem Forum selbst geben, da dies

---

250 Interview mit KOVALEV, Sergej (Rossijskoe obščestvo Memorial), 11./13. 9. 2001, Moskau.
251 Interview mit ORLOV, Oleg (Pravozaščitnyj centr Memorial), 2. 9.2001, Moskau.
252 Zu den NGO-Forderungen im Detail siehe auch: FEIN, Elke. Zivilgesellschaftlicher Paradigmenwechsel oder PR-Aktion? Zum ersten allrussischen „Bürgerforum" im Kreml. In: Osteuropa 2, 2002, S. 166–169.

eine Vertretungsbefugnis des Forums suggerieren würde. Die Finanzen müssten offen gelegt werden. In weiteren Verhandlungsrunden, an denen jeweils alle drei Seiten – NGO-VertreterInnen, RepräsentantInnen der Präsidentenadministration und des alten Organisationskomitees – teilnahmen, wurde allen diesen Forderungen der NGOs entsprochen und schließlich am 10. September die Umbildung des Organisationskomitees in Angriff genommen.[253] In der (Um)Interpretation von Markov hiess dies, dass es mittlerweile gelungen sei, manche „sowjetische Menschenrechtler" zu überzeugen, und eine grosse Gruppe von Menschenrechtsorganisationen beschlossen habe, sich dem Organisationskomitee anzuschließen.[254] Das Organisationskomitee bestand in der Folge aus einem breiten Kreis von über 80 Personen und einer kleineren Arbeitsgruppe von 21 Personen aller drei Lager. In allen Regionen gab es um ein Vielfaches mehr an interessierten NGOs als de facto in die Hauptstadt eingeladen werden konnten. Die Auswahl erfolgte auf Grundlage von Fragebögen zum Teil über regionale Organisationskomitees. Die endgültige Entscheidung oblag dem Organisationskomitee in Moskau.[255] Die kurze Vorbereitungszeit führte mancherorts zu organisatorischem Chaos und Enttäuschungen. Als Sponsoren wurden bekannt gegeben: die Al'fa-Bank, das TV-Unternehmen „VID", die Firma „Interos", die Sberbank und das Hüttenwerk in Nowolipezk. Nach Auskunft des Organisationskomitee betrug das Budget für die Durchführung des Forums 1,5 Millionen USD.[256]

Plangemäß lief das Forum am 21./22. November 2001 über die Bühne. Gekommen waren rund 3000 NGO-VertreterInnen aus ganz Russland sowie in etwa 1500 Gäste und MedienvertreterInnen.[257] Im Programm gab es schwerpunktmäßig 21 thematische Arbeitskreise, die zusätzlich noch in Runde Tische unterteilt waren. An die Regierungsstellen war zuvor die ausdrückliche Aufforderung ergangen, am Forum zu erscheinen und in einen möglichst breiten Dialog mit den NGOs zu treten. Der Präsident trat am ersten Tag des Forums mit einer Rede auf, in der er die Leistungen der Zivilgesellschaft würdigte und von seiner Überzeugung sprach, dass die Zivilgesellschaft nicht auf staatliche Initiative entstehen könne. Damit suchte er den im Vorfeld geäußerten Befürchtungen den Wind aus den Segeln zu nehmen.[258] In manchen Arbeitsgruppen kam es zu intensiven Wortgefechten. Die Presse räumte der Berichterstattung über das Zivile Forum breiten Raum ein. Fotos, die den Präsidenten auf einem Podium mit der Vorsitzenden der Moskauer Helsinki-Gruppe, Ljudmila Alekseeva, zeigten, wurden als „histori-

253 O GRAŽDANSKOM FORUME. Informacionnoe pis'mo Pravlenija obščestva „Memorial". 12. 9. 2001. http://www.memo.ru/daytoday/inf_let.htm [Stand 26. 11. 2001]
254 Interview mit MARKOV, Sergej (Orgkomitet Graždanskogo Foruma), 14. 9. 2001, Moskau.
255 PIS'MO RABOČEJ GRUPPY Orgkomiteta Graždanskogo Foruma negosudarstvennym nekommerčeskim organizacijam. 4. 10. 2001. http://www.civilforum.ru/work/231.html [Stand 17. 10. 2001]; Religiöse Organisationen und Gewerkschaften waren beispielsweise aus Platz sparenden „pragmatischen Gründen" nicht eingeladen. Darin äußerte sich ein Grunddilemma der Veranstaltung. Außerdem wurde ein Überhang an Vertretern der Russisch-Orthodoxen Kirche und der FNPR befürchtet. ŠEVČENKO, Maksim. Svoboda i ee sovest'. In: Nezavisimaja gazeta, 11. 12. 2001. Zitiert nach: http://religion.ng.ru/freedom/2001-12-11/1_freedom.html [Stand 26. 2. 2002]
256 IA „GRAŽDANSKIJ FORUM". 19. 11. 2001. http://www.civilforum.ru/media/580.html [Stand 19. 11. 2001]
257 FEIN, Elke. Zivilgesellschaftlicher Paradigmenwechsel oder PR-Aktion? Zum ersten allrussischen „Bürgerforum" im Kreml. In: Osteuropa 2, 2002, S. 171.
258 Vgl. ebd., S. 172.

scher Augenblick" vermerkt.[259] Am Ende präsentierten alle Arbeitsgruppen in einer Plenarsitzung ihre Ergebnisse und „Absichtsprotokolle", die in vielen Fällen recht konkrete Vereinbarungen enthielten. Es zeigte sich jedoch auch, dass in manchen Bereichen wie beispielsweise beim Thema „Die informationelle Offenheit des Staates" keine Hoffnung auf eine Annäherung der staatlichen und nichtstaatlichen Positionen zu erwarten sei. Die NGOs zögerten daher im Gegensatz zu Personen aus dem Kremlumfeld mit einer positiven Bewertung des Zivilen Forums. Der Erfolg werde sich erst daran messen lassen, was sich von den „schönen Worten der Regierung" in der Praxis niederschlagen werde.[260] Erste Auswirkungen waren bereits den Medien zu entnehmen. Das Spektrum reicht – je nach Region – von neu eingerichteten Verhandlungsplattformen über eine verstärkte Zusammenarbeit von NGOs untereinander bis hin zu keinerlei spürbaren Folgen.[261] Mitte Februar 2002 ließ Regierungschef Michail Kas'janov mit einer Erklärung aufhorchen, wonach die Zusammenarbeit mit NGOs zum fixen Bestandteil der Arbeit aller Ministerien und Behörden werden müsse, über die diese in Zukunft quartalsmäßig zu berichten hätten.[262]

Insgesamt kann festgehalten werden, dass das Zivile Forum nicht zuletzt auf Grund der im Vorfeld aktiven NGOs zu keinem „Potemkin'schen Dorf" der russländischen Zivilgesellschaft wurde, sondern im Gegenteil alle Widersprüche und aktuellen Probleme derselben zur Sprache oder an die Oberfläche brachte. Es entstand daher nicht der Eindruck einer „gelenkten Zivilgesellschaft". Dennoch bleibt abzuwarten, ob es in der Folge des Forums zu einer Verbesserung des Dialogs zwischen NGOs und staatlichen Stellen kommt oder ob sich die Ankündigung Javlinskijs bewahrheitet, es handle sich um ein „vorübergehendes, zufälliges Ereignis"[263].

7. Schlussbemerkungen

Die Dichotomie zwischen den „Mächtigen" (*vlast'*) und der Gesellschaft (*obščestvo*) bildet nach wie vor das bestimmende Muster, das dem Denken und Handeln zivilgesellschaftlicher wie staatlicher Akteure in Russland zu Grunde liegt. Die am häufigsten wahrgenommenen zivilgesellschaftlichen Funktionen sind die Schutz- und Vermittlungsfunktion im Sinne einer Abwehr staatlicher Willkür. Dass selbst dieser Lockeschen

---

259 GRIGOR'EVA Jekaterina; IL'IČEV Georgij. Putin I ego graždane. In: Izvestija, 22. 11. 2001, S. 2.
260 FEIN, Elke. Zivilgesellschaftlicher Paradigmenwechsel oder PR-Aktion? Zum ersten allrussischen „Bürgerforum" im Kreml. In: Osteuropa 2, 2002, S. 175–176. Details zum Forum sowie dessen Einschätzung durch die TeilnehmerInnen siehe ebd.
261 Für Details dazu siehe: INFORMACIONNYJ CENTR pravozaščitnogo dviženija. Obzor publikacii central'noj pressy i internet-izdanij N°2 s 14 po 29 dekabrja 2001 goda. Als Beispiel für eine neu entstandene Verhandlungsplattform können Treffen zwischen NGOs und Vertretern staatlicher Organe in Tschetschenien genannt werden, die bereits zwei Mal stattfanden. Siehe dazu: SOBYTIJA NA SEVERNOM KAVKAZE. http://www.memo.ru/hr/hotpoints/N-Caucas [28. 2. 2002]
262 RUBCOVA, Evgenija. Na bezobrazija otvetim stengazetoj. In: Novye Izvestija 32, 21. 2. 2002, S. 7. Zitiert nach: Dajdžest publikacij central'noj pressy 33 (326) ot 21 fevralja 2002 g., podgotovlennyj Informacionnym centrom pravozaščitnogo dviženija. http://www.hro.org/editions/press/0202/21/21020228.htm [Stand 28. 2. 2002]
263 GRAŽDANSKOE OBŠČESTVO I VLAST'. Diskussija v Soči. http://www.svoboda.org/programs/HR/2001/HR.110701.asp [Stand 16. 11. 2001]

Ausrichtung auf die Kontrolltätigkeit nur punktuell entsprochen werden kann, deutet auf einen „defekten" demokratischen Hintergrund hin. Die zivilgesellschaftliche Sozialisations-, Integrations- und Kommunikationsfunktion steht vorerst hintan. Eine breite zivilgesellschaftliche Öffentlichkeit, die die politische und gesellschaftliche Willensbildung entscheidend beeinflussen könnte, fehlt.

Dennoch ist die gesellschaftliche Selbstorganisation trotz ungünstiger politischer und sozialer Rahmenbedingungen im letzten Jahrzehnt merklich gestiegen. Die Funktion des „Staatsersatzes" wird dabei von den russländischen Realitäten diktiert und ist nicht als (falsche) Selbstüberschätzung oder Überbewertung der zivilgesellschaftlichen Rolle zu deuten. Zivilgesellschaftliche Akteure agieren in Russland nach dem Motto „Wenn wir nicht handeln, tut es niemand"[264]. Es mag sein, dass sich die russländische Zivilgesellschaft gerade dadurch auszeichnet, nicht auf die Unterstützungsleistung des Staates zu warten, sondern vorhandenes kreatives Potenzial zu nützen. Das Einspringen für die versagenden staatlichen Strukturen und die Übernahme öffentlicher (Kontroll)Aufgaben bedingt gleichzeitig eine stark „politisierte" Zivilgesellschaft, die rasch in direkten Konflikt mit der Staatsmacht geraten kann und dadurch zur oppositionellen Kraft wird.

Insgesamt haben zivilgesellschaftliche Akteure, in erster Linie der NGO-Sektor, ihre Handlungsspielräume in den zehn Jahren seit dem Zerfall der Sowjetunion entscheidend erweitert. Durch ihre Tätigkeit wurden nicht nur funktionsfähige nichtstaatliche Einheiten aufgebaut, sondern vor allem auch Themen in den gesellschaftspolitischen Diskurs eingebracht, die ohne ihre Stimme nicht vorhanden wären. Wenn es gelingt, das „Schnattern der Gänse auf dem Kapitol" nicht verstummen zu lassen, kann dies angesichts der enger werdenden politischen Spielräume bereits als Erfolg gelten. Die Analyse des NGO-Sektors hat gezeigt, dass auf Seiten der NGOs noch eine beachtliche Effizienzsteigerung möglich ist, die nicht von der „Gunst" staatlicher Stellen abhängig ist.

Die politischen Rahmenbedingungen für die Wahrnehmung zivilgesellschaftlicher Funktionen in der Öffentlichkeit waren bereits in der Ära Jelzin ungünstig, mit dem Amtsantritt Putins haben sie aber eine noch deutlichere Verschlechterung erfahren. Jenseits der politischen Reden zeigt sich die Diskrepanz zwischen schöner Rhethorik und der täglich zu beobachtenden Praxis. Florian Hassel beurteilt Putin als jemanden, der „die Zweigleisigkeit von demokratischen Lippenbekenntnissen und undemokratischen Handlungen zum obersten Prinzip erhoben" hat.[265] Wie der politische Umgang mit Medien vorgeführt hat, besteht die größte Gefahr in einer „partiellen Repression". Im NGO-Bereich könnte sich diese weiterhin gegen jene Organisationen richten, die nicht davor zurückschrecken, Kritik an politischen und administrativen Maßnahmen zu üben. Ein Vorteil dieser NGOs gegenüber Medien besteht darin, dass sie auf Grund ihrer Finanzierung durch westliche Fonds, in dieser Hinsicht über mehr Unabhängigkeit verfügen und weniger Angriffsflächen bieten. Hierbei ist zu beachten, dass „starke" NGOs,

---

264 Interview mit POLJAKOVA, Mara (Nezavisimiyj Ėkspertno-pravovoj Sovet), 12. 9. 2001, Moskau.
265 HASSEL, Florian. Die Heilsarmee als Staatsfeind. In: Greenpeace Magazin 2/01. http://www.greenpeace-magazin.de/archiv/hefte01/2_01/staatsfeind_heilsarmee.html [Stand 28. 11. 2001]

insbesondere die in der „Volksversammlung" organisierten Netzwerkorganisationen, die auch über breite internationale Kontakte verfügen, einer „partiellen Repression" auf Grund ihrer Ressourcen und ihres Know-hows leichter standhalten können als kleinere, schlecht vernetzte NGOs. Dies zeigt, dass keine einheitliche Entwicklung zivilgesellschaftlicher Funktionen zu erwarten ist. Es können auch regional sehr unterschiedliche Modelle parallel existieren. Hier gilt es einmal mehr – mit Karl Schlögel – zu betonen: „Die Krise in Irkutsk ist nicht automatisch die Krise von St. Petersburg, und die Zuspitzung der Ereignisse in Moskau schlägt sich nicht automatisch nieder in Nischni Nowgorod. Das Schicksal des Landes hängt nicht an einem archimedischen Punkt, sondern an der Entwicklung seiner Räume und Regionen. Die Verteilung der Konfliktmassen im Raum ist eine Chance. Nicht nur die konstruktiven Kräfte müssen den Raum bewältigen, sondern auch die destruktiven."[266] So ist die Historikerin Irina Ščerbakova überzeugt, dass viele Menschen in Russland die ideologischen Veränderungen an der Staatsspitze noch nicht spüren.[267]

Wenn die Beziehungen zwischen staatlichen Strukturen und NGOs in Russland mitunter als „Gespräch eines Tauben mit einem Stummen"[268] beschrieben werden, so bedeutet dies, dass das Sprechenlernen des Stummen allein zu keinem Dialog führen kann. Staaten tolerieren ein bestimmtes Maß an NGO-Aktivitäten. NGOs können ihre „mediator"-Funktion nicht wahrnehmen, wenn sie nicht grundsätzlich Unterstützung durch staatliche Stellen erfahren. Es ist daher aus heutiger Sicht zu bezweifeln, dass die Zivilgesellschaft in Russland in naher Zukunft in die Lage versetzt wird, Defekte der Demokratie mehr als nur punktuell abzufangen. In diesem Sinn ist Merkel zuzustimmen: „Gegenüber ökonomistischen (,*economy first*') und kulturalistischen Ansätzen (,*civil society first*') in der Systemwechselforschung vertrete ich die These von ,politics first'. Dies gilt in besonderem Maße für die Konsolidierung der postkommunistischen Demokratien Osteuropas, in denen die gleichzeitige Transformation von wirtschaftlichen, (zivil)gesellschaftlichen und politischen Systemen zu leisten ist."[269] Eine defekte Demokratie, die keine Rechenschaftspflicht gegenüber der Öffentlichkeit kennt, wehrt sich gegen eine lebendige (kritische) Zivilgesellschaft, andererseits braucht sie diese, um den demokratischen Schein zu wahren. Eine vom Staat kontrollierte „Potemkin'sche Zivilgesellschaft" würde in ihre Logik passen. Die Erfahrungen des Zivilen Forums geben zur Hoffnung Anlass, dass zumindest etliche zivilgesellschaftliche Akteure in Russland nicht bereit sind, die Rolle „Potemkin'scher Dörfer" zu spielen.

---

266 SCHLÖGEL, Karl. Kein Manna fällt vom Himmel. In: diepresse.com, 16. 2. 2002. http://www.diepresse.at/detail/print.asp?channel=sp&ressort=S100&ids=273692 [Stand 19. 2. 2002]
267 Interview mit ŠČERBAKOVA, Irina (Memorial Moskau), 8. 9. 2001, Moskau.
268 NA RUBEŽE EPOCH: ROSSIJSKIJ VARIANT 2 (42), ijul' 2000 g. S. 38.
269 MERKEL, Wolfgang. Institutionalisierung und Konsolidierung der Demokratie in Ostmitteleuropa. In: Merkel, Wolfgang; Sandschneider Eberhard; Segert Dieter (Hrsg.). Systemwechsel 2. Die Institutionalisierung der Demokratie (Unter Mitarbeit von Marianne Rinza). Opladen 1996, S. 74.

Literaturverzeichnis

Bücher und Sammelwerkbeiträge

AVAK'JAN, S. A. Političeskij pljuralizm i obščestvennye ob"edinenija v Rossijskoj Federacii: konstitucionno-pravovye osnovy, Moskva: Rossijskij Juridičeskij izdatel'skij dom 1996.

BARANOVA, Irina; ZDRAVOMYSLOVA Ol'ga; KIGAJ Natal'ja; KISELEVA Ksenija. Otnošenie naselenija k blagotvoritel'nosti v Rossii. Moskva: CAF 2001.

BEICHELT, Timm; KRAATZ Susanne. Zivilgesellschaft und Systemwechsel in Rußland. In: Merkel, Wolfgang (Hrsg.). Systemwechsel 5. Zivilgesellschaft und Transformation (Unter Mitarbeit von Christian Henkes). Opladen: Leske + Budrich 2000, S. 115–143.

von BEYME, Klaus. Zivilgesellschaft – Von der vorbürgerlichen zur nachbürgerlichen Gesellschaft? In: In: Merkel, Wolfgang (Hrsg.). Systemwechsel 5. Zivilgesellschaft und Transformation (Unter Mitarbeit von Christian Henkes). Opladen: Leske + Budrich 2000, S. 51 bis 70.

CROISSANT, Aurel; LAUTH Hans-Joachim; MERKEL Wolfgang. Zivilgesellschaft und Transformation: ein internationaler Vergleich. In: Merkel, Wolfgang (Hrsg.). Systemwechsel 5. Zivilgesellschaft und Transformation (Unter Mitarbeit von Christian Henkes). Opladen: Leske + Budrich 2000, S. 9–49

DOKLAD o dejatel'nosti Upolnomočennogo po pravam čeloveka v Rossijskoj Federacii v 2000 godu. Moskva: Juridičeskaja Literatura 2001.

FEIN, Elke. Vergangenheitspolitik und Religion in Russland. Die Russisch-Orthodoxe Kirche und ihr Umgang mit der sowjetischen Vergangenheit. In: Stobbe, Heinz-Günther; Bremer Thomas (Hrsg.). Religion und Konflikt. Jahrbuch für ökumenische Friedensforschung Band 1, Münster. [erscheint voraussichtlich im Frühjahr 2002]

FEIN, Elke; MATZKE Sven. Zivilgesellschaft. Konzept und Bedeutung für die Transformation in Osteuropa. Arbeitspapier des Osteuropa-Instituts der Freien Universität Berlin, Heft 7, Berlin 1997.

FISH, M. Steven. Democracy from scratch. Opposition and regime in the new Russian revolution. Princeton, NJ 1995.

GORDON, Leonid. Oblast' vozmožnogo. Varianty social'no-političeskogo razvitija Rossii i sposobnost' rossijskogo obščestva perenosit' tjagoty perechodnogo vremeni. Moskva 1995.

GRAŽDANSKOE OBŠČESTVO. Mirovoj opyt i problemy Rossii. Institut mirovoj ėkonomiki i meždunarodnych otnošenij Rossijskoj Akademii nauk (Hrsg.), Moskva 1998.

HABERMAS, Jürgen. Strukturwandel der Öffentlichkeit. Untersuchungen zu einer Kategorie der bürgerlichen Gesellschaft. Mit einem Vorwort zur Neuauflage 1990. Frankfurt am Main [4]1995.

HALL, John A. In Search of Civil Society. In: Hall, John A. (Hrsg.). Civil Society. Theory, History, Comparison. Cambridge 1995, S. 1–31.

HUNDEWADT, Erik. The Role of Voluntary Associations (NGOs) in a Democratic Society. In: Schramm, Jürgen (Hrsg.). The role of Non-Governmental Organizations in the new European Order: Theory – International Relations – Area Reports. Baden-Baden 1995, S. 7–12.

IGRUNOV, Vjačeslav. Öffentlichkeitsbewegungen in der UdSSR: Vom Protest zum politischen Selbstbewußtsein. In: Segbers, Klaus (Hrsg.). Perestrojka: Zwischenbilanz. Frankfurt am Main 1990, S. 76–105.

KÖSSLER, Reinhart; MELBER Henning. Chancen internationaler Zivilgesellschaft. Frankfurt am Main 1993.

KUKLINA, Ida. Nepravitel'stvennye organizacii Rossii i graždanskoe obščestvo. In: Graždanskoe obščestvo v posttotalitarnoj strane? Doklady i dokumenty Kruglogo stola Chel'sinkskoj Graždanskoj Assamblei 16.–20. 9. 1996. Moskva 1996, S. 9–13.

LUCHTERHANDT, Galina und Otto. Die Genesis der politischen Vereinigungen, Bewegungen und Parteien in Rußland. In: **Veen**, Hans-Joachim; **Weilemann** Peter R. (Hrsg.). Rußland auf dem Weg zur Demokratie? Politik und Parteien in der Russischen Föderation (Redaktion: Wolfgang Pfeiler). Studien zur Politik Band 20, Hg. i. A. der Konrad-Adenauer-Stiftung, Paderborn-München-Wien-Zürich 1993, S. 125–213.

MERKEL, Wolfgang. Institutionalisierung und Konsolidierung der Demokratie in Ostmitteleuropa. In: **Merkel**, Wolfgang; **Sandschneider** Eberhard; **Segert** Dieter (Hrsg.). Systemwechsel 2. Die Institutionalisierung der Demokratie (Unter Mitarbeit von Marianne Rinza). Opladen 1996, S. 73–112.

MERKEL, Wolfgang; **SANDSCHNEIDER** Eberhard; **SEGERT** Dieter. Einleitung: Die Institutionalisierung der Demokratie. In: **Merkel**, Wolfgang; **Sandschneider** Eberhard; **Segert** Dieter (Hrsg.). Systemwechsel 2. Die Institutionalisierung der Demokratie (Unter Mitarbeit von Marianne Rinza). Opladen 1996, S. 9–36.

NARDIN, Terry. Private and Public Roles in Civil Society. In: **Walzer**, Michael (Hrsg.). Toward a Global Civil Society. The Friedrich Ebert Stiftung series on international political currents vol. 1, Providence/Oxford ,1998, S. 29–34.

OBŠČESTVENNAJA ĖKSPERTIZA. Anatomija svobody slova 2000. Moskva 2000.

POLJANOVSKIJ, Ed. Raskol. In: **Rycari bez straha i upreka.** Pravozaščitnoe dviženie: diskussii poslednich let. Moskva 1998, S. 59–82.

SAFRONOV, Sergej. Islam v političeskoj žizni Rossii 1999 – načala 2000 g. In: Regiony Rossii v 1999 g.: Ežegodnoe priloženie k „Političeskomu al'manachu Rossii"/ Pod red. N. Petrova. Mosk. Centr Karnegi. Moskva: Gendal'f 2001, S. 163–172.

SCHMIDT, Manfred G. Demokratietheorien. Eine Einführung. Opladen: Leske+ Budrich, 1997.

SCHMIDT-HÄUER, Christian. Rußland in Aufruhr. Innenansichten aus einem rechtlosen Reich. München 1993.

SCHMITTER, Philippe C. Some Propositions about Civil Society and the Consolidation of Democracy (Hg. v. Institut für Höhere Studien, Reihe Politikwissenschaft Nr. 10). Wien 1993.

STYKOW, Petra. Staat, Verbände und Interessengruppen in der russischen Politik. In: **Merkel**, Wolfgang; **Sandschneider** Eberhard (Hrsg.). Systemwechsel 4. Die Rolle von Verbänden im Transformationsprozeß (Unter Mitarbeit von Katja Gehrt und Marianne Rinza). Opladen: Leske+Budrich 1999. S. 137–179.

TAYLOR, Charles. Die Beschwörung der Civil Society. In: **Michalski**, Krzysztof (Hrsg.). Europa und die Civil Society. Castelgandolfo-Gespräche 1989, Stuttgart 1991, S. 52–81.

THAA, Winfried. Die Wiedergeburt des Politischen. Zivilgesellschaft und Legitimitätskonflikt in den Revolutionen von 1989. Opladen 1996.

VERBICKIJ, Andrej. NGO, razvitie i demokratija. In: **Verbickij**, Andrej (Hrsg.). NGO, obščestvennost', biznes i vlast': ot vzaimodejstvija k partnerstvu. Materialy seminara 6.–9. 4. 1996, Moskva 1996, S. 8–15.

VERCHOVSKIJ, Aleksandr; **PRIBYLOVSKIJ** Vladimir; **MICHAJLOVSKAJA** Jekaterina. Nacionalizm i ksenofobija v rossijskom obščestve. Moskva: OOO „Panorama" 1998.

VOIGT, Rüdiger. Abschied vom Staat – Rückkehr zum Staat? In: **Voigt**, Rüdiger (Hrsg.). Abschied vom Staat – Rückkehr zum Staat? Baden-Baden 1993, S. 9–26.

Zeitschriften/Zeitungen

BREDUN, Julija. Pomošč' idet peškom. Rossijskie blagotvoritel'nye organizacii v poiskach putej vyživanija. In: Itogi, 19. 1. 1999, S. 40–41.

ČAPLIN, Vsevolod. Cerkov' i gosudarstvo. Partnerstvo ili „bufernye zony"? In: Pravoslavnaja Beseda 4, 2001, S. 9–11.

CELMS, Georgij. Gibrid vodoprovoda s kanalizaciej. In: Novye Izvestija, 14. 6. 2001, S. 5.

ČERKASOV, Aleksandr. Den' vtoroj. In: Memorial 23, ijun'–avgust 2001, S. 7–13.

EICHWEDE, Wolfgang. Abweichendes Denken in der Sowjetunion. In: Geschichte und Gesellschaft 1, 1987, S. 39–62.

EICHWEDE, Wolfgang. Bürgerrechtsbewegung und neue Öffentlichkeit in der UdSSR. In: Osteuropa 1, 1988, S. 18–34.

ERTL, Josef: Tschetschenien liegt in Europa. Der OSZE-Gipfel in Istanbul sollte gegen Russland energischer vorgehen. In: Der Standard, 18. 11. 1999, S. 40.

FEIN, Elke. Zivilgesellschaftlicher Paradigmenwechsel oder PR-Aktion? Zum ersten allrussischen „Bürgerforum" im Kreml. In: Osteuropa 2, 2002, S. 158–179.

FÜLLSACK, Manfred. Sozialpartnerschaft in Russland: Überzogene Hoffnungen und beschränkte Möglichkeiten der postsowjetischen Beschäftigungspolitik. In: Österreichische Zeitschrift für Politikwissenschaft 4, 2000, S. 481–493.

GRIGOR'EVA Jekaterina; IL'IČEV Georgij. Putin I ego graždane. In: Izvestija, 22. 11. 2001, S. 2.

GUNN, Jeremy T. Cäsars Schwert: Das Gesetz der Russischen Föderation über Gewissensfreiheit und über religiöse Vereinigungen von 1997. In: Gewissen und Freiheit 51, 1998, S. 112–134.

HEINRICH, Hans-Georg. Vom realen Sozialismus zum surrealen Kapitalismus. In: Österreichische Zeitschrift für Politikwissenschaft 3, 1997, S. 279–289.

KONONOV, Nikolaj. Den'gi dlja graždanskogo obščestva, ili „tjaželaja artillerija" politika? In: den'gi i blagotvoritel'nost' maj, 2001, S. 10–11.

KOWALEW, Sergej. Die russische Menschenrechtsbewegung heute. Sergej Kowalew im Gespräch. In: Menschenrechte Januar–März, 2000, S. 10–11.

KOWALEW, Sergej. Die Überwindung des Totalitarismus in Rußland. In: Menschenrechte März/Juni, 1998, S. 35–38.

MATANIS, Viktorija. Svoboda sovesti po-russki. Pravoslavnye, protestanty i ateisty rassuždajut o pravach verujuščich. In: NG-Religii 16 (87), 22. 8. 2001, S. 6.

MERKEL, Wolfgang; LAUTH Hans-Joachim. Systemwechsel und Zivilgesellschaft: Welche Zivilgesellschaft braucht die Demokratie? In: Aus Politik und Zeitgeschichte B 6–7, 30. Januar 1998, S. 3–12.

NA RUBEŽE EPOCH: Rossijskij variant 2 (42), ijul' 2000 g.

OTEC Gleb Jakunin, opal'nyj svjaščennik, večnyj opponent Moskovskoj patriarchii. In: Zaščita prav i svobod čeloveka 15, maj–ijun' 2001 g., S. 2.

PAŠIN, Sergej. Sudebnaja bezotcovščina. In: Itogi, 16. 11. 1999, S. 46–48.

ROGINSKIJ, Arsenij. Premija mira. In: Memorial Nr. 23, ijun'–avgust 2001, S. 21–25.

SEVORT'JAN, Anna. „Karatel'nye" mery kak vernost' zakonu. Rezul'taty i posledstvija pereregistracii. In: Vestnik blagotvoritel'nosti 5–6 (41–42), sentjabr'– dekabr' 1999, S. 37 bis 38.

SEVORT'JAN, Anna. Tema nomera: „Territorija NKO": Granicy otkryty. In: Agentstvo Social'noj Informacii. Informacionno-Analitičeskij Bjulleten' 16 (46), oktjabr' 2000 g., S. 1 bis 7.

SMIRNOV, Aleksej. Licom k licu s vlast'ju. In: Pravozaščitnik 1, 1994, S. 10–20.

SOCIAL'NAJA POLITIKA v Rossii 2 (37), mart 1999 g.

TUMANOV, Vladimir. O sudebnoj reforme v Rossii. In: Obščaja tetrad'. Vestnik Moskovskoj Školy Političeskich Issledovanij 3 (18), 2001, S. 28–30.

USAČEVA, Veronika. Vlast' i SMI v Rossii: kak izmenilis' ich vzaimootnošenija? In: Pro et Contra 4/Tom 5, Osen' 2000, S. 109–128.

VERETENNIKOVA, Ksenija. Sotrudniki TV-6 auknulis' "Ēchu". In: Izvestija, 9. 2. 2002, S. 2.

VORONKOV, Viktor. Die Protestbewegung der „Sechziger"-Generation. Der Widerstand gegen das sowjetische Regime 1956–1985. In: Osteuropa 10, 1993, S. 939–948.

Dokumente aus dem Internet

AKCII I KAMPANII v zaščitu prav i svobod čeloveka v Rossii.
http://www.hro.org/actions [Stand 28. 2. 2002]

AL'TŠULER, Boris. Čto možno sdelat', kogda sdelat' ničego nel'zja? Konstruktivnyj kommentarij k programmnoj stat'e Vladimira Putina. 2000.
http://www.openweb.ru/p_z/Ku/put0100.htm [Stand 5. 11. 2001]

ANOCHIN, Konstantin. Trudovoj kodeks s ispytatel'nym srokom. In: Kommersant N 8/P, 21. 1. 2002, S.6, zitiert nach: Dajdžest publikacij central'noj pressy ot 21 janvarja 2002 g., podgotovlennyj Informacionnym centrom pravozaščitnogo dviženija. Osnovnye social'nye i trudovye prava. http://www.hro.org/editions/press/0102/21/21010220.htm [Stand 20. 2. 2002]

BBC NEWS. 'Capitalist' labour laws come to Russia. 1. 2. 2002.
http://news.bbc.co.uk/hi/english/business/newsid_1795000/1795925.stm [Stand 23. 2. 2002]

BELIN, Laura. The Ironies of the NTV Saga. http://www.rferl.org/rpw/2001/04/11-160401.html [Stand 3. 11. 2001]

BUR'JANOV, Sergej; **MOZGOVOJ** Sergej. Celi i metody religioznoj politiki. Nužna li Rossii koncepcija otnošenij gosudarstva i religioznych ob"edinenij? In: Nezavisimaja gazeta, 24. 10. 2001. http://religion.ng.ru/caesar/2001-10-24/6_methods.html [Stand 26. 2. 2002]

ČELOVEK V ISTORII. ROSSIJA – XX vek. http://www.konkurs.memo.ru [Stand 28. 2. 2002]

CHAFIK, Timour. Russland ist Presse-Frei. 3. 5. 2001.
http://www.e-politik.de/beitrag.cfm?Beitrag_ID=1167 [Stand 28. 11. 2001]

DAS REFERENDUM IM WORTLAUT.
http://www.greenpeace.ch/action11/referendum_wortlaut.html [Stand 28. 11. 2001]

DEMOKRATIČESKOE SOVEŠČANIE. http://www.yabloko.ru/Themes/Democrats/ [Stand 28. 2. 2002]

DOKTRINA informacionnoj bezopasnosti Rossijskoj Federacii.
http://www.gdf.ru/old/law/info/doctrina.html [28. 11. 2001]

ERTL, Josef: Tschetschenien liegt in Europa. Der OSZE-Gipfel in Istanbul sollte gegen Russland energischer vorgehen. In: Der Standard, 18. 11. 1999, S. 40.

FILATOW, Sergej. Religion in Russland. Religiosität und Religionsgemeinschaft in Russland zwölf Jahre nach Zusammenbruch des Kommunismus. In: Der Bürger im Staat 2/3, 2001.
http://www.lpb.bwue.de/aktuell/bis/23_01/russland8.htm [Stand 23. 2. 2002]

FOSSATO, Floriana. The Russian Media: From Popularity to Distrust.
http://www.internews.ru/article/evaluate.html [Stand 3. 11. 2001]

GOCHMAN, Michail. V graždanskom obščestve načal'nikov net. In: Izvestija Nr. 102-M, 10. 6. 2001, S. 7. Zitiert nach: Dajdžest publikacij central'noj pressy ot 13. 6. 2001 podgotovlennyj Informacionnym centrom pravozaščitnogo dviženija.
http://www.hro.org/editions/press/0601/13/13060108.txt [Stand 26. 11. 2001]

GRAŽDANSKOE OBŠČESTVO I VLAST'. Diskussija v Soči.
http://www.svoboda.org/programs/HR/2001/HR.110701.asp [Stand 16. 11. 2001]

HASSEL, Florian. Die Heilsarmee als Staatsfeind. In: Greenpeace Magazin 2/01.
http://www.greenpeace-magazin.de/archiv/hefte01/2_01/staatsfeind_heilsarmee.html [Stand 28. 11. 2001]

IA „GRAŽDANSKIJ FORUM". 19. 11. 2001. http://www.civilforum.ru/media/580.html [Stand 19. 11. 2001]

IMPRESSIONEN ZUM RUSSISCHEN UMWELTSCHUTZ.
http://www.greenpeace.ch/action11/russische_atomplane.html [Stand 28. 11. 2001]

JARYGINA, Tatjana. Auf dem Weg zur Zivilgesellschaft. Der nichtkommerzielle Sektor in Russland. In: Der Bürger im Staat 2/3, 2001.
http://www.lpb.bwue.de/aktuell/bis/23_01/russland7.htm [Stand 23. 2. 2002]

KAK ZAŠČITIT' SEBJA RABOTNIKU? Novyj Trudovoj Kodeks. Naemnoe rabstvo i naš otvet. http://www.sotsprof.ru/rs/news-24-12-1.html [Stand 23. 2. 2002]

KANEVSKIJ, Konstantin. Ugroza gosudarstvennogo klerikalizma. Nužno li Rossii Ministerstvo po delam veroispovedovanij? In: Nezavisimaja Gazeta, 26. 12. 2001. http://religion.ng.ru/caesar/2001-12-26/6_threat.html [Stand 26. 2. 2002]

KOLOKOL.ORG. Internet-žurnal fonda graždanskich svobod. http://www.kolokol.org [Stand 26. 11. 2001]

KUZNECOV, Michail; PONKIN Igor'. Protivorečit li ponjatie „tradicionnye organizacii" Konstitucii Rossii? Realizacija prava gosudarstva na vybor, s kem emu sotrudničat', ne uščemljaet prav verujuščich. In: Nezavisimaja gazeta, 28. 11. 2001. http://religion.ng.ru/caesar/2001-11-28/6_constitution.html [Stand 26. 2. 2002]

LAMPSI, Aleksej. Budet li „Ministerstvo very"? In: NG-religii 18, 2001, S. 1, 4. Zitiert nach: Dajdžest publikacij central'noj pressy ot 26 sentjabrja 2001 g., podgotovlennyj Informacionnym centrom pravozaščitnogo dviženija. http://www.hro.org/editions/press/0901/26/26090112.txt [Stand 2. 11. 2001]

MALACHOVA, Evgenija. Budet li v Rossii al'ternativnyj voennyj prizyv? Zakonodatel'stvo našej strany poka ne gotovo obespečit' prava verujuščich graždan služit' Otečestvu vsemi sposobami. In: Nezavisimaja gazeta, 11. 12. 2001. http://religion.ng.ru/facts/2001-12-11/1_appeal.html [Stand 26. 2. 2002]

MARKOV, S.A. Uvažaemye kollegi! 2001. http://www.civilforum.ru [Stand 31. 8. 2001]

NATIONS IN TRANSIT 2001. http://216.119.117.183/pdf.docs/research/nitransit/2001/25_russia.pdf [Stand 14. 8. 2001]

NOVOSTI Prinjat Trudovoj kodeks Rossijskoj Federacii. http://www.fnpr.ru [Stand 23. 2. 2002]

O GRAŽDANSKOM FORUME. Informacionnoe pis'mo Pravlenija obščestva „Memorial". 12. 9. 2001. http://www.memo.ru/daytoday/inf_let.htm [Stand 26. 11. 2001]

OBRAZOVATEL'NYE PROGRAMMY VLADIMIRA POTANINA. http://www.stipendia.ru [Stand 26. 11. 2001]

ORTHODOXE EMPÖRUNG über den Vatikan. Protest gegen die Gründung von Bistümern in Russland. In: Neue Zürcher Zeitung, 14. 2. 2002. http://www.kirchen.ch/pressespiegel/nzz/2002021403.pdf [Stand 23. 2. 2002]

OTDEL PO RABOTE S NKO. http://www.a-z.ru/caf/nko.htm [Stand 16. 11. 2001]

PAŠIN, S. A. Obzor choda i rezul'tatov sudebnoj reformy (sudoustrojstvo i ugolovnoe sudoproizvodstvo). Nezavisimyj Ėkspertno-Pravovoj Sovet. Ėkspertiza. http://www.hro.org/docs/expert/survey.htm [Stand 20. 2. 2002]

PAŠIN, S. A. Zaključenie na proekt UPK (Memorandum). Nezavisimyj Ėkspertno-pravovoj sovet. Ėkspertiza. 15. 6. 2001. http://www.hro.org/docs/expert/pashin-0601.htm [Stand 20. 2. 2002]

PIS'MO RABOČEJ GRUPPY Orgkomiteta Graždanskogo Foruma negosudarstvennym nekommerčeskim organizacijam. 4. 10. 2001. http://www.civilforum.ru/work/231.html [Stand 17. 10. 2001]

PRESS-RELIZ. Učreditel'nyj s"ezd Rossijskoj partii Truda. http://www.sotsprof.ru/rs/news-15-01.html [Stand 23. 2. 2002]

PUTIN, Vladimir. Rossija na rubeže tysjačeletij. 1999. http://www.ng.ru/politics/1999-12-30/4_millenium.html [Stand 5. 11. 2001]

RUBCOVA, Evgenija. Na bezobrazija otvetim stengazetoj. In: Novye Izvestija 32, 21. 2. 2002, S. 7. Zitiert nach: Dajdžest publikacij central'noj pressy 33 (326) ot 21 fevralja 2002 g., podgotovlennyj Informacionnym centrom pravozaščitnogo dviženija. http://www.hro.org/editions/press/0202/21/21020228.htm [Stand 28. 2. 2002]

166 Anita Bister

RUSSLANDS flexibler Arbeitsmarkt wird legalisiert. Neues Arbeitsrecht ersetzt überholte Sowjet-Gesetzgebung. In: NZZ Online, 20. 12. 2001. http://www.nzz.ch/2001/12/20/wi/page-article7V6OA.html [Stand 23. 2. 2002]

SCHLÖGEL, Karl. Kein Manna fällt vom Himmel. In: diepresse.com, 16. 2. 2002. http://www.diepresse.at/detail/print.asp?channel=sp&ressort=S100&ids=273692 [Stand 19. 2. 2002]

ŠEVČENKO, Maksim. Svoboda i ee sovest'. In: Nezavisimaja gazeta, 11. 12. 2001. Zitiert nach: http://religion.ng.ru/freedom/2001-12-11/1_freedom.html [Stand 26. 2. 2002]

SIEGERT, Jens. Bürgerforum im Kreml – wie es dazu kam. 19. 11. 2001. http://www.petersburger-dialog.de/News/morenews.php3?idpart=News&idnews=93&lang=de [Stand 28. 11. 2001]

SIMONOV, Aleksej. Kozly i ovečki. 25. 6. 2001. http://www.gdf.ru/arh/pub/simonov45.shtml [Stand 31. 8. 2001]

SIMONOV, Aleksej. Ovečka Dolli graždanskogo obščestva. 18. 6. 2001. http://www.gdf.ru/arh/pub/simonov44.shtml [Stand 31. 8. 2001]

SOBYTIJA NA SEVERNOM KAVKAZE. http://www.memo.ru/hr/hotpoints/N-Caucas [28. 2. 2002]

THE RUSSIAN UNION MESSENGER N°1 June 2000. http://www.attac.org/fra/inte/doc/russia.htm [Stand 23. 2. 2002]

THE RUSSIAN UNION MESSENGER N°2 July–August 2000. http://www.attac.org/fra/inte/doc/russia2.htm [Stand 23. 2. 2002]

V. POTANIN CHARITY FUND. http://www.interros.ru:8101/english/charity/fund.htm [Stand 26. 11. 2001]

VSEROSSIJSKIJ S"EZD V ZAŠČITU PRAV ČELOVEKA. http://www.hro.org/ngo/congress [Stand 8. 2. 2001]

ZAKONOTVORČESKIJ PROCESS v Gosudarstvennoj Dume. 36-j vypusk. obzor za dekabr' 2001 goda. Blok „Armija i prava čeloveka". Trudovoj kodeks Rossijskoj Federacii. 7. 2. 2002. http://www.hro.org/ngo/duma/36/57.htm [Stand 20. 2. 2002]

Gesetzestexte

FEDERAL'NYJ ZAKON o svobode sovesti i o religioznych ob"edinenijach. In: Sbornik zakonov Rossijskoj Federacii/ Pod obščej redakcii red. Ju.N. Vlasova. Moskva: Omega-Ël 2000, S. 250–255.

FEDERAL'NYJ ZAKON „Ob obščestvennych ob"edinenijach". Moskva: Izdatel'stvo „Os'-89" 1996.

KONSTITUCIJA Rossijskoj Federacii. Moskva: Juridičeskaja literatura 1993.

TRUDOVOJ KODEKS Rossijskoj Federacii. 30. 12. 2001. http://www.akdi.ru/gd/proekt/086157GD.SHTM [Stand 24. 2. 2002]

UGOLOVNO-PROCESSUAL'NYJ KODEKS Rossijskoj Federacii. 18. 12. 2001. http://www.akdi.ru/gd/proekt/084513GD.SHTM [Stand 20. 2. 2002]

Newsletter/E-Mail-Aussendungen

HUMAN RIGHTS NETWORK: Registracija NKO. E-Mail vom 30. 11. 1999.

INFORMACIONNYJ CENTR pravozaščitnogo dviženija. Obzor publikacii central'noj pressy i internet-izdanij N°1 s 1 po 13 dekabrja 2001 goda.

INFORMACIONNYJ CENTR pravozaščitnogo dviženija. Obzor publikacii central'noj pressy i internet-izdanij N°2 s 14 po 29 dekabrja 2001 goda.

INFORMACIONNYJ CENTR pravozaščitnogo dviženija. Obzor publikacii central'noj pressy i internet-izdanij N° 1 (3) s 1 po 17 janvarja 2002 goda.

INFORMACIONNYJ CENTR pravozaščitnogo dviženija. Obzor publikacii central'noj pressy i internet-izdanij N° 6 (8) s 15 po 21 fevralja 2002 goda.

MORGNER, Matthias (Deutsch-Russischer Austausch). Bericht über die „Erste Nationale Konferenz des Russischen Non-Profit Sektors" 11.–14. 10. 2000, Moskau. E-Mail vom 4. 11. 2000.

Interviews

ARSEN'EV, Pavel (Fond graždanskich svobod), 11. 9. 2001, Moskau.

BOGDAN, Mila (Institut sodejstvija obščestvennym iniciativam / ISAR), 13. 9. 2001, Moskau.

GOREVOJ, Ruslan (Fond zaščity glasnosti), 30. 8. 2001, Moskau.

GRIŠINA, Elena (Informacionnyj centr pravozaščitnogo dviženija), 3. 9. 2001, Moskau.

IVANOVA, Sofija (Memorial Rjazan'), 7. 9. 2001, Moskau.

JAKOVENKO, Igor (Sojuz žurnalistov Rossii), 12. 9. 2001, Moskau.

JANIN, Dmitrij (Konfederacija obščestv potrebitelej KonfOP), 13. 9. 2001, Moskau.

KOVALËV, Sergej (Rossijskoe obščestvo Memorial), 11./13. 9. 2001, Moskau.

MARKOV, Sergej (Orgkomitet Graždanskogo Foruma), 14. 9. 2001, Moskau.

MIRONOVA, Viktorija (Memorial Bratsk), 9. 9. 2001, Moskau.

ORLOV, Oleg (Pravozaščitnyj centr Memorial), 2. 9. 2001, Moskau.

PAŠIN, Sergej (Nezavisimiyj Ėkspertno-pravovoj Sovet), 11. 9. 2001, Moskau.

PASTUCHOVA, Anna (Memorial Ekaterinburg), 1. 9. 2001, Moskau.

PASTUCHOVA, Anna (Memorial Ekaterinburg), 5. 3. 1997, Moskau.

POLJAKOVA, Mara (Nezavisimiyj Ėkspertno-pravovoj Sovet), 12. 9. 2001, Moskau.

PONOMAREV, Lev (dviženie „Za prava čeloveka"), 5. 9. 2001, Moskau.

ŠČERBAKOVA, Irina (Memorial Moskau), 8. 9. 2001, Moskau.

SCHIFFER, Stefanie (Deutsch-Russischer Austausch), 14. 7. 1999, Berlin.

ŠEPEL', Aleksandr (Konfederacija Truda Rossii), 12. 9. 2001, Moskau.

SESTRENSKIJ, Oleg (Charities Aid Foundation), 14. 9. 2001, Moskau.

SVIRIDOVA, Ol'ga (Strategija), 14. 2. 1997, Moskau.

VACHNINA, Ljudmila (bjulleten' „Za mirnuju Rossiju"), 6. 9. 2001, Moskau.

Vorträge

BELIN, Laura (St.Antony's college, Oxford). Im Rahmen des Workshops „The Freedom of the Media in Putin's Russia", Dr.-Karl-Renner-Institut, 1. 12. 2001, Wien.

GURSKIJ, Viktor (Nižegorodskoe obščestvo prav čeloveka). Im Rahmen des „Treffens von MenschenrechtsaktivistInnen Rußlands", Sacharow-Zentrum, 2. 11. 1996, Moskau.

KAČKAEVA, Anna (MGU). Im Rahmen des Workshops „The Freedom of the Media in Putin's Russia", Dr.-Karl-Renner-Institut, 1. 12. 2001, Wien.

OFFE, Claus (Humboldt-Universität Berlin). „Vertrauen als Kategorie der politischen Analyse", Österr. Akademie der Wissenschaften, 29. 9. 1999, Wien.

SIMONOV, Aleksej (Fond zaščity glasnosti). Im Rahmen der Veranstaltung „Prava čeloveka v Rossii. Vstreča s pravozaščitnikami", Moskovskaja meždunarodnaja knižnaja jarmarka/ Vserossijskij Vystovočnyj Centr, 9. 9. 2001, Moskau.

TRET'JAKOV, Vitalij (ORT). Im Rahmen des Workshops „The Freedom of the Media in Putin's Russia", Dr.-Karl-Renner-Institut, 1. 12. 2001, Wien.

Autorenverzeichnis

Lilia Shevtsova, Ph. D.

Carnegie Moscow Center, Senior Associate, Post-Communist Institutions; Russian and Eurasian Program

Education
Institute of International Relations of the Ministry of Foreign Affairs of the USSR.

Professional Experience
- Director, center for Political Studies, Academy of Sciences of the USSR, 1981–1994
- Expert, State Council of the Russian federation, 1991–1992
- Deputy Director, Institute of International Economic and Political Studies, Russian Academy of Sciences, 1992–1995
- Visiting Professor, University of Californie, Berkeley, Spring 1993
- Professor, Moscow State Institute of International Relations, Ministry of Foreign Relations of the Russian Federation, Fall 1993
- Expert, Gorbachev's Foundation of the Social-Political Studies, 1993–1994
- Visiting Professor, Einaudi Chair holder, Cornell University, Spring 1994
- Guest Scholar, Woodrow Wilson International Center for Scholars, Fall 1994–Spring 1995

Professional Activities
Member of:
- Council of the Russian Political Science Association Editorial Board, Polis
- Editorial Board, Obshchestwiennyje Nauki
- Editorial Board, Megapolis

Author
- "August 1991. The Attempted Coup and its Consequences," INF Info, Institute of Norwegian Studies, April 1992
- "Russia Facing New Choices," Security Dialogue, Vol. 25, No.3, 1994
- "The Two Faces of New Russia," Journal of Democracy, July 1995
- "A Raw State," Freedom Review, November-December 1995
- "Post-Communist Russia: Main trends of Developments," Carnegie Endowment, 1995
- "Yeltsin Is Not the Only Choice," Moscow News, N10, 1996
- "Elections: A Game with Many Unknow Factors," Izvestia, February 24, 1996
- "Yeltsin's Russia – Myths and Reality," Carnegie Endowment 1999

Co-Author
- "A New Challenge for Europe," Europe by Nature, B. Bremer, ed. Amsterdam, 1992
- "Political Pluralism in Post-Communist Russaia," Political Parties in Russia, A. Dallin, ed. University of California, Berkeley, 1993
- "The New Russia," G. Lapidus, ed. West View Press, 1994

Articles

Moscows News, Journal of Democracy, Literaturnaja Gazeta, Izvestia, Komsomoljskaja Pravda, New Times, Security Dialogue, Survival, Siegodnia and others.

Dr. phil. habil. **Andreas Heinemann-Grüder**

(geb. 1957)
– studierte Geschichte und Politikwissenschaft an der FU Berlin (1977–82),
– 1. u. 2. Staatsexamen für das Lehramt an Gymnasien (1985),
– Promotion 1989,
– Habilitation 1999.
Seit 1991 Lehre in Politikwissenschaft an der FU Berlin (1991–93),
– der Humboldt Universität (1993–96),
– als Gastprofessor an der Duke University (1985),
– als DAAD Professor an der University of Pennsylvania (1996–99)
– und seit 2001 als Vertretungsprofessor für Vergleichende Politikwissenschaft/Osteuropa an der Humboldt Universität Berlin.
Seit November 1999 zugleich Projektleiter am Bonn International Center for Conversion.

Mag.ª **Anita Bister**

geboren 1972 in Wien

Ausbildung

1990-2000 Studium der Politikwissenschaft und Russistik an der Universität Wien mit mehreren Studienaufenthalten in Russland (Diplomarbeit: Die Menschenrechtsbewegung in Russland und ihr Traum von der „zivilen Gesellschaft")

Tätigkeiten

1996-1997 Praktikum im Menschenrechtszentrum „Memorial", Moskau (Projekt des „Deutsch-Russischen Austausches", Berlin).
1997 Praktikum im Internationalen Sekretariat von „Amnesty International", London.
2000 OSZE-Wahlbeobachtung in der Russischen Föderation, Moskau – Volgograd.
seit Mai 2000 wissenschaftliche Mitarbeiterin am Institut für Medien- und Kommunikationswissenschaft der Universität Klagenfurt im Rahmen des EU-Projektes: „Border Discourse: Changing Identities, Changing Nations, Changing Stories in European Border Communities".

Forschungsinteressen

– Transformationsprozess in Russland
– Zivilgesellschaft, NGO-Forschung, Menschenrechte
– Identitätsforschung in Grenzregionen
– Verbindung kulturwissenschaftlicher und politikwissenschaftlicher Fragestellungen

Sprachkenntnisse

Deutsch, Slowenisch, Englisch, Russisch, Französisch (passiv)

Publikationen

– Russland im Jahr 2000: Zivildienst, Berufsarmee oder keines von beiden? In: ZOOM.
  Zeitschrift für Politik und Kultur 3, 1997, S. 27–30.

– Es war einmal ein Präsidentendekret … In: Das Menschenrecht. Offizielles Organ
  der Österreichischen Liga für Menschenrechte 1, 1997, S. 13–15.

– Die Menschenrechtsbewegung in Rußland und ihr Traum von der „zivilen Gesellschaft". In: Österreichische Zeitschrift für Politikwissenschaft 3, 1997, S. 291–305.

– Unabhängige MenschenrechtsaktivistInnen im Wettstreit mit „staatlichen Menschen-
  rechtlern". In: Ost-West-Gegeninformationen 2, 2000, S. 32–36.

– gem. mit HIPFL, Brigitte; STROHMAIER, Petra; BUSCH, Brigitta. Shifting Borders:
  Spatial Constructions of Identity in an Austrian/Slovenian Border Region. In: Mein-
  hof, Ulrike Hanna (Hrsg.). Living (with) Borders. London: Ashgate [in Druck]

E-Mail: anita_bister@hotmail.com

Dr. Galina Michaleva (Luchterhandt)

geboren in Sverdlovsk/jetzt Ekaterinburg (Ural) in der Sowjetunion;

Schulzeit und Studium der Philosophie an der staatlichen A.M.-Gorkij-Universität des
Ural in Sverdlovsk.

1980 Staatsexamen mit der Zuerkennung der Qualifikation einer Philosophin sowie einer Lehrerin für Philosophie und Staatsbürgerkunde;

1985 Promotion (Soziologie) an der Gorkij-Universität, Sverdlovsk;

1996 Promotion an der Universität Bremen zum Thema „Politische Parteien und Bewegungen im Kontext der politischen Entwicklung der russischen Provinz (eine Fall-
studie)".

Von 1986 bis 1989 Tätigkeit in Forschung und Lehre am Lehrstuhl für Soziologie an der
staatlichen A.M.-Gorkij-Universität des Ural in Sverdlovsk.

Von 1989 bis 1991 stellvertretende Direktorin der Höheren Soziologischen Kurse, des
Instituites für Weiterbildung der Lehrer in der Soziologie in Moskau.

Seit Januar 1991 Tätigkeit im Bereich der Forschung in der Bundesrepublik Deutschland.

Von 1992 bis 2000 wissenschaftliche Mitarbeiterin bei der Forschungstelle Osteuropa.

Seit 2001 Dozentin der Russländischen Geisteswissenschaftlichen Universität (Moskau).

Seit 1987 in der demokratischen Bewegung tätig; im Dezember 1990 Auszeichnung
durch Human Rights Watch (New York, USA) als Human Rights Monitor.

Seit 2000 Leiterin des Bildungszentrums der Partei YABLOKO.

Mehr als 80 wissenschaftliche Publikationen in Russisch, Deutsch und Englisch, insbesondere:

1. Die politischen Parteien im neuen Rußland. Dokumente und Kommentare, Editon Bremen, 1993, 279 Seiten.

2. Parteien in der russischen Provinz. Politische Entwicklung in den Regionen Wolga und Ural. Edition Temmen, Bremen, 1998, 247 Seiten.

3. Politik und Kultur in der russischen Provinz. Nowgorod-Woronesh-Saratow-Jekaterinburg. Editin Temmen, Bremen, 1999, 239 Seiten (zusammen mit Sergej Ryshekow und Aleksej Kuzmin).

4. Politische Parteien in Russland. Dokumente und Kommentare, Edition Temmen, Bremen, 2000, 300 Seiten.

1. Политика и культура в российской провинции (ред.: С. Рыженков, Люхтерхандт-Михалева Г., при участии А.Кузьмина). М. – СПб, „Летний сад", 2001, 267с. *(Ryshenkov S, Luchterhandt G. unter Beteiligung von A.Kusmin (Hrsg.) Politik und Kultur in der russischen Provinz. M, SPb; „Letnij sad", 2001, 267 S.).*

2. Центр-регионы-местное самоуправление. Под ред. Г.М.Люхтерхандт-Михалевой и С.Рыженкова. – М.; СПб: „Лентний сад", 2001, 192 с. (Studia politica, вып.4*). (Luchterhandt-Michaleva G., Ryshenkov S. (Hrsg.): Zentrum – Regionen – Kommunale Selbstverwaltung, Forschungsstelle Osteuropa. Band 3, M, SPb, „Letnij sad", 2001, 192 S.).*

3. Граждане и власть: проблемы и подходы. Под ред. Г.М.Михалевой и С.Рыженкова (при участии Е.Белокуровой). – М.; СПб: „Лентний сад", 2001, 174с. (Studia politica, вып. 5*).(Luchterhandt-Michaleva G., Ryshenkov S. (Hrsg.): Bürger und Macht: Probleme und Zugänge. Forschungsstelle Osteuropa. Band 3, M, SPb, „Letnij sad", 2001, 174 S.).*

Gerhard Mangott/Lisl Kauer (Hrsg.)

Der Fall Russland:
Wegmarken eines Machtwechsels

Die Wahl Vladimir Putins zum Staatspräsidenten Russlands am 26. März 2000 wurde zwar strikt nach den Verfassungsnormen durchgeführt; dennoch aber bleibt ein demokratisch zweifelhafter Eindruck zurück. Die historische Chance Russlands, erstmals einen demokratischen Wechsel der Staatsführung zu erleben, wurde durch eine erbmonarchische Hofübergabe entwertet. Der interimistische Präsident Putin war nach einer äußerst schmutzig geführten Wahlkampagne zum Unterhaus der russischen Föderalversammlung, einer wahlwirksam genutzten Militäraktion im Nordkaukasus und dem vorzeitigen Rücktritt Jelzins in die Lage versetzt worden, alle administrativen, finanziellen und organisatorischen Hebel dieses Amtes einzusetzen, um die vorverlegten Präsidentenwahlen für sich zu entscheiden.
Das Buch beschreibt die Hintergründe, Faktoren und Verfahren der Übergabe der präsidialen Regierungsgewalt. Hierbei werden die Wahlen zur Staatsduma im Dezember 1999 als vorentscheidend im Kampf um die präsidiale Hofübergabe herausgestellt. Es folgt eine Analyse der politischen Rahmenbedingungen der Präsidentenwahlen, der Beziehungen zwischen dem föderalen Zentrum und den Regionen sowie der russischen Außen- und Sicherheitspolitik vor dem Hintergrund des Machtwechsels.

2001, 152 S., brosch., 25,– €, 43,80 sFr, ISBN 3-7890-7605-8
(Wiener Schriften zur Internationalen Politik, Bd. 3)

NOMOS Verlagsgesellschaft
76520 Baden-Baden

Henriette Riegler (ed.)

Transformation Processes in the Yugoslav Successor States between Marginalization and European Integration

Die jugoslawischen Nachfolgestaaten sind nicht nur die Erben eines durch ethnischen Nationalismus und Gewalt zerstörten Staates, sondern gleichzeitig auch die Verwalter eines auf Einparteienherrschaft und sozialistischer Wirtschaft fußenden Systems. Vergleicht man die jugoslawischen Nachfolgestaaten mit anderen ost- und südosteuropäischen Staaten, haben sie deshalb eine doppelte Bürde zu tragen. Besonders schwierig war der Transformationsprozeß für diejenigen Nachfolgestaaten, deren Territorium zum Kriegsschauplatz wurde. Notwendige Reformen wurden in diesen Fällen der Verteidigung der staatlichen Souveränität untergeordnet und dadurch behindert und verzögert. Außer den enormen materiellen und immateriellen Kosten der Kriege im ehemaligen Jugoslawien erforderte der mit dem Staatszerfall einhergehende Verlust gemeinsamer Strukturen auch die politische und wirtschaftliche Neuorientierung.

Der Band beleuchtet die politischen und ökonomischen Probleme des Transformationsprozesses. Es zeigt sich: Auf dem mühevollen Weg der Reformen sind diejenigen Staaten am weitesten vorangekommen, denen neben der Aufrechterhaltung ihrer Souveränität auch die innerstaatliche Demokratisierung gelungen ist.

2000, 103 S., brosch., 20,– €, 35,20 sFr, ISBN 3-7890-7045-9
(Wiener Schriften zur Internationalen Politik, Bd. 2)

 **NOMOS Verlagsgesellschaft
76520 Baden-Baden**